Paul Sollier

Der Idiot und der Imbecille

Eine psychologische Studie

Verlag
der
Wissenschaften

Paul Sollier

Der Idiot und der Imbecille

Eine psychologische Studie

ISBN/EAN: 9783957002624

Auflage: 1

Erscheinungsjahr: 2014

Erscheinungsort: Norderstedt, Deutschland

Hergestellt in Europa, USA, Kanada, Australien, Japan
Verlag der Wissenschaften in Hansebooks GmbH, Norderstedt

Paul Sollier.

Der Idiot und der Imbecille.

Eine psychologische Studie.

Ins Deutsche übersetzt

von **Dr. Paul Brie,**

1. Assistenzarzt an der Provinzial-Irrenanstalt zu Bonn.

Mit einem Vorwort

von **C. Pelman,**

Geheim. Medicinalrath und Professor ord. an der Universität Bonn.

Mit zwölf Schrifttafeln.

Hamburg und Leipzig.

Verlag von Leopold Voss.

1891.

Inhalt.

Vorrede.

Die deutsche medizinische Litteratur ist verhältnismäfsig arm an Werken über den Idiotismus, und das Wenige, was wir besitzen, ist in den Lehrbüchern der Psychiatrie oder in Zeitschriften zerstreut. Es häugt dies mit der Entwickelung des Idiotenwesens zusammen, das sich bei uns von Anfang an der Einwirkung der Ärzte mehr oder weniger entzogen hat und, dem erziehlichen Charakter nachgebend, in die Hände von Pädagogen oder von religiösen Genossenschaften übergegangen ist.

Den Idioten selbst ist dadurch kein Nachteil erwachsen, und was Unterricht und Pflege betrifft, mögen sie es bei uns ebensogut haben, wie etwa in Frankreich und England. Denn darüber kann am Ende ein Zweifel nicht bestehen, dass die heilende Thätigkeit des Arztes auf diesem Gebiete keinen Boden findet, und in dieser Beziehung zwischen Idiotie und Geistesstörung ein durchgreifender Unterschied besteht.

Was uns bei den Idioten als die pathologische Grundlage ihres Leidens entgegentritt, das sind die Residuen längst abgelaufener Krankheitsprozesse, und diese können wir durch keine ärztliche Kunst mehr beseitigen. Die geistige Schwäche, die ihren Grund in der angeborenen oder in den ersten Kinderjahren erworbenen Gehirnkrankheit hat, ist einer Heilung nicht mehr fähig, und die Aufgabe des Arztes kann daher eine nur wenig lohnende sein.

Etwas besser liegt es auf dem Gebiete der Erziehung, und wenn sich der Schwerpunkt der Idiotenpflege bei uns mehr dieser Richtung zugewandt hat, und die Idiotenanstalten meist unter der Leitung von Pädagogen oder Geistlichen stehen, so ist dagegen nichts zu erwidern, als dafs die wissenschaftliche Erforschung der pathologischen Grundzustände und des Wesens der Erkrankung selbst darunter selbstverständlich zurückstehen mufste.

Wir sind daher in dieser Beziehung vielfach auf Anleihen bei unseren Nachbarn angewiesen, und eine derartige Anleihe ist das vorliegende Werk des französischen Kollegen, dessen Übertragung in unsere Sprache ich um so lebhafter befürworten konnte, als mir wenigstens in unserer Litteratur nichts Ähnliches bekannt ist.

Mit der den Franzosen nun einmal eigenen Feinheit in psychologischen Dingen ist er der geistigen Entwickelung des Idioten und des Imbecillen nachgegangen und hat ein in seiner Art vortreffliches Bild von ihrem Empfinden, Denken und Wollen entworfen, das uns in seiner Kleinmalerei fesselt, ohne zu ermüden.

Ein guter Beobachter, hat er sich mit ersichtlicher Liebe in seinen Gegenstand vertieft, und dieser Vorliebe müssen wir schon den getragenen Stil zu gute halten, der uns hier und da vielleicht etwas zu pathetisch entgegentritt.

Indem er uns das Seelenleben dieser unglückseligen Geschöpfe in hundert kleinen Zügen entwirft, entwickelt er daraus eine Reihe von Nutzanwendungen für die Erziehung und verleiht hierdurch dem Buche auch ein praktisches Interesse, wie denn überhaupt Jeder, der sich mit den Idioten und ihrer Pflege beschäftigt, eine Fülle wertvollen Materials darin entdecken wird. Das Herz des Verfassers gehört dem Idioten. Er ist nach seiner Darstellung im Grunde ein gutmütiger Geselle, der allerdings nur herzlich wenig leisten kann, das Wenige aber gern und willig giebt. Der Geist der Idioten ist mangelhaft entwickelt, aber nicht verdorben.

So weit sie überhaupt im stande sind, etwas zu begreifen, lernen sie schwer, halten aber das einmal Erlernte fest und können sich innerhalb des engen Kreises ihrer Fähigkeiten durch mechanisches Fortarbeiten sogar zu einer gewissen sozialen Verwendbarkeit emporschwingen.

Ganz anders dagegen die Imbecillen.

Auch bei ihnen langt es nur bis zu einer gewissen Grenze. Diese Grenze aber ist viel weiter gezogen als bei den Idioten, ihre Fähigkeiten sind gröfsere, und das Mafs Dessen, was sie zu leisten imstande sind, ist ein ungleich ausgedehnteres als bei Jenen. Was sie jedoch leichter erlernt haben, wird ebenso rasch wieder vergessen, und in das Unzulängliche mischt sich ein Hang zum Verkehrten und zum instinktiv Nichtsnutzigen, wodurch ihre Erziehung erschwert und ihre soziale Verwendbarkeit unmöglich gemacht wird.

Wenn demnach der Idiot hinter der Marschlinie der gewöhnlichen Menschen einfach zurückgeblieben, wenn er, wie SOLLIER sich ausdrückt, ein Extra-Sozialer geblieben war, so war der Imbecille seitlich ausgebrochen, er hatte eine feindliche Stellung zur Gesellschaft eingenommen und war so zum Anti-Sozialen geworden.

Dieser Gegensatz von Idioten und Imbecillen, von Extra-Sozialem und Anti-Sozialem zieht sich durch das ganze Buch hindurch und giebt der Darstellung ihre einheitliche Richtung.

Wir sind durch SOLLIER in den Besitz einer Psychologie des Schwachsinnes gekommen in einer Vollständigkeit, wie sie uns bisher nicht zu Gebote stand.

Ohnehin war der Schwachsinn das Stiefkind der psychiatrischen Wissenschaft geblieben und hat lange nicht diejenige Beachtung gefunden, die ihm seiner sozialen Bedeutung nach zukommt. Wenn wir die ebenso zahl- wie umfangreichen Bücher durchgehen, die nach LOMBROSOS Vorgange über die Verbrecher und ihre Eigentümlichkeiten veröffentlicht wurden, so können wir uns des Eindruckes nicht erwehren, dafs die von SOLLIER geschilderten Eigenschaften des Imbecillen sich Wort für Wort bei dem typischen Verbrecher wiederfinden. Hier wie dort besteht die gleiche Unzulänglichkeit jeder ethischen Entwickelung, derselbe Leichtsinn und die gleiche Unfähigkeit zu einer sozialen Verwendung. Das, was nach der Darstellung SOLLIERS in der ganzen anthropologischen Stellung des Imbecillen den Ausschlag giebt, seine antisoziale, der Gesellschaft feindschaftliche Stellung, wird von allen Schriftstellern als der charakteristische Zug hervorgehoben, der allen Verbrechern gemeinsam sei, und die Schilderung von Imbecillem und Verbrecher deckt sich hierin so vollständig, als ob dasselbe Individuum zu beiden Bildern gesessen hätte.

Die Schlüsse, die sich hieraus ergeben, können der anthropologischen Schule nur neue Anhänger zuführen, und auch das würde ich auf das Gewinnkonto des Buches setzen.

Was nun die Übersetzung anbelangt, so bin ich der Ansicht, dafs sie gut ist. Französische Sachen ins Deutsche zu übersetzen, ist nicht so leicht, wie es bei der Glätte, mit der man sie liest, den Anschein hat. Der Genius beider Sprachen ist ein zu grundverschiedener, und was in der einen eine unverfängliche Façon de parler ist, wirkt in der anderen schon als unausstehlicher Pathos. Meinem Gefühle nach hat der Übersetzer hierin das richtige Mafs eingehalten und eine lesbare Übersetzung geliefert, ohne dem Grundton des Originals gar zu sehr Gewalt anzuthun.

Pelman.

Vorwort des Verfassers.

Begonnen habe ich diese Arbeit im ersten Jahre meiner Stellung als Interner auf der Abteilung für idiotische, zurückgebliebene und epileptische Kinder in Bicêtre, welche unter der ausgezeichneten Leitung meines Lehrers BOURNEVILLE steht, dem ich an dieser Stelle für die bereitwillige Überlassung des Materials meinen Dank sage. Da ich seit dieser Zeit an demselben Hospital geblieben bin, teils als Interner, teils als Custos des pathologischen Museums, so habe ich meine Untersuchungen über den vorliegenden Gegenstand fast vier Jahre hindurch fortsetzen können. Die für diese Studie gewählte Form gestattete es nicht, bis ins Einzelne gehende und vollständige Beobachtungen mitzuteilen, die auch kein Interesse gehabt haben würden. Meine Absicht war es nicht, diesen oder jenen Punkt der Psychologie der Idioten und Imbecillen zu beleuchten, die gröfsere oder geringere Häufigkeit mancher ihrer psychischen Eigentümlichkeiten zu zeigen, sondern das Ganze zu studieren. Weit entfernt davon, die besonderen oder seltenen Fälle zu untersuchen, habe ich mich im Gegenteil daran gehalten, soweit als möglich die allgemeinen und charakteristischen Züge ihrer Psychologie herauszulösen und so einigermafsen das Bild nicht dieser oder jener Idioten oder Imbecillen, sondern d e s Idioten und Imbecillen i m a l l g e m e i n e n zu entwerfen, ebenso wie die menschliche Psychologie nicht die einer gröfseren oder geringeren Anzahl von eigenartigen Menschen ist, die man einzeln beobachtet hat, sondern die jedes beliebigen Menschen.

Es gehört nicht in meinen Plan, das Irresein bei den Idioten und Imbecillen zu studieren. Die normale Psychologie dieser Individuen schien mir an sich ausgedehnt und verwickelt genug, um sie nicht noch weiter zu verwickeln. —

Trotz der mir gesetzten Grenzen bilde ich mir nicht ein, mein Ziel erreicht zu haben. Diese Studie ist und soll nur ein Versuch sein; sie ist demnach unvollständig, Berichtigungen unterworfen und schliefst viele Lücken ein. Aber es ist der erste Versuch dieser Art, soviel ich weifs, welcher auf diesem Gebiete[1] gemacht worden ist. Dieser Grund, welcher mich zu der Arbeit bestimmt hat, wird vielleicht den Leser Nachsicht üben lassen.

---

[1] Die Litteratur über die Idiotie, die in Frankreich ziemlich spärlich, in Amerika und England dagegen sehr reichhaltig ist, umfafst besonders Abhandlungen über die Ursachen, die Einteilung, die körperlichen Symptome, die pathologische Anatomie und die Erziehung der Idioten. Man hat sich wenig mit der psychologischen Seite beschäftigt, oder es ist nur das bereits Bekannte wiederholt worden, wiewohl man in Deutschland schon angefangen hat, die intellektuellen Störungen dieser Individuen zu studieren. Aber diese Arbeiten sind noch sehr vereinzelt. —

Ich halte mich für verpflichtet, an dieser Stelle Herrn Boyer, dem Lehrer der Kinder in Bicêtre, für die wertvollen Aufschlüsse, die er mir über viele Punkte unseres Gegenstandes gegeben hat, meinen besten Dank zu sagen.

Erstes Kapitel.

Allgemeines und Klassifikation.

Schwierigkeiten des Gegenstandes. — Die Idiotie ist kein einheitliches klinisches Ganze. — Vergleich der Intelligenz der Idioten mit der normaler Kinder. — Verschiedenartigkeit der Ursachen und Mannigfaltigkeit der Gehirnveränderungen bei der Idiotie. — Vergleich der Intelligenz der Idioten mit der der Tiere. — Die hauptsächlichen Definitionen der Idiotie und Imbecillität. — Die von den Autoren vorgeschlagenen Einteilungen und die Grundlagen dieser Einteilungen. — Der Grad der Aufmerksamkeit kann als Grundlage für eine Klassifikation dienen.

Die Autoren, welche sich am meisten mit der Idiotie beschäftigt haben, sei es in speziellen Arbeiten, sei es in einzelnen didaktischen Abhandlungen, haben sich besonders mit den körperlichen Störungen, welche die Idioten zeigen, befafst. Was die psychischen Störungen betrifft, so haben sie sich begnügt, den Weg für das Studium derselben anzugeben, oder sie haben verschiedene Typen von Idioten beschrieben. — Das ist alles. — Keiner von ihnen hat eine tiefer eindringende Analyse nach den Regeln und Vorschriften, welche sie angaben, versucht; und die meisten haben es bei so allgemeinen Auseinandersetzungen bewenden lassen, dafs alle Diejenigen, welche einmal Idioten genau betrachtet haben, ohne philosophische oder spezialwissenschaftliche Studien ebensoviel sagen könnten; denn es läfst sich fast dahin zusammenfassen, dafs der Idiot ein Wesen ohne Verstand und Empfindung ist — und das weifs jedermann.

Nicht ohne eine gewisse Besorgnis habe ich meinerseits die Darstellung des Geisteszustandes der Idioten und Imbecillen gewagt. In Anbetracht der Schwierigkeiten, welche sie bietet, habe

Sollier, Idiotie.   1

ich es leicht begreifen können, warum die Autoren sich darauf
beschränkt haben, die groben Umrisse zu zeichnen, ohne sich an
das Werk selbst zu machen.

Diese Schwierigkeiten haben ihre guten Gründe. Ihre Angabe
wird vielleicht das unvollständige Resultat entschuldigen, zu dem
ich gekommen bin, und zugleich dazu dienen, die Punkte zu bezeichnen, auf welche man in der Folge am meisten seine Aufmerksamkeit zu richten hat, um etwas gröfseren Nutzen daraus
zu ziehen.

Die erste Schwierigkeit, auf die man stöfst, ist die, dafs die
Idiotie keine klinische Einheit darstellt und sich daher unmöglich
ein einziges, allgemein gültiges Bild von ihr entwerfen läfst. Man
kann eine vollständige Darstellung der Psychologie des normalen,
mit allen seinen Fähigkeiten begabten Menschen geben. Aber der
Idiot ist ein abnormes Wesen, und zwar anormal in so verschiedenen
Abstufungen, dafs man gezwungen ist, mehrere Typen desselben
anzuerkennen. Es wird also die Beschreibung des Geisteszustandes
eines Idioten der niedersten Stufe nicht dieselbe sein können,
wie die eines Idioten der höchsten Stufe. Der Idiot ist kein
Wesen für sich; er gehört zu einer Gruppe von Individuen, in
der man alle Übergangsformen beobachtet, und es ist ebenso
schwierig, die charakteristischen Merkmale anzugeben, welche die
tiefstehende Idiotie von der leichteren Form trennen, als diese
wieder von der Imbecillität und diese schliefslich von dem Zurück-
gebliebensein und der geistigen Schwäche zu unterscheiden. Um
ein Mafs für den Geisteszustand der Idioten zu haben, könnte
man versuchen, festzustellen, welchem Alter bei einem normalen
Kinde die psychische Entwickelung entspricht, die man bei jenen
beobachtet. Wir haben thatsächlich in dieser Beziehung heute,
dank der Arbeiten von TIEDEMANN, PREYER, SIKORSKI, PEREZ
etc., ziemlich genaue und übereinstimmende Daten. Man hat also
Anhaltspunkte. Aber es erheben sich neue Schwierigkeiten.

Damit diese Methode in einer zum mindesten genügenden Art
und Weise anwendbar würde, müfste die Ursache für die Idiotie,
so zu sagen, eine einzige sein. Wäre es beispielsweise eine
Hemmung der cerebralen Entwickelung, so könnte man nach dem
beobachteten Zustande der Intelligenz fast unfehlbar sagen, in
welchem Lebensalter die Idiotie eingetreten sein dürfte. Die

tiefste Idiotie würde angeboren sein, und je später sie aufträte,
desto mehr wäre das Kind in geistiger Beziehung entwickelt.
Leider ist dem aber bei weitem nicht so. Zunächst braucht die
angeborene Idiotie nicht notwendigerweise vollständig und unheilbar
zu sein; sie zeigt alle die Grade, wie die erworbene Idiotie.
Ferner sind die Veränderungen, welche zur Idiotie führen, äufserst
verschiedener Art[1] und bestehen oft in einer einfachen Entwickelungshemmung. Je nachdem also die ursächliche Veränderuug
mehr oder weniger ausgedehnt, mehr oder weniger tief ist, ist die
Idiotie eine mehr oder weniger schwere, und besonders die Intelligenz ist in ungleicher Weise betroffen. Hiernach wird es unmöglich, als Ausgang der Vergleichung die Intelligenz eines normalen Kindes anzunehmen, dessen verschiedene Fähigkeiten sich
in einem fast konstanten Verhältnisse entwickeln. —

Aber die Unmöglichkeit einer solchen theoretischen Parallele
springt in die Augen, so wie man sie verwirklichen will; und
man ist dann über den Unterschied zwischen einem noch nicht
vollständig entwickelten Kinde und einem selbst sehr gut erzogenen
Idioten erstaunt. Das Kind besitzt im Keime alle Fähigkeiten
und die Kraft, sie zu entfalten. Sie entstehen spontan in gleichem
Mafse, als sein Gehirn sich organisiert. Bei dem Idioten mufs
man sie aus der Tiefe des Geistes selbst hervorholen, und ist
man einmal dahin gelangt, sie etwas zu entwickeln und auszu-
bilden, dann mufs man seine ganze Mühe darauf verwenden,
nicht sowohl, sie weiter zu entwickeln, als sie auf der erreichten
Höhe zu erhalten. Das Kind bewegt sich aus eigenem Antriebe;
der Idiot ist ein Automat, der sich erst infolge der äufseren Anregung, die er empfängt, bewegt. Das Kind kann irgend eine

---

[1] BOURNEVILLE unterscheidet folgende Formen: 1) symptomatische
Idiotie des Hydrocephalus (idiotie hydrocéphalique), 2) symptomatische Idiotie
der Mikrocephalie (idiotie microcéphalique), 3) symptomatische Idiotie einer
Entwickelungshemmung der Gehirnwindungen, 4) symptomatische Idiotie
einer kongenitalen Mifsbildung des Gehirns (Porencephalie, Balkenmangel
etc.), 5) symptomatische Idiotie der hypertrophischen oder tuberösen Sklerosis,
6) symptomatische Idiotie der atrophischen Sklerosis, a. Sklerose einer oder
beider Hemisphären; b. Sklerose eines Lappens, c. Sklerose einzelner Windungen, d. chagrinierte Sklerose des Gehirns (?), 7) symptomatische Idiotie
der Meningitis oder Meningo-Encephalitis chronica (idiotie méningitique),
8) Idiotie bei Myxoedem (idiotie myxoedemateuse).

Sache begreifen, ohne sie ausführen zu können; der Idiot vermag
sie auszuführen, ohne sie zu begreifen. Wenn das Kind irgend
etwas ausführen kann, so begreift es dasselbe auch und beweist
es dadurch, daß es, je nach Umständen oder auch nach Bedürfnis,
seine Thätigkeit zu verändern sucht. Der Idiot führt die Sachen
automatisch aus und hält inne, sobald er unvermutet auf das geringste Hindernis stößt, das er nicht zu überwinden versteht.
Wiewohl nun die Handlungen anscheinend das beste Kriterium
für den Intellekt und die Empfindung bei den normalen Individuen sind, so würde man doch zu ganz irrigen Schlüssen gelangen,
wollte man auch nach ihnen den Grad der Idiotie beurteilen.
Ich glaube nach vielen Versuchen, daß der Vergleich des psychologischen Zustandes der Idioten mit dem gesunder Kinder zu
keinem nennenswerten Resultate führen würde und sogar unbrauchbar ist.

Was nun beim menschlichen Verstande nicht möglich ist,
könnte man das vielleicht mit dem Verstande der Tiere versuchen
und in der Tierreihe ein Wesen finden, dessen intellektuelle Entwickelung der bei dieser oder jener Art von Idioten entspräche?
Keineswegs! Die Intelligenz der Tiere mag noch so beschränkt
sein, immer wird sie in ihrer Entwickelung normal und sich selbst
vergleichbar sein. Der Idiot ist ein Monstrum in psychologischer
Hinsicht, wie er es auch oft in körperlicher Hinsicht ist, und die
Monstren würden keine einheitliche Beschreibung zulassen. Nichts
an dem Idioten ist normal. Es ist nicht allein eine Verkümmerung
der Fähigkeiten in quantitativer Beziehung, sondern auch eine
Veränderung in qualitativer Beziehung vorhanden. — Kurz, eine
Gesamtbeschreibung ist unmöglich, weil die Idioten eine sehr verschiedenartige Gruppe bilden, eine Vergleichung mit dem psychologischen Zustande normaler Kinder ist unmöglich, ebenso wie
der Vergleich mit der Intelligenz der Tiere, weil der Idiot, selbst
wenn er erzogen ist, ein anormales Wesen ist, das in psychologischer Hinsicht kein genaues Äquivalent in der normalen Tierreihe hat.

Diese Schwierigkeit bei der Darstellung des Geisteszustandes
der Idioten hat nichts Überraschendes, wenn man sieht, wie
schwer es den Autoren geworden ist, eine einfache Definition von
der Idiotie und Imbecillität zu geben. — Die Auswahl einiger der

hauptsächlichsten Definitionen wird zeigen, wie sehr sich hier
hinter dem Wortreichtum die wirkliche Unzulänglichkeit verbirgt.
Allerdings mufs man billigerweise hervorheben, dafs es sehr
schwierig ist, eine gute zu geben. Darum hatte es auch SÉGUIN,
welcher sich rühmte, zuerst in das Wesen der Idiotie eingedrungen
zu sein, und dessen Buch, vorzüglich in allem, was die körperliche
und moralische Behandlung betrifft, ununterbrochen Ausfälle gegen
die Ärzte enthält, leicht, mit einer oft lächerlichen Selbstgefälligkeit alle Definitionen seiner Vorgänger zu kritisieren. Aber als
er selbst eine neue für jene vorschlägt, sieht man auffallenderweise, dafs sie nicht mehr wert ist, als die anderen. Er bemüht
sich, an Stelle der negativen Definitionen eine positive zu setzen,
und sagt: Die Idiotie ist der Zustand eines durch unvollkommene
Organe schlecht bedienten Geistes. Aber er fürchtet, nicht verstanden zu werden, und besteht nicht darauf, was er sicherlich
gethan haben würde, wenn er das Richtige gesagt zu haben
glaubte. Übrigens ist seine Auffassung der Idiotie, auf die ich
noch bei Besprechung der psychologischen Symptome zurückzukommen habe, so sonderbar, dafs sie seine medizinisch-philoso-
phische Studie über die Idiotie beträchtlich verunziert.

Nachdem seit fast einem Jahrhundert in dieser Frage sach-
verständige Männer an dieser einfachen Definition angestofsen sind,
scheint es mir sehr unnütz, meinerseits noch weiter dabei zu verweilen und eine neue aufstellen zu wollen, die höchstwahrscheinlich auch nicht besser sein würde. Was man unter der
Bezeichnung Idiot versteht, weifs jedermann; und das ist die
Hauptsache. Man hat dem Wort kein Synonym gegeben, und das
war das einzige Mittel, um ihm seine Klarheit zu lassen.

Ich komme jedoch auf unsere Definitionen von der Idiotie
zurück.

Wenn die Idiotie ihrem Wesen nach eine einzige Affektion
darstellte, so wäre ihre Geschichte in ihrer Definition enthalten.
Wenn aber keine Definition auf alle Fälle pafst, so beweist
das, dafs es keine Idiotie, sondern nur Idioten giebt. So grofs
nun auch die Schwierigkeit ist, mit wenig Worten den Zustand
dieser Idioten zu charakterisieren, sie ist nichts im Vergleich zu
der, charakteristische Unterschiede zwischen den verschiedenen
Typen zu finden, und zwar allein aus dem soeben angeführten

Grunde, dafs es so zu sagen ebensoviel Typen als Idioten giebt,
und dafs jeder Idiot ein Monstrum für sich ist.   Als Definitionen
können wir nicht die von den alten Autoren für Idiotismus gebrauchten Bezeichnungen betrachten, z. B. wie man vor Esquirol
sagte: amentia (Sauvage), imbecillitas ingenii (Sagar); fatuitas
ingenii (Vogel); morosis (Linné); démence innée (Cullen und
Fodéré); stupiditas (Willis) etc.   Die erste wahre Definition
scheint die von Pinel zu sein, welche lautet: „eine mehr oder
weniger vollständige Aufhebung teils der Verstandesfunktionen,
teils des Gemütslebens,“ eine Definition, welche sich ebenso
gut auf die Demenz anwenden läfst, mit welcher die Idiotie
in jener Zeitperiode noch zusammengeworfen wurde.

   Nach Esquirol [1] ist die Idiotie „ein besonderer Zustand,
bei dem die intellektuellen Fähigkeiten niemals sich entwickelt
haben,“ eine ungenaue Definition, da die Idiotie bei weitem
nicht immer angeboren ist.

   Belhomme [2] drückt sich ganz ähnlich aus in seiner Definition:
„es ist ein konstitutioneller Zustand, bei dem die intellektuellen
Fähigkeiten sich niemals entwickelt haben.“   Und Beide setzen
hinzu: „oder sich nicht in dem Mafse haben entwickeln können,
dafs der Idiot zum Besitze der Vorstellungen und Kenntnisse
gelangt, welche die unter die nämlichen Bedingungen, wie er,
gestellten Individuen durch die Erziehung erlangen.“   Übrigens
definiert Belhomme die eigentliche Idiotie folgendermafsen: „ein
Zustand, bei welchem eine Verkümmerung der affektiven und
intellektuellen Fähigkeiten vorhanden ist;“ die Imbecillität: „ein
Zustand, bei dem die Fähigkeiten sich nur bis zu einem gewissen
Punkte entwickelt haben, was die damit behafteten Individuen
hindert, sich zu jenem Grade der intellektuellen Entwickelung
zu erheben, zu welchem sonst die unter dieselben Bedingungen
gestellten Individuen von demselben Alter, demselben Geschlecht,
in denselben Verhältnissen lebend, gelangen.“   „Es ist lästig,“
sagt er, „andere Ausdrücke für die verschiedenen Grade ein und
derselben Krankheit zu wählen.   Würde der Zusatz „vollständig“ oder „unvollständig“ zu dem Worte Idiotie nicht

[1] Esquirol, *Traité des maladies mentales.*
[2] Belhomme, *Essai sur l'Idiotie.* 1824.

genügen? Da indessen die Bezeichnung „Imbecillität" die Geistesschwäche, welche das Denkvermögen des Menschen beeinträchtigt, gut wiedergiebt, so möchte ich sie beibehalten, obwohl ungern."

Ich thue dies weniger ungern als er; denn meiner Meinung nach ist die Imbecillität, trotz der vielfachen, nahen Beziehungen zur Idiotie, ein sowohl durch seine Erscheinungen, als durch seine Folgen durchaus bestimmt gekennzeichneter Zustand. „Die Idiotie", sagt SÉGUIN,[1] „ist eine Schwäche des Nervensystems mit der Wirkung, daſs die Organe und die Fähigkeiten des Kindes ganz oder teilweise dem Einflusse des Willens entzogen werden, und daſs so das Kind seinen Trieben preisgegeben ist und in seinem Gemütsleben verkümmert." Die Idiotie erscheint hiernach als die Veränderung, die Ursache und nicht als die Wirkung. Überdies ist diese Definition ungenau: Die tiefstehenden, vollständigen Idioten haben absolut keinen Trieb; und nicht in jedem Falle macht der Verlust des Willens ein Kind zum Idioten, wie er glaubt und behauptet. Sagt er nicht mit eigenen Worten: „Der Idiot erfreut sich der Ausübung aller seiner intellektuellen Fähigkeiten, aber er will sie nur auf die konkreten Begriffe anwenden und überdies nur auf diejenigen, die, wie die äuſsere Beschaffenheit, die Form, der Geschmack, Geruch, der Schall oder irgend eine andere, von ihm allein gewürdigte Eigentümlichkeit in ihm eine Begierde hervorrufen oder eine Äuſserung des Verstandes und des Lebens?" Wahrlich, das ist eine seltsame Philosophie, den Willen als etwas von dem übrigen Intellekt Gesondertes zu betrachten. Auf diese Weise würde der Idiot nach Belieben nicht Idiot zu sein brauchen, wenn sein Wille nur hinlänglich kräftig wäre! Warum besteht denn nicht die ganze Behandlung der Idiotie darin, diesen zu schwachen Willen zu entwickeln? Der Idiot will nicht, weil er nicht kann; er fühlt nicht, weil er nicht kann; und er kann nicht, weil sein Gehirn schlecht und ungenügend gebaut ist, weil es anormal und unvollständig entwickelt ist. Je gröſser dieser Defekt der cerebralen Entwickelung ist, desto tiefer wird die Idiotie sein, mögen diese Defekte angeboren, mögen sie die Folge einer nach der Geburt entstandenen Gehirnaffektion sein.

---

[1] SÉGUIN, *Traitement moral des idiots.*

FÉLIX VOISIN[1] definiert in einer wenig bekannten Abhandlung über die Idiotie bei den Kindern dieselbe folgendermafsen:
„Bei dem gegenwärtigen Stande der Wissenschaft könnte man
die Idiotie definieren: als den besonderen Geisteszustand, bei
welchem der Selbsterhaltungs- und Fortpflanzungstrieb, die sinnlichen Gefühle, das Denk- und Begriffsvermögen sich niemals ge-
äufsert haben; oder den besonderen Zustand, bei dem diese verschiedenen Eigenschaften unseres Lebens, zusammen oder einzeln,
sich niemals vollständig entwickelt haben."

Auf der Jahresversammlung der deutschen Irrenärzte im
Jahre 1881[2] hat KIND im Auftrage einer durch CRAMER, GUTT-
STADT, IDELER, KOCH und KOEHLER gebildeten Kommission
folgende Definition vorgeschlagen: „Idioten werden alle Geisteskranken genannt, welche von Geburt oder früher Jugend an
schwach- oder blödsinnig sind." GUTTSTADT, CRAMER und
IDELER schlugen vor, als Idioten zu bezeichnen alle Geisteskranken, welche infolge einer kongenitalen oder in den ersten
Lebensjahren erworbenen Gehirnkrankheit nicht vollkommen
bildungsfähig sind.

Die anderen Definitionen, welche GRIESINGER, DELASJAUVE,
DAGONET, LUYS, IRELAND etc. gaben, nähern sich alle mehr
oder weniger den soeben angeführten, so dafs wir sie übergehen
können.

Für uns ist die Idiotie eine auf verschiedenartigen
Veränderungen beruhende, chronische Gehirner-
krankung, welche charakterisiert ist durch Störungen
der intellektuellen, sensitiven und motorischen Funktionen bis zur fast vollständigen Aufhebung derselben,
und die ihren besonderen Charakter, namentlich was
die intellektuellen Störungen betrifft, nur dem jugendlichen Alter der Individuen entlehnt, die sie befällt. Denken, Handeln, Empfinden sind die drei Arten der
physiologischen Gehirnfunktion. Die motorischen Funktionen
sind besonderen, wohl begrenzten Gebieten zugeteilt; analoge,
weniger genau bestimmte Gebiete gelten als Centren für die

---

[1] FÉLIX VOISIN, De l'idiotie chez les enfants, 1843.
[2] La question des idiots. Arch. neurologie t. I., p. 395.

sensitiven Funktionen. Was das Denken anbetrifft, so hat man bisher dasselbe nicht zu lokalisieren vermocht, wiewohl es wahrscheinlich ist, daſs die Stirnlappen in einer spezielleren Art dabei beteiligt sind. An diesem Abschnitte findet man auch thatsächlich bei den Dementen und Idioten die auffallendsten Veränderungen. Aber die pathologischen Prozesse, welche den Idiotismus nach sich ziehen, sind am häufigsten allgemeiner Natur; darum sind auch alle Gehirnfunktionen mehr oder weniger gestört, die Motilität ebenso wie die Intelligenz und die Sensibilität. Das zeigt uns, daſs man bei den schwersten Formen der Idiotie den geistigen und körperlichen Zustand nicht gesondert betrachten darf. Richtiger müſste man von dem Gehirnzustande sprechen, und man darf keine seiner funktionellen Äuſserungen vernachlässigen. Nur bei den etwas höher stehenden Formen, wo nicht das gesamte Gehirn betroffen ist, können wir die rein motorischen und sensitiven Funktionen unberücksichtigt lassen, um uns vorzugsweise mit den intellektuellen zu beschäftigen.

Wie sich erwarten läſst, hat es an Versuchen der Einteilung der verschiedenen Grade der Idiotie nicht gefehlt. Im Gegensatze zu dem über die Definitionen Gesagten sind sie fast alle untereinander gleichwertig; denn bei einer so groſsen Zahl verschiedener Typen stand es den geistreichsten und feinsten Köpfen frei, beliebig viele Kategorien aufzustellen; und man muſs ihnen Dank wissen, daſs sie die ihnen überlassene Ausdehnung der Klassifizierung nicht übertrieben haben. Es dürfte nicht überflüssig sein, diese verschiedenen Einteilungen, welche vielleicht ein wenig Licht auf die hauptsächlichsten charakteristischen Merkmale der Idiotie werfen werden, der Reihe nach durchzugehen. Esquirol[1] unterschied, indem er von dem Zustande der Sprache ausging, bei der Idiotie und Imbecillität fünf Grade. Im ersten Grade der Imbecillität ist die Sprache leicht und frei; im zweiten Grade ist sie weniger leicht; der Wortschatz ist ein beschränkterer. Im ersten Grade der eigentlichen Idiotie verfügt der Idiot nur über Worte und sehr kurze Redensarten; die Idioten zweiten Grades bringen nur Silben oder ein-

---

[1] Esquirol loc. cit.

zelne Laute hervor; endlich in dem dritten Grade sind weder
Sätze, noch Redensarten, Worte oder Silben vorhanden. Indem
er jedoch alles in einen allgemeineren Satz zusammenfaſst, sagt
Esquirol: „Von dem Menschen, der im Besitz sensitiver und
intellektueller Fähigkeiten, aber schwach organisiert ist und auf
der niedrigsten Stufe des intellektuellen und sozialen Lebens
steht, bis zu dem Idioten giebt es unzählige Abstufungen. Wer
könnte alle Nüancen der Abstufung bezeichnen und beschreiben,
welche den denkenden Menschen von dem Idioten trennen, der
nicht einmal Instinkt besitzt? Nichtsdestoweniger kann man, wenn
man die Thatsachen studiert, zwei Klassen von Idioten aufstellen,
in die sich alle eingruppieren lassen. Bei der ersten ist die
Organisation eine mehr oder weniger vollkommene; die sensitiven
und intellektuellen Fähigkeiten sind wenig entwickelt; die Imbecillen haben Empfindung, Vorstellungen, Gedächtnis, Neigungen, Leidenschaften und selbst Interessen, aber in schwachem
Grade. Sie fühlen, denken, sprechen und sind einigermaſsen
bildungsfähig. Bei der zweiten Reihe ist die Organisation eine
unvollkommene. Die Sinne sind eben entwickelt; die Sensibilität,
Aufmerksamkeit, Gedächtnis sind nicht oder fast nicht vorhanden. Die Idioten haben nur eine sehr kleine Zahl von Vorstellungen, die, ebenso wie ihre Leidenschaften, auf die instinktiven Bedürfnisse beschränkt sind, denen sie durch einige Gesten,
einige Worte, einige Silben oder Laute Ausdruck verleihen.“
    Diese letzte Einteilung Esquirols ist sicherlich unge-
nügend. Die Idioten der ersten Kategorie, die er Imbecille
nennt, sind keine Imbecillen in dem heutzutage gebrauchten
Sinne, sie stellen vielmehr die einfachen, heilbaren, bildungsfähigen Idioten dar. Die zweite Kategorie umfaſst die tiefstehenden, unheilbaren Idioten. Es bleiben also die eigentlichen
Imbecillen übrig, von denen er nicht spricht, die er vielmehr,
nach den oben angeführten Bemerkungen zu urteilen, mit den
einfachen Idioten zusammenwirft. Gegen den Versuch, die
Sprache als Grundlage für die Einteilung der Idioten und Imbecillen zu nehmen, läſst sich vieles einwenden. Die Sprache
ist durchaus kein genauer Maſsstab für die Intelligenz. Daraus,
daſs ein Mensch mit normaler Intelligenz leicht spricht, während
ein tiefstehender Idiot gar nicht spricht, folgt noch nicht, daſs

nach der Sprache sich die Intelligenz der in ihren Extremen
soeben gezeichneten Individuen bemessen läfst. Ebenso wie unter
den normalen Menschen nicht immer die mit einer glänzenden
Sprache begabten die besten Geisteseigenschaften zeigen, ist diese
auch nicht beim Idioten das einzige Kriterium. Die Mikrocephalen zum Beispiel sprechen im allgemeinen leicht, oft sogar
geläufig, während die Hydrocephalen dagegen langsamer und
schwerer sprechen und weniger geschwätzig sind. Bei der
Hydrocephalie aber ist in weniger hochgradigen Fällen oft mehr
Intelligenz vorhanden, als bei der Mikrocephalie. Die Leichtigkeit der Sprache richtet sich übrigens nicht nur nach dem Zustande der nervösen Centren, sondern auch nach dem der Sprachwerkzeuge, welche bei den Idioten, wie viele andere Organe,
mehr oder weniger Fehler zeigen. Ich meinerseits werde nicht
auf der Entwickelung der Sprache eine Klassifikation der Idioten
aufbauen.

DUBOIS d'AMIENS [1] unterscheidet drei Klassen: Zu der ersten
gehören Die, welche den höchsten Grad der „Vertierung" zeigen
und in Automaten verwandelt sind; zur zweiten Die, welche nur
ein Triebleben führen; zur dritten endlich Die, welche Triebe und
Vernunftsäufserungen zeigen, d. h. die Imbecillen. Diese Einteilung ist annehmbar, aber der Ausdruck Trieb ist zu unbestimmt und zieht nicht genügend scharfe Grenzen, welche die
verschiedenen Kategorien voneinander trennen sollen.

PINEL [2] betrachtet die Idiotie als eine angeborene Krankheit,
charakterisiert durch vollständiges Fehlen des Verstandes und
des Gemütes, und stellt drei verschiedene und genau bestimmte
Formen auf: „1. Die Vertierung (abrutissement), die niedrigste
menschliche Stufe, auf der es weder Sinneswahrnehmung noch
Gefühle für körperliche Bedürfnisse giebt. 2. Der Stumpfsinn (stupidité), der Zustand, bei welchem man einige Wahrnehmung oder wenigstens Gefühl für körperliche Bedürfnisse
vorfindet. 3. Die Beschränktheit (bêtise), die sich von den
beiden vorhergehenden Zuständen durch das Vorhandensein

---

[1] DUBOIS, Inductions philosophiques sur l'idiotisme et la démence. *Mém.
Acad. de méd.* 1837.

[2] PINEL, *Traité philosophique d'aliénation mentale.*

einiger Bruchstücke von Intelligenz und besonders durch das Vermögen, zu sprechen, unterscheidet.

Was die Imbecillität betrifft, so hat sie einen entgegengesetzten Charakter, indem sie Individuen befällt, die ihre Vernunft gehabt haben, und indem sie immer weitere Fortschritte macht."

Die beiden ersten Kategorien brauchen nicht getrennt zu werden und entsprechen der ersten Klasse DUBOIS d'AMIENS'; die dritte, ungenügend mit dem Namen „Beschränktheit" (bêtise) bezeichnet, entspricht der einfachen Idiotie, der zweiten Klasse DUBOIS d'AMIENS'; was er schließlich mit Imbecillität bezeichnet, ist die Demenz; denn die Imbecillität ist ebenso angeboren, wie die Idiotie, und schreitet nicht notwendigerweise fort.

HENKE stellt drei Kategorien auf: Stumpfsinn, Imbecillität, Beschränktheit, welche der tiefen unheilbaren Idiotie, der einfachen, heilbaren Idiotie und der Imbecillität zu entsprechen scheinen.

SPIELMANN stellt auch drei Grade auf: die apathischen Idioten, die stupiden und die Imbecillen.

HOFFBAUER stellt fünf verschiedene Formen auf, MOREL[1] unterscheidet drei Grade: den Simpel, den Imbecillen und den Idioten. Die Ausdehnung der intellektuellen Fähigkeiten und besonders die Sprache bilden die Basis für diese Einteilung. Ich muß bemerken, daß die erste Kategorie der Simpel Diejenigen aufnimmt, welche man heutzutage Schwachsinnige nennt, die zu den einfach Degenerierten gehören und hier nicht in Betracht kommen. Was den Idioten betrifft, so stellt er offenbar mehr als eine Abart vor.

BELHOMME[2] bemerkt über die Einteilung von DUBOIS d'AMIENS: „Es ist klar, daß diese Abstufung zu eng gefaßt ist und nicht alle die verschiedenen Formen der Idiotie wiedergiebt. Nehmen wir die erste Klasse von DUBOIS d'AMIENS, so werden zu dieser die vollständige und unvollständige Idiotie gerechnet; bei der ersteren ist selbst kein Gefühl für die Selbsterhaltung vorhanden: man muß den Idioten füttern, wenn er nicht verhungern soll; bei der zweiten ist noch das sehr beschränkte Gefühl für die Selbst-

---

[1] MOREL, *Traité des mal. mentales.* — [2] BELHOMME loc. cit.

erhaltung vorhanden, der Idiot dieser Stufe frifst wie ein Tier; das ist alles. Für die Imbecillität gilt das Nämliche: Es giebt eine Form, bei der das Individuum nur seinen Trieben gehorcht, den körperlichen Bedürfnissen und der Gewohnheit; aber von Intelligenz ist nichts vorhanden. Auf einer höheren Stufe ist irgend ein Zeichen von Intelligenz vorhanden; der Imbecille ist zu Handlungen fähig, welche die Erziehung vervollkommnen kann. Endlich der höchste Grad der Imbecillität ist der, wo das Individuum handelt und vernünftig redet, wie jeder Andere, bildungsfähig ist, aber nicht bis zu der geistigen Höhe des Durchschnittsmenschen gelangt. Diese fünf Kategorien aufzustellen, erscheint mir notwendig, und ich halte noch heute an dieser für die Darstellung der Idiotie wichtigen Einteilung fest. Übrigens scheint es mir nötig zu sein, die Formen wohl abzugrenzen, bei denen die Erziehung Aussichten bietet, will man anders die Grundregeln für die geistige Entwickelung mit Nutzen anwenden; denn es dürfte vergeblich sein, etwas entwickeln zu wollen, was nicht existiert.

Félix Voisin giebt folgende Einteilung an:

1. Kategorie. Vollständige Idiotie; selten vollständige Vertierung. Kein innerer Zwang regt sie zu einer Handlung an, und sie bekommen keinen Eindruck von der Aufsenwelt. Alles ist auf ein vegetatives Leben beschränkt. Atmung und Verdauung sind die beiden einzigen hervortretenden Funktionen. Nichts, was eine Vorstellung vom Tiere oder vom Menschen geben kann, ist bei ihnen sichtbar.

2. Kategorie. Zu dieser zweiten Kategorie glaube ich die Idioten zählen zu müssen, welche von der Natur weniger schlecht behandelt, aber sich selbst und der Gesellschaft besonders gefährlich sind. Es sind Diejenigen, bei denen die niederen Triebe vollständig und stark entwickelt sind, während die intellektuellen Fähigkeiten und die ethischen Gefühle kaum angedeutet sind. Ich meine die Idiotie, bei welcher alle unsere Fähigkeiten betroffen werden. Ich halte mich an die einfache Darstellung, Übertragung und Erklärung der Thatsachen, die ich täglich vor Augen gesehen habe. So wird der Idiot dieser Art die Triebe besitzen, welche die Selbsterhaltung zum Ziele haben, aber er wird sie nicht alle haben; eine, zwei oder drei werden ihm fehlen.

Er wird ebenso die ethischen Gefühle besitzen, aber die eine
oder andere ihrer höheren Eigenschaften werden in seinem Kopf
fehlen. Er wird sich auch durch die Fähigkeiten der Wahrnehmung und Vorstellung bemerkbar machen; aber ihre Zahl
wird keine vollständige sein, und man wird ihn in dieser Beziehung
nicht mehr auf die Höhe eines gewöhnlichen Individuums bringen
können. Diese bisher in einer so unbestimmten, gezwungenen
und allgemeinen Weise betrachtete Idiotie setzt sich demnach aus
einzelnen Idiotien zusammen, die jede Art von Fähigkeiten betreffen. Insbesondere sind es diese Idioten, die auf Grund der
Fähigkeiten jeder Art, die ihnen übrig geblieben ist, äußeren
Erregungen leicht unterliegen und ebenso leicht den Erwartungen
des Unterrichtes und der Erziehung entsprechen, freilich immer in
dem Maße ihrer natürlichen Begabung; denn Erziehung und
Unterricht schaffen nicht die starken oder schwachen Fähigkeiten;
sie müssen vorhanden sein, damit die Lehrer mit Mühe und
Geduld den größten Vorteil daraus ziehen für das Individunm,
sowie für das allgemeine Wohl.

3. Kategorie. Endlich finden sich unter diesen Idioten
einige andere, die sich noch mehr dem gewöhnlichen Menschen
nähern, obgleich sie ganz offenbar einige höhere Fähigkeiten
(Vergleich und Kausalität) nicht besitzen. Ihre flüchtigen Sinneswahrnehmungen, ihre unbestimmten Empfindungen, ihre ungewissen
Regungen, der unregelmäßige Ideengang, die leichte Erregbarkeit,
ihr Sprechen in abgerissenen Redensarten oder in Haupt- und
Zeitwörtern bei verschiedenen Gemütsbewegungen — alles macht
in gleicher Weise die Notwendigkeit eines besonderen Unterrichts
und einer besonderen Erziehung für sie begreiflich. Diese Individuen, die man gewöhnlich mit dem Namen der Imbecillen bezeichnet, müssen so weit als möglich gehindert werden, die Gesellschaft zu stören und zu schädigen.

Ich habe geglaubt, diesen etwas langen Absatz ausführlich
wiedergeben zu sollen, da der Autor meiner Ansicht nach einer
Derjenigen ist, welche die richtigste Auffassung von der Idiotie
und Imbecillität gehabt haben.

GRIESINGER[1] unterscheidet nur zwei verschiedene Grade:

---

[1] GRIESINGER, *Die Pathologie und Therapie der psych. Krankheiten.*

„1) Die schweren Fälle geistiger Nullität, 2) die leichteren Fälle blofser geistiger Schwäche."

Eine durchaus ungenügende Einteilung. Indessen sagt er an einer anderen Stelle seines Buches:

„Leicht lassen sich in allen idiotischen Zuständen zwei Grundformen unterscheiden, die in ihren Extremen sehr weit auseinanderstehen, aber allerdings in vielen mittleren Fällen nicht mehr ganz bestimmt ausgesprochen sind, die apathische (stumpfe, torpide) und die erregte (versatile, agitierte) Form." Diese Unterabteilungen, die auf einer durchaus exakten klinischen Beobachtung beruhen, dürften indessen für eine allgemeine Klassifikation nicht genügen, da sie für jeden der verschiedenen Grade der Idiotie passen.

Séguin[1] bespöttelt die Klassifizierungssucht und verzichtet nach allen schon vorhandenen Einteilungen auf eine neue. Er beschränkt sich darauf, die Idioten von den Zurückgebliebenen, den Imbecillen, den Kretins und Schwachsinnigen zu unterscheiden. Hinsichtlich der Imbecillität betrachtet er nur die, „welche die Folge eines krankhaften Gehirnzustandes ist, dessen häufigste Ursachen sind: 1. die gewöhnliche Manie; 2. die geistige Überanstrengung vor und während der Pubertätsentwickelung; 3. die akuten Gehirnaffektionen und die inneren Krankheiten, die das Gehirn beeinflussen; 4. ein Fall oder ein heftiger Schlag auf den Kopf, und zwar besonders auf die vorderen und oberen Gegenden während der Pubertätsjahre." Séguin spielt nur auf die Fälle von symptomatischer Imbecillität an und läfst so die angeborene Imbecillität vollständig beiseite und ebenso die in den ersten Lebensjahren nach Cerebralaffektionen entstehende, die ihrem Intensitätsgrade entsprechend Imbecillität, einfache oder schwere Idiotie nach sich ziehen.

Dagonet[2] unterscheidet vier Grade: 1. Beschränktheit; 2. Imbecillität (nach Esquirol); 3. die eigentliche Idiotie Esquirols; 4. Automatismus Dubois d'Amiens'. Die Beschränkten gehören nicht hierher. Die drei anderen Kategorien nähern sich ganz und gar der Einteilung von Dubois d'Amiens.

---

[1] Séguin loc. cit. — [2] Dagonet, Traité des mal. mentales

IRELAND[1] erkennt die Klassifikation ESQUIROLS an, folgt ihr
jedoch nicht, sondern teilt die Idioten nach ihren geistigen
Äußerungen in folgender Weise ein: „1. Diejenigen, welche
Sinneseindrücke aufnehmen können, die Sinneswahrnehmungen
haben, die aber nicht zu Begriffen gelangen. Sie besitzen nur
die passive Intelligenz Aristoteles'; 2. Diejenigen, welche auch
das Vermögen haben, zu vergleichen, zu urteilen, allgemeine
Schlüsse zu ziehen; welche eine aktive Intelligenz haben; 3. Diejenigen, welche abstrakte Begriffe bilden können. Diese Klasse
umfaßt alle hochstehenden Grade der Idiotie und wird zweifellos
eine detailliertere Untereinteilung erheischen." Er meint, daß
ein gutes Mittel, die Idioten zu beurteilen, das sei, sie mit gewöhnlichen Kindern von bestimmtem Alter zu vergleichen, eine Ansicht, die wir oben bereits zu bekämpfen versuchten. „Die Idiotie",
sagt er, „kann man nach ihren geistigen Erscheinungen als einen
dauernden, infantilen Zustand betrachten. Die Idioten bleiben
ihr ganzes Leben ihrer Intelligenz, ihren Empfindungen und
ihren Strebungen nach Kinder."

SCHÜLE[2] drückt sich folgendermaßen aus: „Die Versuche
einer Einteilung idiotischer Zustände können ausgehen 1. vom
rein psychologisch-klinischen Standpunkt; 2. von dem Bestreben,
durch Zusammenfassen der psychischen und physischen, namentlich kraniologischen Merkmale „natürliche Familien" zu bilden.
Die Versuche, vom ätiologischen Standpunkt aus eine schärfere
Einteilung zu gewinnen, sind hier, wie auch in den übrigen
psychischen Gehirnaffektionen, noch als verfrühte und gekünstelte
zu betrachten; wohl aber kann der ätiologische Gesichtspunkt
(wie dort) zur Nüancierung einzelner Unterabteilungen benutzt
werden. — Eine Einteilung ausschließlich von der Sprache aus
läßt sich nicht durchführen, weil wir es bei den Idioten durchaus nicht bloß mit intellektuellen Störungen zu thun haben."
Er unterscheidet: 1. der idiotische Blödsinn; 2. der idiotische
Schwachsinn. Den letzteren teilt er ein: a) der hochgradige,
nicht bildungsfähige (idiotische) Schwachsinn; b) der idiotische
Schwachsinn mittleren und leichten Grades. Endlich unter-

---

[1] IRELAND, *On idiocy and imbecillity.*
[2] SCHÜLE, *Klinische Psychiatrie.*

scheidet er in diesen letzten Kategorien folgende klinische Typen: 1. anergetischer einfacher Schwachsinns-Typus; 2. Schwach-sinns-Typus mit Gröfsenwahn; 3. erethischer Schwachsinns-Typus; 4. aphatischer Schwachsinns-Typus; 5. Moral Insanity-Typus; 6. hebephrener Schwachsinns-Typus. Er stellt ·zusammengefafst drei grofse Klassen auf: vollständige Idiotie, einfache Idiotie oder hochgradige Imbecillität und die eigentliche Imbecillität.

Das ist die Grundeinteilung, nach der mehr oder weniger alle anderen Klassifikationen sich richten. Ich rede allerdings nicht von der BOURNEVILLE's, welche vom speziellen, patho-logisch-anatomischen Standpunkte gemacht wurde und infolgedessen nicht hier ihren Platz finden kann, wo wir vor allem eine symptomatische Klassifikation aufzustellen suchen.

Wir geben auch der Einteilung in drei Kategorien: 1. voll-ständige Idiotie; 2. einfache Idiotie; 3. Imbecillität, den Vorzug, ohne über die Grundlage, auf der die Autoren sie aufbauten, ein Urteil abzugeben, und welche bei den einen die Sprache ist, bei den anderen die Triebe, oder auch der Gesamtzustand der geistigen Fähigkeiten. Wir unsrerseits müssen, ehe wir einen definitiven Standpunkt einnehmen, untersuchen, was die Hauptsache bei der geistigen Entwickelung ist. Wir glauben sie in der Auf-merksamkeit zu finden, und demgemäfs werden wir unsere drei Kategorien so aufstellen:

1. Schwere Idiotie: vollständige Geistesabwesenheit und Un-vermögen zur Aufmerksamkeit;

2. leichte Idiotie: Schwäche und Erschwerung der Auf-merksamkeit;

3. Imbecillität: Unbeständigkeit in der Aufmerksamkeit.

Wir werden diese Einteilung und die Grundlage, auf der sie beruht, beim Studium der Aufmerksamkeit selbst zu recht-fertigen suchen.

Zweites Kapitel.

Methoden der Beschreibung.

Entwurf einer psychologischen Analyse von FÉLIX VOISIN *und* SÉGUIN. *— Charakteristika der Idiotie nach* SÉGUIN. *— Wichtigkeit der Aufmerksamkeit bei der psychischen Entwickelung. — Der in vorliegender Studie befolgte Plan.*

Wir haben im vorhergehenden Kapitel gesehen, welche Schwierigkeiten sich beim Studium der Psychologie der Idioten und Imbecillen bieten. Wir haben gezeigt, wie wenig die Autoren im Einverständnis sind auch nur über die Definition der Idiotie und Imbecillität, und wie ungenau oder willkürlich ihre Einteilung der verschiedenen Formen dieser Degenerierten ist, was besonders daran liegt, dafs sie weniger eine feste Grundlage für die Differenzierung der verschiedenen Gruppen zu finden, als die gesamten Erscheinungen zu vergleichen suchten, ein Versuch, der wegen der Mannigfaltigkeit ihrer Kombinationen unmöglich ist. Die Einzelbeschreibung der Idioten und Imbecillen mufste daher eine sehr unvollständige sein; kaum dafs einige Autoren in kurzen Übersichten den Geisteszustand der Idioten gezeichnet haben, Übersichten, die viel eher den Weg für das Studium angeben, als das Resultat dieses Studiums bilden.

Bevor wir die Untersuchungsmethode, an die wir uns halten zu müssen glaubten, anführen, wollen wir hier auf die Methoden früherer Autoren hinweisen. Wir werden uns nicht bei der gewöhnlichsten Form aufhalten, in der man die Idioten schildert, indem man sich auf die etwas ausführlichere Mitteilung einzelner Beobachtungen beschränkt, sondern wir wollen gleich die beiden Entwürfe von FÉLIX VOISIN und SÉGUIN, welche die besten auf diesem Gebiete sind, anführen.

Zunächst die psychologische Analyse des Verstandes bei den Idioten nach F. VOISIN:

Prüfung ihres Zustandes hinsichtlich des Trieb- und Gemütslebens, des Vorstellungs- und Begriffsvermögens.

Name und Alter des Individuums.
Sein Temperament.
Seine äußere Haltung.
Würdigung der Funktionen des organischen Lebens.

Fähigkeiten, welche die Selbsterhaltung und die Fortpflanzung betreffen.

Nahrungsbedürfnis.	Ist das Individuum gefräßig? Ißt es wie jedes andere, oder verzehrt es die Speisen, wie ein Tier? Kaut es an den Nägeln, an Holz, verzehrt es, was es am Boden, im Kehricht findet? etc.
Geschlechtstrieb.	Bietet das Individuum positive Zeichen des Geschlechtstriebes? Beruhen die beobachteten Außerungen auf lasterhaften Gewohnheiten, die es von Jugend auf gehabt hat?
Zuneigung, Freundschaft.	Hat das Individuum einen umgänglichen Charakter? Oder hat es im Gegenteil Neigung, sich abzusondern?
Reaktionsvermögen. Mut.	Welches sind die Anlagen des Individuums in dieser Beziehung? Ist es zänkisch, boshaft, schwer zu behandeln? Oder ist leicht mit ihm umzugehen? Oder ist es still, scheu, furchtsam?
Neigung zum Zerstören.	Ist das Individuum heftig, neigt es dazu, Sachen zu zerschlagen, zerbrechen, zerreißen, verbrennen? Zeigt es sich unausstehlich bei den Spielen mit seinen Kameraden? Quält es die Tiere? Ist es in seinem äußeren Verhalten sehr verschieden?
Neigung zur Hinterlist.	Ist es heuchlerisch, lügenhaft? Zeigt es Spitzfindigkeit? Sucht es Ausflüchte? Oder ist es zu einfältig, offenherzig und aufrichtig?

2*

Manuelle Geschicklichkeit. Manuelle Fähigkeit, Anlage zum Bauen, Schnitzen, Modellieren.	Hat das Individuum Anlage zu diesen mechanischen Fertigkeiten? Ist es gewandt, behend und rasch in seinen Ausführungen? Oder ist man nicht jeden Augenblick Zeuge seiner Ungeschicklichkeit?

Die ethischen Gefühle.

Selbstachtung. Stolz.	Hat das Individuum eine hohe Meinung von sich; ist es herrschsüchtig, gewaltthätig? Macht es sich durch Eigendünkel, Übermut, verächtliches Wesen bemerkbar? Man braucht wohl nicht besonders zu sagen, daſs man hier, wie überall, wissen muſs, ob nicht das Gegenteil dieser Neigungen vorliegt.
Eitelkeit. Gefallsucht.	Liebt das Individuum die Schmeicheleien und Komplimente? Ist es putzsüchtig, sucht es selbst durch schlechte Mittel zu gefallen? Oder ist es vollständig unempfänglich für das Lob seiner Nebenmenschen?
Klugheit und Umsicht.	Zeigt es Unbeständigkeit, Unruhe und Unentschlossenheit? Hat es nicht einen Anstrich von Melancholie in seinem Wesen? Oder handelt es in allen Fällen unbesonnen?
Gutherzigkeit, Nächstenliebe, Wohlwollen.	Fällt das Individuum auf durch seine Sanftmut oder Bosheit? Ist es leicht gerührt? Zeigt es in seinem gewöhnlichen Wesen Eigensinn, Halsstarrigkeit, Trotz? Ist es aufbrausend? Oder hat es einen unbestimmten, wechselnden, veränderlichen und unbeständigen Charakter?
Gefühl für Recht und Unrecht, Gewissen, Gerechtigkeit.	Wünscht es und sucht es die Wahrheit? Lehnt es sich gegen Ungerechtigkeit auf? Übertreibt es das ihm geschehene Unrecht? Hat es ein stumpfes Gewissen; vernachlässigt es seine Pflichten?

Hoffnungs-gefühle.	Ist es verwegen? Plant es beständig grillenhafte Projekte? Sieht es alles im besten Lichte? Oder ist es verzagt und ohne Vertrauen auf die Zukunft?
Ausge-lassenheit. Mutwille.	Hat es eine heitere Gemütsart? Nimmt es die Dinge von der angenehmen Seite? Sucht es Spafs zu machen? Ist es spöttisch, ironisch? Oder hat es einen ernsten Charakter?
Sinn für Nach-ahmung.	Hat es die Neigung, was es um sich herum sieht, nachzumachen? Oder hat es gar kein Bestreben, die Handlungen, die es sieht, zu wiederholen und dadurch mit seinen Nebenmenschen übereinzustimmen?

Die äufseren Sinne.

Gesicht.	Hat es Strabismus? Nystagmus? Myopie? Presbyopie? Die Blindheit verschliefst dem Idioten die Aufsenwelt und macht ihn unheilbar.
Geschmack.	Ist der Geschmack herabgesetzt? Zeigt das Individuum Vorliebe für scharf oder mild, bitter oder süfs, angenehm oder widerlich Schmeckendes?
Gefühl.	Weifs es, was kalt und warm, trocken und feucht, glatt und rauh etc. ist? Man kennt die Wichtigkeit dieses prüfenden Sinnes für die Kenntnis der Objekte.
Gehör.	Das Gehör dient besonders dazu, die Aufmerksamkeit zu fesseln. Dieser Sinn ist es, durch den die menschliche Seele am tiefsten bewegt werden kann. Besteht Taubheit, dann bietet die Idiotie nicht die geringste Aussicht auf Besserung.
Geruch.	Die Ausbildung dieses Sinnes, deren sich die Wilden erfreuen, zeigt den grofsen Nutzen, den man bei der Erziehung der Idioten durch denselben haben kann.

Ausbildung der Sinne.

Man sollte nicht glauben, wie viel in dieser Beziehung in unserer öffentlichen und privaten Erziehung zu erreichen ist. In den Spielen der ersten Kindheit wird man, indem man sie gut organisiert, wichtige Hülfsmittel finden. Die Philanthropen des 18. Jahrhunderts hatten schon die Aufmerksamkeit auf diesen Punkt gelenkt, aber man muſs heute wieder darauf zurückkommen.

Willkürliche Bewegungen.	Stellung, Gang, Laufen, Springen, Werfen.
Unwillkürliche Bewegungen.	Wiegt sich das Individuum von einer Seite zur anderen, oder von vorn nach hinten? Leidet es an Chorea oder an einem anderen nervösen Zustande?
Bildung der Sprachwerkzeuge.	Spricht es? Welches sind die Mängel der Stimme oder der Sprache?
Schlaf.	Ist der Schlaf tief und erquickend; ist er leicht? Fährt das Individuum vor Schrecken im Schlafe auf? Hat es oft Träume und Alpdrücken?
Erziehungsfähigkeit. Eigentümlichkeit.	Faſst es leicht die äuſseren Objekte und ihre eigentümliche Beschaffenheit auf? Kennt es die Buchstaben, kann es buchstabieren, lesen, schreiben?
Anlage zum Zeichnen. Nachbilden.	Zeigt es einige Anlagen in dieser Hinsicht? Faſst es die Form der Objekte gut auf?
Sinn für Maſse.	Zeigt das Individuum in dieser Beziehung auffallende Fähigkeiten, wie man sie bei den Geometern und Baumeistern findet?
Farbensinn.	Kennt es das Verhältnis der Farben untereinander? Ist es für das Harmonische und Unharmonische derselben empfänglich?
Ortssinn.	Verläſst und verändert es gern seinen Platz? Behält es die Orte, die es besucht hat, gut im Gedächtnis?

Rechnen.	Welches ist in dieser Beziehung die Begabung des Individuums?
Ordnungs- sinn.	Findet sich bemerkenswerte Ausbildung oder Schwäche dieser Eigenschaft?
Gedächtnis für Thatsachen.	Es ist zu prüfen, was das Individuum in dieser Beziehung leistet.
Musik.	Welches sind die Anlagen dazu?
Sprache und Wort- gedächtnis.	Es ist dabei in gleicher Weise die natürliche Vollkommenheit und Unvollkommenheit zu prüfen.

I. Denk- und Überlegungsvermögen.

Diese Fähigkeiten setzen sich zusammen aus Vergleich und Kausalität. Sie sind bei dem Idioten gewöhnlich schwach; der ganze Erfolg der Erziehung, die man diesen Unglücklichen angedeihen lassen kann, hängt hauptsächlich von der Entwickelung dieser beiden höchsten Äußerungen der menschlichen Seele ab.

Es wäre hier der Ort, um die Frage nach dem Grade der Aufmerksamkeit zu wiederholen, dessen jedes Kind fähig ist, d. h. ob es beispielsweise im stande ist, mehrere Objekte zugleich aufzufassen, und ob es sich vor allem bis zur Kenntnis der Erscheinungen emporschwingen kann, die abstrakt und konkret zugleich sind etc., und man glaubt, alle diese Einzelheiten aus der allgemeinen Übersicht deshalb weglassen zu müssen, um sie aufs sorgfältigste bei der Beschreibung jedes Idioten aufzuzeichnen.

Séguin[1] giebt einen Entwurf für die Monographie der Idiotie, welcher nicht ohne Analogien mit dem vorhergehenden ist:

Aussehen.

Alter.

Geschlecht.

Temperament; Gesundheitszustand.

Krankheiten; Gebrechen.

Genaue Beschreibung des Schädels.

---

[1] Séguin loc. cit.

Gesichtsbildung.

Verhältnis des Schädels zum Gesicht.

Ungleichheit bei den Schädel- und Gesichtshälften.

Haare, Haut.

Verhältnis des Stammes zu den Gliedmafsen.

Allgemeine Körperhaltung.

Kopfhaltung.

Haltung des Stammes.

Haltung der unteren Extremitäten.

Haltung der oberen Extremitäten.

Haltung des Handgelenks, der Hand und der Finger.

Bildung der Sprachwerkzeuge und ihre Übereinstimmung mit der Entwickelung der Geschlechtsorgane; Dentition.

Beschaffenheit des Thorax.

Zustand der Wirbelsäule.

Zustand des Abdomen.

II. Physiologischer Zustand.

Leistungen im allgemeinen und besonderen.

Der hervortretende Zustand des Nervensystems.

Die allgemeine Erregbarkeit des Nervensystems.

Die spezielle Erregbarkeit bestimmter Nervenapparate.

Weinen, Schreien, Singen, Gemurmel. Die Veränderung, welche bestimmte Reize, wie die Kälte, die Wärme, die Elektrizität, die Wohlgerüche, auf die allgemeine und spezielle Erregbarkeit und Sensibilität hervorrufen.

Mutmafslicher Zustand des Gehirns.

        "   "   des Rückenmarkes.

        "   "   des Sympathikus.

        "   der sensiblen Nerven.

        "   "   der motorischen Nerven.

Unterschied der Thätigkeit zwischen den sensiblen und motorischen Nerven.

Ungleichheit der Wirkung der motorischen und sensiblen Nerven auf beiden Körperhälften.

Muskelapparate, Muskelspannungen und Zustand der Sphinkteren im besonderen.

Muskelbewegungen.

Willkürliche Bewegungen.

Automatische Bewegungen, welche vom Zustand des Sympathikus abhängen.

Automatische Bewegungen, die vom Zustand der Zentralorgane abhängen.

Krampfbewegungen, Wiegebewegungen.

Koordinierte und unkoordinierte Bewegungen.

Willkürliche Bewegungen in den Gelenken.

Lokomotion.

Stellung im Sitzen, Liegen, Stehen.

Gang, Bergauf-, Bergabgehen.

Laufen.

Springen.

Ergreifen von Gegenständen.

Werfen von Gegenständen.

Aufheben von Gegenständen.

Schleudern von Gegenständen.

Ankleiden und Essen ohne Hülfe

Gefühl.

Geschmack.

Geruch.

Gehör.

Gesicht.

Geschlechtliche Erregbarkeit.

Stimme, anormale Laute.

Sprache.

Verdauungsorgane.

Unmäfsige Efsbegierde.

Ergreifen der Nahrung.

Kauen.

Schlucken.

Verdauen.

Urin- und Stuhlentleerung, freiwillige oder unfreiwillige, Speichel-, Nasenschleim-, Thränen-, Sebum-, Schweifs-Absonderung, Transpiration etc.

Puls.

Respiration.

Schlaf.

III. Psychologischer Zustand.

Aufmerksamkeit.

Wahrnehmung.

Vorstellen.

Vergleich.

Urteil.

Überlegung.

Schließen.

Kombinieren.

Erfinden.

Wieweit sich die vorhandenen Verstandes-Operationen erstrecken auf die konkreten und gemischten, d. h. konkreten und abstrakten Begriffe und auf ethische Vorstellungen?

Die Kenntnis von den physikalischen Eigenschaften der Körper. Wie wird die Farbe, die Form, die Ausdehnung, die Anordnung der ein Ganzes bildenden Teile wahrgenommen?

Sind die allgemeinen Vorstellungen von Zeit, Raum, üblichen Maßen, nach ihrem relativen, inneren oder willkürlichen Werte vorhanden und werden sie im praktischen Leben angewandt?

Haben sie die gewöhnlichen Kenntnisse von den Buchstaben, Lesen, Schreiben, Zeichnen, Rechnen erhalten oder nicht, und sind sie in ihrem gegenwärtigen Zustande fähig, sie zu erhalten?

Haben sich die Anlage für Musik und fürs Rechnen, der Sinn für Gesang oder das unwiderstehliche Bedürfnis zu singen, von Natur aus gezeigt?

Das Gedächtnis in verschiedener Richtung.

Vorsicht und Vorbedacht.

IV. Triebe und Gemütszustand.

Selbsterhaltungstrieb.

Trieb zur Ordnung, zum Aufräumen und Aufbewahren oder zum Zerstören von Gegenständen.

Gewaltthätigkeit, Grausamkeit.

Trieb zum Sammeln, Stehlsucht.

Ist das Individuum gehorsam oder widerspenstig, ehrerbietig oder spöttisch, zärtlich oder widerwillig, verstockt oder einschmeichelnd, dankbar, mißgünstig, heiter oder traurig, eitel oder gleich-

gültig, mutig oder furchtsam, zaghaft oder waghalsig, umsichtig
oder unbesonnen, leichtgläubig oder mifstrauisch, gern spielend
oder nachäffend?

Hat das Individuum Empfindung vom Guten und Bösen an
sich? Oder nur im Bezug auf eine kleine Zahl dies betreffender
Vorgänge?

Ist es selbständig, hat es einen freien Willen, den Willen,
der die erste Ursache für alle menschlichen Handlungen bildet,
die einen ideellen oder sozialen Zweck haben?

Hat es nur den unfreien Willen, der ganz und gar im Dienste
der Triebe steht und mit gröfster Energie sich gegen jeden
fremden Willen auflehnt, der den Idioten in die Welt der sozialen
Vorgänge oder der abstrakten Begriffe einzuführen sucht?

Endlich, in welchem Grade ist der Idiot idiotisch, alleinstehend, mit anderen Worten, in welcher Beziehung und inwieweit
hat der Idiot die Grenze des Selbstbewufstseins erreicht, um die
Vorgänge in der Aufsenwelt in Verbindung zu bringen mit seinem
Körper, seinen Trieben, dem Verstande und Gemüte?

V. Ätiologie.

(Wir brauchen uns bei diesem Kapitel für die uns beschäftigende
Aufgabe nicht aufzuhalten.)

Da es nicht unsere Absicht war, eine Kritik auszuüben, so
wollen wir uns auch nicht bei dem Hinweis darauf aufhalten,
was in der Anordnung dieser beiden Entwürfe als gekünstelt
gelten kann; wir wollen nur bemerken, dafs, so nützlich sie
zweifellos für das Studium des Charakters eines einzeln betrachteten Idioten sind, sie uns doch nicht den Weg angeben, auf
dem wir zur Kenntnis von der allgemeinen Psychologie der
Idiotie und ihrer Charakteristika gelangen können.

Diese allgemeine Psychologie ist von Séguin flüchtig entworfen worden, der ihr kaum drei Seiten widmet und auf den
sonderbaren Gedanken kommt, zu zeigen, was der Idiot alles
nicht ist, und eine ziemlich negative Beschreibung von demselben giebt, anstatt eine positive Schilderung zu versuchen und
anzugeben, was bei ihm anormal ist und welche Aussicht für
die Entwickelung dessen besteht, was normal ist.

Seine Schlüsse entbehren jedoch nicht ganz des Interesses,
und es zeigt uns diese verkehrte Psychologie gewisse Ausgangs-
punkte für die Unterscheidung des idiotischen und normalen
Menschen. Nach SÉGUIN muß man in dem Willen das Charakteristische der Idiotie suchen. Ich habe gesagt, was ich von dieser
Ansicht halte. Ich komme sogleich darauf zurück; doch sei es
mir gestattet, die Stelle aus SÉGUINS Schrift vollständig wieder-
zugeben:

„Was dem Idioten fehlt, ist also:

1. Nicht das Unterscheidungsvermögen; denn er beweist dies,
wenn er Brot von jedem anderen Objekte unterscheidet etc. etc.

2. Nicht das innere Empfinden, wenn er schmeckt oder ein
Nahrungsmittel zurückweist, die Augen beim Anblick eines Gegenstandes schließt oder mit Vergnügen der Musik zuhört.

3. Nicht das äußere Empfinden, wenn er sich verbrennt,
wenn ihm kalt oder warm ist, wenn er Empfindungen hat, die
den hauptsächlichsten Änderungen der äußeren Einflüsse entsprechen.

4. Nicht die Aufmerksamkeit, wenn er seinen Geist und
sein Begehren auf die Dinge richtet, die ihm angenehm sind.

5. Nicht der Vergleich noch das Urteil, wenn er vergleicht
und unter mehreren Objekten das auswählt, welches ihm am
besten gefällt.

6. Nicht der eigentliche Verstand, wenn er durch freund-
liche oder strenge, an ihn gerichtete Worte beeinflußt wird.

7. Nicht die Fürsorge für seine Bedürfnisse; denn mag sie
auch noch so beschränkt sein, so ist sie doch vorhanden und
drängt seinen wenig geweckten Geist dazu, sie zu befriedigen.

8. Nicht die Begierden, denn sie sind nicht weniger gebieterisch oder zwingend, als die unsrigen, wenn auch weniger
zahlreich; und was ihre Befriedigung betrifft, so ist der Idiot
(wenn er nicht gelähmt ist) fähig, alle Schwierigkeiten zu umgehen und zu beseitigen mit einer Geduld und Erfindungsgabe,
die in Anbetracht seines Zustandes ans Wunderbare grenzen.

9. Nicht die Neigungen, die, wären sie auch auf das Verlangen beschränkt, am Tischtuch zu reißen, einen Teller abzu-
lecken etc., ebenso unablässig seinen Geist beschäftigen, wie den
höher Stehenden die Neigung, zu rauchen, tanzen, trinken, spielen.

10. Nicht seine Wünsche oder sein einziger Wunsch (auf die Zahl kommt es nicht an), die ebenso befriedigt sein wollen, wie sein Widerwillen.

11. Nicht seine persönlichen Sympathien und Antipathien, welche sich zeigen, sobald er in einer Umgebung lebt, die geeignet ist, sie anzuregen.

12. Nicht einmal sein Wille, der auf der negativen Seite liegt, wie ich zeigen werde.

Also seine Triebe sind beschränkt, aber gebieterisch; seine Empfindungen bestimmen in ihm die Bethätigung der Aufmerksamkeit, des Vergleichens, Urteilens, des Gedächtnisses, der Fürsorge, des Willens. Kurz, er macht Gebrauch von allen sogenannten intellektuellen Fähigkeiten, und dennoch ist er Idiot.

Was fehlt ihm also in intellektueller Beziehung, um jedem anderen Menschen zu gleichen?

Es fehlt ihm keine intellektuelle Fähigkeit, sondern er besitzt nur nicht die nötige Freiheit, um seine intellektuellen Fähigkeiten auf die sittlichen Dinge und das Abstrakte anzuwenden; es fehlt ihm die Selbstthätigkeit, der innere Antrieb, dem der freie Wille entspringt. Der Idiot ist im Besitze aller intellektuellen Fähigkeiten, aber er will (?) sie nur auf die konkreten Dinge und auch nur auf die anwenden, deren äußere Beschaffenheit: Form, Geschmack, Geruch, Klang oder irgend eine andere besondere Eigentümlichkeit (die er allein oft nur würdigt) in ihm einen Wunsch, eine Verstandes-, eine Lebensäußerung erregen. Aber noch mehr! Nicht allein steht der Idiot mit seinem Willen in Beziehung nur zu konkreten Dingen, nicht nur beschränkt er diese konkreten Dinge, mit denen er in Beziehung tritt, auf eine sehr kleine Zahl, oft auf ein einziges, sondern er hat von diesem einzigen Dinge oder ihrer geringen Zahl keine Vorstellung, keine genaue oder vollständige Kenntnis. Bei jedem Dinge scheint seine geistige Thätigkeit sogar in ihrer Trägheit eiligst alle die Eigentümlichkeiten, welche nicht das Ziel seiner Wahl sind, auszuschalten; sie will in einer Zeichnung nur die Farbe sehen, nur den Glanz an dem Metall wahrnehmen, aus einer großen Anzahl nur bestimmte Geräusche heraushören und durch einen Ausscheidungsprozeß, der bei höher organisierten Naturen vielleicht unmöglich wäre, vermag er nur

eine einzige Eigenschaft der Dinge, die davon notwendigerweise
eine grofse Anzahl besitzen, auf sich wirken zu lassen. Der
Idiot geniefst auf diese Weise instinktmäfsig den Zauber sehr
angenehmer und langdauernder Empfindungen, ohne dafs eine
Ablenkung möglich ist, sei es von seiten der nicht in Funktion
gesetzten Sinne, sei es von seiten des Intellekts, der immer und
ganz unter der Herrschaft einer einzigen Wahrnehmung bleibt.

Das sind, abgesehen von besonderen Abweichungen in jedem
Falle, die psychologischen Erscheinungen der Idiotie; das ist der
Geisteszustand des Idioten (von ἴδιος = solitarius = „seul"),
alleinstehend (seul) mit der einzig vorhandenen Sinneswahrnehmung, ohne dafs er damit abstrakte Vorstellungen verknüpft oder
den Willen im gewöhnlichen Sinne dazu in Beziehung setzt,
ohne das Wollen auf Grund logischer und sittlicher Motive. In
physiologischer Beziehung kann er nicht; in intellektueller versteht er nicht; in psychischer will er nicht; und er würde
können und verstehen, wenn er wollte; aber vor allem und
hauptsächlich, er will nicht."

Nach Séguin scheint also der Zustand der psychischen
Fähigkeiten beim Idioten so zu sagen normal zu sein, wenn auch
dieselben vermindert sind; aber es fehlt ihm nur der Wille, so
dafs er sie nicht ausüben kann. Ich habe schon gesagt, dafs ich
eine solche Ansicht nicht unterschreiben kann. Ebensowenig,
als sich aus einem Menschen mit mittelmäfsiger Intelligenz ein
Genie machen läfst, mag er noch so grofse Willensstärke zeigen,
ebensowenig wird aus einem Idioten durch den Willen ein Mensch
mit mittelmäfsiger Intelligenz. Die Fähigkeiten der sogenannten
menschlichen Seele sind, abgesehen von jeder philosophischen
Theorie, alle in wechselseitiger Verbindung untereinander und
stehen in sehr genauem Zusammenhange mit dem Zustande der
Ganglienzelle. Wenn das Gehirn in seiner Gesamtheit verändert
wird, wie es bei der Idiotie der Fall ist, so sind sie alle betroffen. Man darf also nicht in dem Willen, indem man ihn
abgesondert als etwas von der übrigen Seele Verschiedenes betrachtet, die Erklärung für den idiotischen Zustand suchen.

Doch wenn man sich die Dinge genau ansieht, so fragt
man sich, ob wirklich in der Verkümmerung oder dem Fehlen
irgend einer Fähigkeit die Ursache dieses Zustandes und sein

Bestehen zu suchen sei. Alle Fähigkeiten sind in einem stärkeren
oder schwächeren Grade betroffen; wir wollen darum nicht, wenn
wir auch Séguins Versuch verurteilen, das Fehlen des Willens als
Hauptausgangspunkt für die idiotischen Zustände hinzustellen,
nun eine andere Fähigkeit an Stelle des Willens setzen, wodurch
wir uns einer ebenso leichten und ebenso gerechten Kritik aussetzen würden. Wir haben eben kein Recht, diese oder jene
Fähigkeit vor einer anderen verantwortlich zu machen; die pathologische Anatomie spricht dagegen. Aber wir können uns auf
einen anderen Standpunkt stellen, den der Erziehung, d. h. auf
den Standpunkt des praktischen Lebens, der Therapie, da neben
der Hygiene die Erziehung die Basis für die Behandlung der
Idioten bildet. Alsdann dürfen wir uns fragen, was ist vor allen
Dingen beim Idioten zu entwickeln, ohne was wird die Erziehung
unmöglich, oder je nach dem Grade der Idiotie nur mühsam
oder leichter möglich? Zur Frage nach der Behandlung kommt
auch noch die nach der Prognose, welche die Eltern zuerst an
einen richten, und auf die man antworten muß. Worauf wird
man also sich stützen können, um mit einiger Wahrscheinlichkeit zu sagen, ob das Kind sich bessern, sich vervollkommnen
wird, oder aber ob es in Gefahr ist, immer in demselben idiotischen Zustande zu bleiben? Ich habe eine Antwort auf diese
Frage bei den Autoren gesucht, aber nichts gefunden. Ich bin
also gezwungen, bloß meine persönliche Ansicht nach den zahlreichen Thatsachen, die ich vor Augen gehabt habe, mitzuteilen.
Dieselben bestätigten nur die bei der theoretischen Auseinander-
setzung über den Vergleich des Idioten mit dem normalen Kinde
gewonnene Meinung.

Aus dieser Betrachtung schien mir deutlich hervorzugehen,
daß durch den mehr oder weniger ausgesprochenen Mangel an
Aufmerksamkeit die Nicht-Entwickelung der Fähigkeiten und
darum das dauernde Fehlen dieser Entwickelung, d. h. die
Idiotie bedingt sein dürfte. Wir werden weiterhin die Aufmerksamkeit bei den Idioten und Imbecillen behandeln; für jetzt
wollen wir uns mit einigen Einzelheiten beschäftigen, um den
aufgestellten Satz zu rechtfertigen.

Die Aufmerksamkeit, wohlverstanden, das spontane Aufmerken, scheint stets auf affektiven Zuständen zu beruhen, die

durch Sinneswahrnehmungen hervorgebracht werden (RIBOT [1]).
Andererseits hat man beobachtet (PEREZ [2]), daſs bei kleinen
Kindern, wie bei jungen Tieren die aufmerksamsten diejenigen
zu sein scheinen, deren nervöse Erregbarkeit die gröſste ist.

Es steht also offenbar die Fähigkeit aufzumerken ursprünglich in Beziehung zur Lebhaftigkeit der Sinneswahrnehmungen. Da nun diese bei den Idioten sehr wenig lebhaft
sind, so folgt daraus, daſs ihre Aufmerksamkeit in den ersten
Lebensjahren sehr schwer oder gar nicht auf einen Gegenstand
zu lenken ist, eine Thatsache, die allen Eltern auffällt.

Infolge dieses Mangels an Aufmerksamkeit erwecken die
Sinneseindrücke bei ihnen nur unbestimmte und dunkle Wahrnehmungen, keine klare Vorstellung. Von Geburt an ist also
das Kind wegen des Mangels an Aufmerksamkeit nicht im stande,
Sinneseindrücke deutlich aufzunehmen, sie zu vergleichen und
daraus die Vorstellung zu bilden, welche aus dieser Vergleichung
vieler und ähnlicher Sinneseindrücke resultiert. So wie sein
Organismus sich entwickelt und zahlreicheren Sinneseindrücken
ausgesetzt wird, werden, da die Aufmerksamkeit sich nicht entwickelt, diese Sinneseindrücke in der Folge als voneinander
getrennte aufgefaſst, ohne irgend eine Vergleichung unter ihnen
anzuregen und folglich ohne Vorstellungen, ohne Kenntnisse zu
erwecken. Der idiotische Zustand muſs daher immer mehr und
mehr hervortreten. Die einfachsten Verhältnisse der Dinge, ihre
auffallendsten Eigentümlichkeiten berühren die Idioten immer in
derselben Weise, und er wird sie das zehnte Mal nicht besser begreifen, als das erste Mal. Wie wird man unter diesen Umständen
die Entwickelung der Sprache aufzufassen haben, die für die
Entwickelung der Intelligenz und für die Schnelligkeit derselben
von so groſser Bedeutung ist, daſs Autoren wie ESQUIROL und
DUBOIS D'AMIENS sie als Kriterium des intellektuellen Zustandes
hingestellt haben? Man könnte dies gelten lassen, jedoch unter
der Bedingung, daſs man zuvor sagt, wodurch das Sprechen
möglich wird oder nicht. Dies Wodurch ist die Aufmerksamkeit.
Wie die Aufmerksamkeit die erste Bedingung für die Gewinnung

---

[1] RIBOT, *La psychologie de l'attention.*
[2] PEREZ, *Les trois premières années de l'enfant.*

der ersten Kenntnisse des Kindes ist, so ist sie auch von zweifellosem Nutzen für die Erziehung und den weiteren Unterricht. Alle Pädagogen sind in diesem Punkte einer Meinung. Die wichtige Rolle, welche die Aufmerksamkeit bei der Erziehung spielt, ist heutzutage zu gut bekannt, als dafs wir noch länger dabei zu verweilen brauchten. Es gehört auch nicht zu unserer Aufgabe. Wir wollen nur die Thatsache zur Stütze unserer Meinung festhalten! Auf der Entwickelung der Aufmerksamkeit beruht unsere Einteilung der Idioten, sowohl unter Berücksichtigung ihres gegenwärtigen Zustandes als ihrer künftigen Aussichten.

Es erübrigt nun noch, den Plan zu entwerfen, den ich in dieser Abhandlung über die Psychologie der Idioten und Imbecillen zu befolgen gedenke.

Wie ich oben sagte, ist die Sinneswahrnehmung die erste Bedingung der Erkenntnis. Wir werden also zunächst den Zustand der Sinneswahrnehmungen bei den Idioten untersuchen. Dann werden wir, da die Aufmerksamkeit für uns die erste, notwendige Bedingung für die Entwickelung der Intelligenz ist, jene bis ins Einzelne studieren müssen. Wenn wir weiterhin übergehen zu den verschiedenen Fähigkeiten, welche durch die Aufmerksamkeit zur Blüte gelangen, so werden wir der Reihe nach die Triebe, die Gemütsbewegungen und ethischen Gefühle, die Sprache, die eigentliche Intelligenz, das Gedächtnis, die Ideenassoziation, das Urteil und schliefslich den Willen, das Selbstbewufstsein und die Verantwortlichkeit zu besprechen haben. Bei dieser fortlaufenden Einzelbeschreibung des psychologischen Zustandes der Idioten und Imbecillen werden wir die Gesetze und Theorien der normalen Psychologie möglichst zu beachten und herauszulesen suchen. Als Untersuchungsobjekt nehmen wir nur Idioten und Imbecille ohne Komplikation mit Epilepsie, die so oft mit Idiotie verbunden ist, aber an sich schon geistige Schwächung und besondere psychische Störungen bewirkt und daher uns darüber täuschen kann, was eigentlich zur Idiotie gehört und was die Folge der Epilepsie ist. Schliefslich werden wir besonders den Geisteszustand jugendlicher Idioten betrachten, und zwar aus mehreren Gründen: Erstens sterben die Idioten im allgemeinen früh und erreichen kaum das 30. Lebensjahr;

zweitens gewähren sie nach dem 20. Jahre nur wenig Aussicht auf eine Besserung und würden eher verkümmern, wenn man sie nicht unaufhörlich anspornte und ihre mühsam erworbenen Kenntnisse zu erhalten suchte. Endlich ist es sehr interessant, während der Jugend, zur Zeit der physischen Entwickelung, die Entfaltung ihrer verschiedenen Fähigkeiten zu studieren und sie mit derjenigen normaler Kinder zu vergleichen.

Drittes Kapitel.

Die Sinneswahrnehmungen.

Erste Zeichen der Idiotie. — Zustand der verschiedenen Sinne. — Gesicht, Blindheit; Gehör, Taubstummheit. — Gefräfsigkeit und perverse Geschmacksempfindung. — Perversion und Störungen des Geruchs. — Tastempfindung. — Temperaturempfindung. — Muskelsinn. — Automatische Bewegungen. — Organgefühle. —

Bei der Untersuchung der Idioten wird die erste Frage, die man an die Eltern richtet, die nach den geistigen Anlagen sein, worauf jedoch sehr oft schwer, wenn nicht gar unmöglich zu antworten ist. In welchem Alter hat die Idiotie begonnen? Das ist eine sehr einfach zu entscheidende Frage, wenn es sich um Idiotie nach einer akuten Gehirnaffektion handelt, die häufig als Folgezustände Hemiplegie, Epilepsie, Strabismus etc. hinterläfst. Aber sie ist eine sehr schwierige, wenn sich die Idiotie allmählich entwickelt hat, ohne von einer besonderen Krankheit begleitet zu sein, aufser vielleicht von Konvulsionen, die zwar häufig sind, aber beim Kinde ein so wenig entscheidendes Symptom darstellen, dafs es kaum in einem Falle für die Diagnose der Idiotie hinsichtlich ihrer Entstehung verwertet werden kann. Nun ist es in jedem besonderen Fall von Idiotie nicht ohne Interesse, sich die Frage nach dem Beginn der Erkrankung vorzulegen, um mit einer gewissen Wahrscheinlichkeit sagen zu können, mit welcher anatomischen Form man es zu thun hat,

und um darnach in manchen Fällen eine mehr oder weniger
günstige Prognose zu stellen. Glücklicherweise giebt es Zeichen,
welche schon früh bei dem Kinde die Idiotie erkennen lassen.
Die zahlreichen Unterredungen, welche ich mit den Eltern der
Idioten gerade über diesen Punkt hatte, haben mich davon überzeugt. Zugleich habe ich die Ansicht gewonnen, daſs die Idiotie
häufiger angeboren ist, als man im allgemeinen annimmt, und
daſs sehr häufig die Eltern bei ihrem Kinde von Geburt an
etwas Anormales zu bemerken meinen, was sie mit den bezeichnenden Worten ausdrücken: „Ich sah wohl, daſs es nicht so war,
wie andere.“ Wir werden gleich sehen, was das bedeutet. —
Doch sei uns hier erst eine kleine Abschweifung auf das ätiologische Gebiet gestattet, um die Häufigkeit der angeborenen Idiotie
verstehen zu lernen.

PREYER,[1] FÉRÉ[2] und andere behaupten mit Recht, daſs
Leidenschaften, und besonders Gemütsbewegungen der Mutter auf
den Fötus einwirken. Bei den von mir in dieser Hinsicht gemachten Untersuchungen habe ich die Überzeugung gewonnen,
daſs die Einflüsse durch die Mutter auf den Fötus von einer bestimmten Zeit der Gravidität an, sowie die Einwirkungen infolge
von Trauma während der Schwangerschaft, durch anormale
Verhältnisse, und besonders durch die Trunkenheit bei der
Konzeption zweifellos sind, und zumal auf dem Boden der
Erblichkeit schwere Störungen herbeiführen können, welche Idiotie
und Imbecillität nach sich ziehen. Wenn man bedenkt, wie das
Nervensystem zur Zeit der Geburt das am wenigsten entwickelte
und wie zart es ist, so begreift man, daſs es so leicht verletzt
und in seinen Funktionen gestört werden kann, und wie daraus
unheilbare Folgezustände entstehen können. Daſs das neugeborene
Kind unbewuſste Sinneswahrnehmungen hat, unterliegt keinem
Zweifel, wie die durch sie hervorgerufenen Reflexbewegungen beweisen; aber daſs diese Sinnesempfindungen und diese Bewegungen keinen Eindruck in den Vorstellungszentren hinterlassen
sollten, daſs das Kind ein rein spinales Wesen sei, wie VIRCHOW
und eine groſse Zahl der Physiologen annehmen, das glaube ich
nicht. Thatsächlich zeigt ein idiotisches Kind, dessen Idiotie

---

[1] PREYER, *Physiologie des Embryo.* [2] FÉRÉ, *Sensation et mouvement.*

beispielsweise auf heftige Gemütsbewegungen der Mutter während
der Schwangerschaft zurückzuführen ist, von Geburt an ein besonderes Aussehen, eine ganz besondere Physiognomie, die oft
den wenig objektiv beobachtenden Eltern entgeht, dem aufmerksamen Beobachter jedoch sofort auffällt.

Wir wollen demnach in aller Kürze diese verschiedenen
Zeichen, die sich zuerst darbieten, besprechen. Die Eltern fühlen
mehr, als sie beschreiben können, was sie an ihrem Kinde be-
fremdet und beunruhigt. „Es ist nicht, wie die anderen,“ drückt
am richtigsten ihre Gedanken aus. Man kann besonders durch
den Vergleich so feine Unterschiede, wie sie verschiedene Kinder
in sehr frühem Alter aufweisen, erkennen. Hat man bei auf-
merksamer Beobachtung irgend etwas der Art herausgefunden,
so kommt es zur Verwertung desselben vor allem auf die Größe
der Erfahrung an, die man von jungen Kindern besitzt. Das
Kind bietet ein ganz eigenes Gesamtbild und zeigt im allgemeinen eine Art, sich zu geben, nach der man es beurteilen
kann. Diese Art, sich zu geben, die so schwer zu beschreiben
ist, die jedoch jeder von normalen Kindern in der Erinnerung
hat, prägt sich besonders den Eltern und der Umgebung ein.
Es giebt indes eine gewisse Anzahl von Erscheinungen, die alle
Kinder von Anfang an darbieten und nach denen man sie überhaupt beurteilt: das Schreien, die Bewegungen, der Blick, das
Saugen. In diesen normalen Erscheinungen, die am lebhaftesten
die Aufmerksamkeit auf sich ziehen, zeigen die Idioten Abweichungen.

Saugen ist die erste, instinktmäßige Bewegung des Kindes,
das erste auch, was demselben gezeigt wird und was es versteht.
Viele von Geburt an idiotische Kinder nun können schwer
saugen. Jedesmal, wenn sie angelegt werden, erscheint es ihnen
als etwas Neues, und jede neue Erfahrung fügt sich nicht zur
vorhergehenden, um bei ihnen eine Vorstellung, so unbewußt sie
auch sei, zu erwecken.

Bei anderen bemerkt man, daß sie unvermittelt und anhaltend oder in Perioden von langer Dauer schreien. „Sie hören
nicht auf zu schreien,“ sagen die Eltern; und man könnte glauben,
sie übertreiben, wenn man sich nicht selbst von diesem unge-
wöhnlich lange anhaltenden Schreien ohne Ursache überzeugte.

Dieses Unmotivierte, sofern es festgestellt ist, muſs immer die Aufmerksamkeit auf sich ziehen.

Bei einer gewissen Anzahl von Idioten besteht angeborene Blindheit, was schon ein Zeichen schwerer Entartung ist und um so mehr Besorgnis für den geistigen Zustand erregen muſs, als das Fehlen eines so wichtigen Sinnes wie des Gesichtssinnes, dem Kinde eine unerschöpfliche Quelle von Kenntnissen verschlieſst.

Wenn das Kind den Blick nach irgend einem Dinge zu richten beginnt, so werden die Eltern durch die Eigentümlichkeiten, die es zeigt, betroffen. Erstens dauert es meist sehr lange, bis ein Richten des Blickes beobachtet wird. Aber selbst dann, wenn er von einem Gegenstande zum anderen zu folgen scheint, bemerkt man bei den Idioten, daſs sie nicht fixieren. Alle Eltern, die einigermaſsen ihr Kind beobachtet haben, sagen fast mit denselben Ausdrücken: „Es hatte einen seltsamen Blick.“ Manche Idioten drehen den Kopf, wenn man ihnen einen Gegenstand vorhält. Aber sobald man den Platz des Gegenstandes verändert, folgt der Blick nicht. In gewissen Fällen ist es selbst ganz und gar unmöglich, die Richtung ihres Blickes, womit es auch sei, zu fesseln. Sie bewegen sich, blicken ins Leere nach rechts und links, ohne daſs ihr Blick auf irgend etwas ruht. Diese Unmöglichkeit, aufzumerken, ist eine äuſserst wichtige Thatsache, die sich von Anfang an zeigt und auf die ich später noch zurückkommen werde.

Was zunächst beim Gesichtssinn zu bemerken war, beobachtet man dann beim Gehör. „Man sollte meinen, daſs das Kind taub sei“, sagen die Eltern. Nach einer längeren Zeit erst wird man gewahr, daſs das Kind hört.

Auch in betreff des Lachens ergiebt sich folgendes Charakteristikum: Die Eltern, die mit Freuden auf das erste Lächeln ihres Kindes warten, sehen leider, daſs es sie nicht anlachen kann, daſs es bei allem, was gewöhnlich diese Äuſserung bei gleichaltrigen Kindern hervorruft, durchaus gleichgültig bleibt. Kitzeln, spielende Bewegungen mit den Händen, Lachen der Mutter, nichts hat eine Wirkung. Das Kind scheint weder zu sehen, noch zu empfinden, und noch weniger zu verstehen. — Daſs das nur dem Menschen eigentümliche Lachen oft vollständig beim Idioten feh lt

ist besonders zu bemerken. Es giebt Idioten schweren Grades,
die niemals lachen oder weinen.

Endlich haben die Bewegungen selbst, so beschränkt sie auch
in der ersten Lebenszeit und so wenig zielbewufst sie namentlich
sind, etwas Sonderbares, was sie von denen des gesunden Kindes
unterscheidet. Bald ist es eine Trägheit, aus der sie nichts
herausbringt, bald ist es eine unaufhörliche Bewegung; die erstere
ist in ganz frühem Alter am gewöhnlichsten, die letztere ist häufiger zur Zeit, wo das Kind laufen kann.

Wir brauchen nicht näher auf alles dieses einzugehen. Es
war uns nur einfach daran gelegen, zu zeigen, dafs die Idiotie
von Geburt an hervortreten könne, und dafs die intellektuellen
Erscheinungen, je nachdem sie sich entwickeln, einen besonderen
Stempel tragen, der sie unmittelbar von denen des gesunden
Kindes unterscheidet.

Worauf beruhen diese bei den Idioten so frühzeitig auf-
tretenden Unterschiede? Darauf, dafs sich ihre Empfindungen
und Wahrnehmungen nicht in normaler Weise vollziehen. Der
Ausgangspunkt jeder intellektuellen Entwickelung, aller Kenntnisse liegt in der Sinnesempfindung. Aber mit dem Empfinden
ist es nicht genug; man mufs auch wahrnehmen und die Wahrnehmung deuten. „Die Wahrnehmung" sagt BINET, „ist der Vorgang, der sich vollzieht, wenn unser Geist zu Objekten der
Aufsenwelt in Beziehung tritt. Das ist kein einfacher, sondern
ein sehr komplizierter Vorgang, der eine Einwirkung auf die
Sinne und eine Reaktion des Gehirns einschliefst. — Dies ist
der Prozefs, durch den der Geist einen Sinneseindruck mit
Hülfe einer Reihe von Erinnerungsbildern ergänzt." Bei dem
Idioten und Imbecillen darf man nie aufser acht lassen, dafs
das Denkorgan immer mehr oder weniger tief, sei es in
seiner Gesamtheit, sei es in einem Teile verändert oder abnorm
entwickelt ist. Ferner sind beim Idioten nicht nur die Perzep-
tionsapparate betroffen, sondern auch die Apparate der Übertragung scheinen es manchmal zu sein. Es ist jedoch schwer,
sich hierüber bestimmt auszusprechen, da trotz der Unversehrtheit
dieser letzteren Apparate die Veränderung der Aufnahmeapparate
genügt, um eine Störung der Sinnesempfindungen hervorzurufen.

Bei der Betrachtung der Sinneswahrnehmung müssen zwei

Dinge berücksichtigt werden: der Zustand der sensoriellen und sensitiven Organe und die bewufste Wahrnehmung der Veränderungen, welche die besondere Erregung in dem betreffenden Organe hervorruft. Wiewohl es nicht zu unserer Aufgabe gehört, den Zustand der sensoriellen und sensitiven Organe zu studieren, so müssen wir doch mit einigen Worten darauf zu sprechen kommen, zumal in Beziehung auf den Gesichtssinn. Dies ist der einzige Sinn, an dem man bei den Idioten zwischen den Veränderungen des Sinnesapparates und denen der Perzeption selbst unterscheiden kann. Bei den anderen Sinnen, dem Gehör, Geschmack, Geruch, Gefühl, kann man sich nur an Das halten, was die Kranken angeben. Man darf nicht vergessen, dafs bei den Idioten der Mangel an Aufmerksamkeit dieselben als blind, taub, gefühllos erscheinen lassen kann.

Bei dem Gesichtssinn kann man sich leicht Rechenschaft darüber geben, ob die vermeintliche Blindheit auf einer Störung des Sehapparates oder einem Mangel an Aufmerksamkeit beruht. Die Pupillenveränderungen sind hier beweisend, wofern es sich nicht um eine grobe sichtbare Läsion handelt. Nach meinen Beobachtungen besteht bei den Idioten in ungefähr 7 bis 8 % der Fälle angeborene oder in den ersten Lebensjahren erworbene Blindheit. Bei den Imbecillen dagegen ist sie viel seltener, und in dieser Beziehung, sowie in allem Anderen, was den körperlichen Zustand betrifft, beobachtet man nur geringe Unterschiede zwischen ihnen und dem normalen Menschen.

Da der Gesichtssinn einer der wichtigsten für die Entwickelung der Intelligenz ist, so ist es leicht begreiflich, wie die Blindheit, wenn sie zu einem mangelhaften Zustande des Gehirns hinzukommt, noch zur Verstärkung der Idiotie beiträgt und Individuen, die sonst die ersten Stufen der Intelligenz hätten erklimmen können, in einen Zustand idiotischen Blödsinns überführt. Nichtsdestoweniger ist dieser Sinn bei der Erziehung der Idioten selbst nicht unersetzlich. In BICÊTRE sieht man die blinden Idioten, die sämtlich schwere intellektuelle Störungen zeigen, beim Korbflechten beschäftigt; man kann sie sehr gut zu Stuhlflecht- und zu groben Flechtarbeiten bringen. Manche waren vorher unrein und liefsen kaum die Hoffnung zu, dafs man sie jemals zu etwas brauchen könne. Es giebt sogar solche, die nach dem in Blindenanstalten üblichen Reliefdruck schreiben gelernt haben. Trotzdem sind, wie leicht einzusehen, die Idioten, denen ein so wichtiger Sinn, wie das Sehen oder Hören, fehlt, dazu verurteilt, immer auf einer sehr niedrigen Stufe der Intelligenz stehen zu bleiben.

Séguin[1] meint, daſs die Unfähigkeit, zu sehen, auf zwei Momente, oder, streng genommen, auf eines zurückzuführen sei: 1) auf die Unmöglichkeit, den Blick, der beständig in Bewegung ist, zu fixieren; 2) auf eine verdrossene und hartnäckige Starrheit, die sie hindert, den vorgehaltenen Gegenständen zu folgen oder sie zu erblicken. Er glaubt, daſs die willkürliche Thätigkeit dieses Sinnes bei den Idioten immer fehlt oder mangelhaft ist; in fast allen Fällen ist sie eine unwillkürliche; sie sehen, aber sie betrachten nicht, oder betrachten schlecht und nur zufällig.

Bei den meisten unheilbaren Idioten dürfte es oft schwer sein, sich auf den ersten Blick über den Zustand des Sehvermögens klar zu werden. Sie sitzen auf ihrem Sessel, machen wiegende Bewegungen in der einen oder anderen Richtung und stieren auf einen Punkt, ohne daſs etwas ihre Blickrichtung zu verändern vermag. Aber auſser der Pupillenreaktion auf Lichteinfall, welche zeigt, daſs das Auge selbst nicht betroffen ist, sieht man unter dem Einflusse einer geeigneten Erregung eine Veränderung der Blickrichtung. Nichts ist hierzu geeigneter, als die Darreichung von Nahrung. Wenn sie demnach hinblicken, ohne zu sehen, so beruht dies in Wirklichkeit auf dem vollständigen Fehlen der Aufmerksamkeit.

Bei den Idioten höheren Grades kann eine gröſsere Anzahl von Gegenständen ihre Aufmerksamkeit anziehen, und es ist dann ohne Zweifel das Sehvermögen bei ihnen ein gutes und im allgemeinen normales. Bei den Imbecillen endlich haben wir keine besondere Abweichung von der Norm zu verzeichnen.

Die Prüfung der Sehschärfe ist bei den meisten Idioten äuſserst schwierig, wenn nicht unmöglich. Dort, wo man sie annähernd durchführen kann, und bei den Imbecillen beobachtet man nichts Besonderes. Nach den Untersuchungen von Schleich[2] soll die grofse Mehrzahl der Idioten hypermetropisch sein.

---

[1] Séguin loc. cit.
[2] Schleich, In *Klinische Monatsblätter für Augenheilkunde.* 1885.

Die Farbenempfindung scheint sich nur im Verhältnis zu dem Grade der Intelligenz und dem genossenen Unterricht geltend zu machen. Manche Idioten können keine Farbe benennen und zeigen doch in ihrer Art, dafs sie verschieden durch dieselben beeinflufst werden. Es kann hier nicht die Rede sein von den tiefstehenden, unheilbaren Idioten, deren Aufmerksamkeit man durch nichts anziehen kann, welche keine Empfindung zeigen, kein Wort sprechen und nur ein rein vegetatives Dasein führen. Bei den anderen kann man je nach ihrer Erziehung alle Abstufungen beobachten. Die einen vermögen nur eine oder zwei Farben zu benennen, die anderen benennen sie falsch, und umgekehrt; andere wieder können die verschiedenen Schattierungen nicht würdigen. Mögen diese mannigfachen Verschiedenheiten sein, welche sie wollen, so habe ich jedoch niemals wahre und besondere Achromatopsie und Dyschromatopsie beobachtet, die auf etwas Anderes als eine ungenügende Bildung oder auf einen Mangel an Aufmerksamkeit zurückzuführen wäre.

Auf den besonderen Blick der Idioten, welcher den Eltern auffällt, habe ich schon bei Besprechung der Anfangserscheinungen hingewiesen, so dafs ich hier nicht weiter darauf zurückzukommen brauche.

Das Gehör ist nach dem Gesichtssinn so zu sagen der geistigste Sinn, wenn er nicht gar noch über diesem steht. Er begünstigt am meisten die Beziehungen der Menschen zu einander und dadurch wieder den Ideenaustausch durch die Sprache. Er ist demnach für die Erziehung von der gröfsten Wichtigkeit. Wie es eine gewisse Anzahl von blinden Idioten giebt, so ist auch eine gewisse Zahl von ihnen taub. Aber während es bei der Blindheit leicht war, zwischen wahrer und scheinbarer Blindheit zu unterscheiden, ist dies in manchen Fällen für die Taubheit fast unmöglich, wie beispielsweise bei den idiotisch Blödsinnigen. Kann bei ihnen die Aufmerksamkeit noch durch das Sehen von Dingen, die ihre Bedürfnisse und natürlichen Triebe befriedigen, angeregt werden, so wird sie es nicht mehr durch den Schall, welcher nur zum Geiste spricht. — Ich habe die Beobachtung gemacht, dafs die Taubstummheit viel seltener ist, als die Blindheit. Séguin und Wilbur[1] haben auch die geringe Zahl von

---

[1] Wilbur, In *Proc. Ass. med. off. int. for idiotie and feeble minded persons*. Philadelphia, 1886.

Taubstummen betont. Unter 280 Idioten hat WILBUR thatsächlich
nur sieben vollständig Taubstumme und neun teilweise Taubstumme
beobachtet. SÉGUIN meint sogar, dafs ihr Verhältnis unter den
Idioten ein geringeres ist, als bei intelligenten Kindern. Das
bleibt noch zu prüfen; aber mag dem sein, wie ihm wolle, man
ist jedenfalls über die geringe Zahl von Taubstummen bei den
Idioten erstaunt.

Neben der wahren Taubstummheit ist es angebracht, noch
die durch Mangel an Aufmerksamkeit bedingte Pseudo-Taubheit
zu verzeichnen. Bei ihr ist die Prognose keineswegs so ernst,
da man immer hoffen kann, dafs sie mit dem Erwachen der Aufmerksamkeit früher oder später verschwindet. Es ist darnach
fast nur eine Frage der Zeit. Es fehlt nicht an Mitteln, um
sich zu vergewissern, ob Pseudo-Taubheit vorliegt; aber oft trügen
sie alle, und man merkt erst nach sehr langer Zeit, dafs Geräusch endlich die Aufmerksamkeit des Kindes anzieht. Wenn
jedoch das Kind bis zum fünften Jahre nie auf ein Geräusch
reagiert hat, und man andererseits es bei den Reizen anderer
Sinne aufmerken sieht, so kann man meiner Meinung nach
wahre Taubstummheit annehmen.

Bei den Imbecillen hat das Gehör, ebenso wie das Sehvermögen, uns nichts Abnormes weiter gezeigt; wir brauchen uns
dabei nicht aufzuhalten.

Der Geschmack und Geruch sind die beiden am häufigsten
betroffenen Sinne; aber da ihr Wert für die intellektuelle Entwickelung ein sehr wenig ausgesprochener ist, so bietet ihre
mangelhafte Ausbildung kein Interesse dar. Bei den idiotisch
Blödsinnigen ist es absolut unmöglich, irgend ein Zeichen von
Freude oder Widerwillen gegen diese oder jene ihnen vorgesetzte
Nahrung, gegen diesen oder jenen Geruch zu bemerken.

Bei dem einfachen Idioten in seinen verschiedenen Graden
beobachtet man fast allgemein Efsgier, Gefräfsigkeit; nichts läfst
sich damit vergleichen; man mufs bei den Mahlzeiten der Idioten
zugegen gewesen sein, um sich davon zu überzeugen. Bei den
sehr tiefstehenden Idioten ist es ein wenig erfreulicher Anblick,
zu sehen, wie sie die Speisen regurgitieren, wie sie mit vollen
Händen in den Speisen herumfahren, sie auf dem Tische herum-
werfen, wie sie sich damit beschmieren, sie gierig in den Mund

stecken und sie, ohne sich die Zeit und die Mühe zum Kauen zu gönnen, hastig verschlingen. Man erlebt auch oft genug, dafs sie durch Aspiration von Speiseteilen ersticken. Ein Idiot in Bicêtre verschlang eines Tages sieben Stücke Wurst und starb durch Verschlucken. Andere, auf einer höheren Stufe, sind durchaus nicht wählerisch in ihrem Geschmacke: sie essen alles mit derselben Gefräfsigkeit und ziehen immer die Quantität der Qualität vor. So kaufen sie auf den Spaziergängen von der Pferde- oder Eselsschlächterei, weil sie für dasselbe Geld ein viel gröfseres Stück bekommen. Sie essen saure Heringe, unpräpariert und ohne Brot, verschlingen mit Wohlbehagen Schiffszwieback. Beim Anblick ihrer Nahrung kommen sie aus ihrer Apathie heraus, werden leicht erregt, stürzen sich auf die Schüssel und bezeigen durch allerhand Gesten ihre körperlichen Bedürfnisse. Es sind die wahren Kinder.

Bei den Imbecillen tritt an Stelle der Gier und der Gefräfsigkeit die Naschhaftigkeit. Sie sind fast alle naschhaft. In einer Arbeit über die Heredität des Alkoholismus habe ich eine Reihe von Idioten und Imbecillen angeführt, welche eine frühzeitige Neigung zum Alkohol hatten. Das ist eine ihnen gewissermafsen angeborene Neigung. In Bicêtre hatte eines Tages ein Imbeciller erfahren, dafs in dem Thermometer Alkohol enthalten sei. Er benutzte einen Augenblick, wo niemand im Zimmer war, zerbrach ihn und trank den Inhalt aus.

Aber neben der Gefräfsigkeit sind die Geschmacks-Anomalien zu betrachten. Bei vielen, tiefstehenden Idioten findet sich kein Unterscheidungsvermögen zwischen süfs und bitter. Wenn man ihnen abwechselnd Zucker und Koloquinthen beibringt, so zeigen sie keine verschiedene Geschmacksempfindung und öffnen den Mund wieder, sobald sie sehen, dafs man ihnen etwas reicht. Man kann dergleichen Anomalien bei Idioten beobachten, die in anderer Beziehung eine befriedigende geistige Entwickelung zeigen, und die nicht unheilbar sind. Dies würde auf den Beweis hinauslaufen, dafs nicht allein das Wahrnehmungscentrum betroffen ist, sondern dafs der Sinnesapparat selbst eine wahre Anästhesie aufweist, und dafs, genau ausgedrückt, der Geschmack nicht vorhanden ist. Manchmal, allerdings selten beobachtet man eine vollständige Umkehrung des Geschmackes, das Bittere wird dem milde und süfs Schmeckenden vorgezogen. Bei diesen Idioten giebt es also nur Efsgier, keine Naschhaftigkeit.

Aufserdem existieren noch Perversitäten des Geschmackes. Wir sprechen hier nicht von idiotisch Blödsinnigen, die, wie ganz kleine Kinder, alles zum Munde führen, was ihnen in die Hände kommt, sondern von arbeitsfähigen Idioten und auch Imbecillen, welche unsaubere oder widerwärtige Dinge essen. Ein Mikrocephale von 19 Jahren in Bicêtre verschlang zum Beispiel Raupen und Mäuse. Ein Imbeciller in Bicêtre verzehrt Spinnen. Die Idioten können alles, selbst Exkremente, und zwar gewöhnlich ihre eigenen, verzehren. Wir würden Zeit verlieren, wenn wir zahlreiche Beispiele für die Perversitäten des Geschmackes anführen wollten. Es genügt, darauf hinzuweisen, dafs sie sehr häufig sind.

Dieselben Bemerkungen gelten für den Geruchssinn. Mehr noch vielleicht als für den Geschmack scheint die Empfindung für die Gerüche ganz abgestumpft zu sein. Man kann sogar annehmen, dafs der Sinnesapparat der affizierte Teil sei, denn die reizenden Gerüche, wie beispielsweise Ammoniak, bewirken keine lokalen und Reflex-Erscheinungen, wie sie sich bei normalen Individuen sofort einstellen. Aber bei dieser Art von Untersuchungen mufs man bestimmte Punkte beachten, die zu Irrtümern Veranlassung geben können. Viele Idioten atmen sehr unregelmäfsig, und wenn man also nicht darauf bedacht ist, erst mehrere Respirationen abzuwarten, ehe man die riechende Substanz vor die Nase hält, so würde man kein sicheres Resultat erhalten. Doch abgesehen von jedem Irrtum bleibt die Thatsache bestehen, dafs die meisten Idioten kaum die guten Gerüche von den schlechten und manchmal selbst von den reizenden unterscheiden.

Der Geschmacks- und Geruchssinn stehen übrigens im allgemeinen in einer gegenseitigen Beziehung; aber neben den Fällen von Abstumpfung der Empfindung beobachtet man Fälle von aufsergewöhnlicher Schärfe. So erzählt Séguin von Idioten, „welche durch den Geruch allein, ohne Mithülfe des Gesichtssinnes, die Art des Holzes oder des Gesteins unterscheiden konnten, indessen durch widerlich Riechendes oder Schmeckendes nicht affiziert wurden; ihr Tastgefühl war stumpf und ungleichmäfsig.“

Diese Verbindung von aufsergewöhnlicher Empfindung für bestimmte Dinge mit Unempfindlichkeit auf der anderen Seite be-

ruht, glaube ich, darauf, dafs in dem einen Falle die Aufmerksamkeit und das Interesse wachgerufen wurden, während im anderen Falle das Individuum absolut indifferent gegenüber den empfangenen Sinneseindrücken blieb, und seine Unempfindlichkeit
nur eine scheinbare war.

Die Tastempfindung ist im allgemeinen sehr abgestumpft,
aber sie ist es stets gleichmäfsig, nicht stellenweise.

In dieser Hinsicht teilt Séguin[1] die Idioten in zwei Klassen:
diejenigen, welche, da ihnen die Tasteindrücke nicht zum Bewufstsein kommen, den Tastsinn nicht üben oder nur mechanisch
üben; und diejenigen, welche weder das Bewufstsein von der
Empfindung noch die Empfindung selbst haben, Klassen, die beide
eine besondere Erziehungsmethode verlangen. Bei den idiotisch
Blödsinnigen kann man sich manchmal die Frage vorlegen, ob
nicht vollständige Anästhesie besteht. Man sieht, wie sie sich
zerkratzen, verletzen, an den Fingern nagen, sich die Backen bis
zum Ohr aufreifsen, ohne die geringste Schmerzempfindung zu
zeigen, denn sie würden es wohl sicherlich unterlassen, wenn
sie Schmerz verspürten. — Man hat in dieser Richtung alle erdenklichen Verstümmelungen beobachten können, deren Auf-
zählung ohne Interesse sein würde. Die Liste derselben ist lang
und würde kein Ende finden. Berührung, Nadelstiche, Kitzeln
werden von diesen Idioten nicht empfunden. Kaum dafs manche
mit gleichgültiger Miene beobachten, was man mit ihnen macht.

Neben diesen sind wieder andere ebenso tief Stehende, welche
keine Schmerzäufserung zeigen, indessen eine dumpfe Empfindung
vielleicht angenehmer Art haben müssen, die sie veranlafst, unaufhörlich dieselbe Geberde zu wiederholen. Belhomme machte
in dieser Hinsicht die Beobachtung, dafs sie das Bedürfnis zeigen,
Tasteindrücke, sogar schmerzhafte, die sie auf der einen Seite erhalten, auch auf der anderen Seite zu empfinden. Er führt das
Beispiel eines 48 Jahre alten Idioten an, der durch seinen Ord-
nungssinn auffiel und der es liebte, wenn die Gegenstände zu
zweien gestellt waren. Wenn er ein offenes Fenster sah, so
öffnete er ein zweites; wenn man ihn an dem einen Arm berührte, so berührte er sich an dem anderen; wenn er sich an das
eine Bein gestofsen hatte, schlug er sich auf das andere. Eines

[1] Séguin loc. cit.

Tages fiel ihm ein Spaten auf den rechten Fuſs; er nahm den
Spaten und ließ sich denselben auf den linken Fuſs fallen.

Trotz der sehr schweren Sensibilitätsstörungen kann man
durch die Erziehung, wie bei den anderen Sinnen, auch zur Entwickelung des Tastsinnes beitragen. Derselbe würde sogar nach
Séguin an erster Stelle zu üben sein; denn durch ihn tritt das
Kind vermittelst des Willens in Beziehung zu seiner Umgebung,
ohne daſs der Gesichtssinn und das Gehör einzutreten brauchen.
Ich habe schon erwähnt, daſs in Bicêtre die blinden Idioten zu
Flechtarbeiten verwandt werden. Diese Beschäftigung, welche
eine ziemlich groſse Genauigkeit und besonders groſse Regel-
mäſsigkeit erfordert, wird im allgemeinen, selbst von tiefstehenden
Idioten, gut ausgeführt. Bei manchen sogar erlangt die Tastempfindung eine bedeutende Ausbildung; sie erkennen allein
durch das Gefühl die in ihrer Nähe befindlichen Personen. Dies
liefert uns noch den Beweis dafür, daſs die bei ihnen beobachtete
relative oder vollständige Anästhesie vorzugsweise auf dem Mangel
an Aufmerksamkeit beruht. Sobald sie bildungsfähig sind, d. h.
fähig sind, aufzumerken, so fühlen sie, und man beobachtet keine
Sensibilitätsstörungen mehr. Ich muſs noch hinzufügen, daſs ich
niemals Verkehrung der Sensibilität beobachtet habe.

Man kann bei den Imbecillen Sensibilitätsstörungen treffen,
doch sind sie in diesem Falle von einer nervösen Komplikation
abhängig, wie vor allem von der Hysterie; sie bilden kein Hindernis für die intellektuelle Entwickelung.

Die Temperaturempfindung geht Hand in Hand mit der Tast-
und Schmerzempfindung. Nichtsdestoweniger beobachtet man einige
Besonderheiten. Wie schon Morel beobachtet hat, liegt die
Hautthätigkeit bei den Idioten darnieder, und die Temperatur
der Idioten ist unter der normalen. So sieht man sie auch in
ihren Aufenthaltsräumen mit Vorliebe in der Nähe der Öfen sich
aufhalten; und wenn sie von niederen Temperaturen nicht beeinfluſst werden oder sich allen Unbilden der Jahreszeiten aussetzen,
so dürfte dies ebensowohl dem Mangel an Intelligenz als der geringen Entwickelung der allgemeinen Sensibilität zuzuschreiben
sein (Morel). Diese Widerstandsunfähigkeit gegen Kälte ist
ohne Zweifel die Ursache der vielen Todesfälle durch Lungen-
affektionen, welche man bei den Idioten beobachtet.

Der Einfluß der Temperatur auf die Idioten verdient noch etwas weiter berücksichtigt zu werden. Es giebt Idioten, die man Winterschläfer nennen könnte. Ich habe in Bicêtre einen Idioten gesehen, der unter dem Einflusse der Winterkälte in eine Art von fast vollständiger, körperlicher und geistiger Starre verfiel und erst unter dem Einflusse der Frühjahrswärme erwachte. Aber wie bei manchen die schwache Intelligenz noch mehr und mehr erschlafft, so giebt es wieder andere, bei denen sie durch die Erhöhung der Körpertemperatur angeregt wird. Alle Beobachter haben die Bemerkung gemacht, daß unter dem Einflusse einer leichten Fieberbewegung die Idioten ausgedehntere Fähigkeiten zu besitzen scheinen, das Resultat einer Erregung der nervösen Zentren, die übrigens bald wieder nachläßt. Doch dient dies wenigstens zum Beweise dafür, daß es eine latente intellektuelle Kraft giebt, die durch einen geeigneten Reiz in die Erscheinung treten kann. Was das Fieber in diesem besonderen Falle bewirkt, kann eine wohl angepaßte Erziehung auch bis zu einem gewissen Maße erreichen. Es zeigt uns dies, wie schwer es ist, die Maschine in Gang zu setzen, das geeignete Reizmittel zu finden und die notwendige Aufmerksamkeit zu erwecken und rege zu erhalten.

Bei dem normalen Kinde ruft die Muskelkontraktion eine angenehme Empfindung hervor. Dasselbe liebt es, Bewegungen zu machen und sich ein Urteil über ihre Wirkungen zu bilden. Es faßt dieselben oft falsch auf, indem es sich zu manchem fähig glaubt, wozu es gemäß seiner Schwäche nicht im stande ist, und es versucht ohne Zögern manches, das zu seinem Erstaunen nicht gelingt. Bei den tiefstehenden Idioten macht sich diese Liebe zur Bewegung kaum bemerkbar. Der Muskelsinn ist bei ihnen so zu sagen unmöglich zu prüfen in Anbetracht des Mangels an Auffassungsvermögen, und wir würden Mühe haben, uns darüber weiter auszulassen. Indessen scheint er bei den idiotisch Blödsinnigen, ebenso wie die anderen Sinne, abgestumpft zu sein. Jene bleiben träge auf ihren Stühlen sitzen oder in ihren Betten liegen, ohne eine Bewegung zu machen. Doch das ist die geringste Zahl. Die Mehzahl macht dagegen kontinuierliche Bewegungen, diese aber haben das Besondere, was sie von denen des normalen Kindes unterscheidet, daß sie einigermaſsen regelmäſsige, rhythmische, daſs es automatische Bewegungen sind, die man auch als „Tics“ bezeichnet hat. Man muſs sie wohl von krampfartigen Bewegungen unterscheiden, die man in gleicher Weise als Folge von cerebralen Erkrankungen beobachten kann. Sie sind äuſserst mannigfaltig, und es ist unmöglich, eine vollständige Beschreibung derselben zu geben. Die hauptsächlichsten bestehen in einem Wiegen von vorn nach hinten oder von einer Seite zur anderen oder in gleichzeitigen Wiegebewegungen des Kopfes und des Rumpfes, die sehr oft von einem einförmigen Gesumme oder einem hin und wieder vorgebrachten Schrei oder einem früher einmal aufgegriffenen Worte, der letzten Spur ihrer Sprache, begleitet werden.

Einige ohne Auswahl herausgegriffene Beispiele für diese „Tics“ sind: X . . . setzt die Finger der rechten Hand an den Mund und klopft mit dem Daumen derselben Hand auf seine Zähne. — J . . . bewegt gewöhnlich die Hände lebhaft vor sich hin und her, oder er macht die Geste, als ob er etwas auf seine Kniee nähme. — Z . . . zeigt ein leichtes, seitliches Hin- und Herwiegen des Kopfes, dann stöſst er ein kurzes Geschrei aus „néain, néain“ — oder auch: er streckt seine Zunge heraus, krümmt sie nach oben und berührt, indem er dabei schielt, die Nasenspitze, die er zu kitzeln scheint. — A . . . schlägt sich mit den Fäusten auf die Backen, ohrfeigt sich, kneift sich kräftig, beiſst sich in den Vorderarm. — B . . . saugt auf dem Handrücken, bis Blut kommt. — Andere fletschen die Zähne oder schneiden beständig Grimassen. Man könnte davon noch Seiten voll schreiben. Machen diese automatischen Bewegungen ihnen nun Vergnügen? Man könnte daran zweifeln. Indessen manche weinen, wenn man sie daran hindert, und auf der anderen Seite kann man sich denken, daſs sie wohl eine unbewuſste Befriedigung an ihrer Ausführung finden. Aber hat diese Befriedigung etwas Analoges mit der des normalen Kindes? Keineswegs. Denn das Kind macht eine Bewegung zu einem bestimmten Zwecke, so wenig derselbe auch der Bewegung entsprechen mag, und die Befriedigung steht im Verhältnisse zu der Art, wie es diesen Zweck erreicht. Bei den Idioten nun haben nicht allein diese „Tics“, sondern auch noch andere Bewegungen absolut keinen Zweck. Das genügt sogar manchmal schon, um ihren Zustand

zu erkennen. Es giebt in der That Idioten, deren Physiognomie
und Geberde nichts Besonderes hat, bei denen aber die beständige,
unbeschränkte und unaufhörliche, grund- und zwecklose Wiederholung der Bewegungen wohl zeigt, dafs diese einem Bedürfnisse
nach automatischer und nicht geistiger Thätigkeit folgen. Die bei
den meisten vorhandene Schwierigkeit, Bewegungen zu einem
bestimmten Zwecke zu verbinden, ist übrigens sehr charakteristisch und steht keineswegs im Verhältnisse zu dem Grade der
Intelligenz. So sieht man beispielsweise Idioten, welche sprechen,
lesen und zuweilen sogar schreiben können und die unfähig sind,
sich allein anzuziehen. Diese Erschwerung des Ankleidens wird
auch häufig bei gleichalterigen Imbecillen beobachtet. Wohl ist
dies oft die Schuld der Erzieher, welche sich darauf beschränken, Unterweisung in allgemeinen und wenig praktischen
Dingen zu geben. Man mufs gewifs dem Rate Séguins folgen,
obwohl er etwas zu weit geht, wenn er sagt, dafs alle Symptome
der Idiotie der Ausdruck fehlerhafter Gewohnheiten und nicht
der Ausdruck der Natur sind; aber vom Gesichtspunkte der Erziehung mufs man, wie er es thut, die wesentliche Bedeutung
der mit Geduld durchgeführten Wiederholung derselben Kenntnisse, derselben Eindrücke, mit einem Worte, der Gewohnheit
bei den Idioten in den Vordergrund stellen. So erzählt
er von Idioten, welche springen und schwierige, gymnastische
Übungen ausführen und sich nicht ihre Strümpfe anziehen
oder ihre Schuhe zuschnüren können. Das Ankleiden ist eine
wirkliche Gymnastik, die grofse Genauigkeit erfordert. Mit ihr
mufs man die Ausbildung der zusammengesetzten Bewegungen
beginnen.

Bevor wir zum Studium der willkürlichen Bewegungen übergehen, wollen wir noch ein Wort von der Links- und Rechts-
händigkeit sagen. Ireland hat gefunden, dafs das Verhältnis
der Linkshändigen unter den Idioten dasselbe ist wie unter den
anderen Kindern, nämlich 12%. Aber während bei den letzteren 88% rechtshändig sind, sind es bei den Idioten blofs
72%; es sind also 16% ambidexter. Das ist eine Eigentümlichkeit, die man in gleicher Weise bei den Verbrechern findet, und
die auf die Analogien hinweist, wie man sie heutzutage zwischen
Verbrechern und Degenerierten aufzustellen sucht.

Obwohl die Motilität strenggenommen nicht zum Gegenstande unserer Betrachtung gehört, so müssen wir uns doch
damit beschäftigen wegen ihrer Beziehungen zur intellektuellen
Entwickelung. Im allgemeinen sind alle in intellektueller Beziehung zurückgebliebenen Kinder es auch in Beziehung auf die
ganze organische Entwickelung und im besondern in Bezug auf
drei Punkte: die Zähne, das Gehen und die Funktion der
Sphinkteren. In allen Beobachtungen ist bemerkt, daſs Idioten
mehr oder weniger auffallend spät laufen lernen, und zwar erst
nach 18 Monaten, zwei, drei Jahren, manchmal noch später, zuweilen niemals. Bald kommt dies von einer wirklichen Muskel-
schwäche der unteren Extremitäten her, bald von wahren Lähmungen, aber am häufigsten von der Unfähigkeit der Kinder, die
besonderen Bewegungen des Gehens zu erlernen, welche bekanntlich, bevor sie automatische werden, erst willkürliche sind
und wieder verlernt werden können, wie man es bei der Abasie
beobachtet. Neben der späten Erlernung des Gehens bemerkt
man auch, daſs das Kind erst sehr spät oder auch gar nicht die
für die Erhaltung des Lebens notwendigsten Handlungen vollziehen kann, wie: die Nahrung mit den Händen oder gar erst
mit Gabel oder Löffel zum Munde zu führen. Es besteht bei
ihnen eine Art Inkoordination der Bewegung, die übrigens bei
allen Kindern normalerweise in einem gewissen Alter vorhanden ist, aber durch das Beispiel und die Erziehung verschwindet, um der willkürlichen Koordination Platz zu machen,
während bei den Idioten diese Koordination erst sehr spät erscheint, da der Wille und die Aufmerksamkeit kaum entwickelt
sind. Ferner ist, da das Gedächtnis sehr schwach ist, dasselbe
für die assoziierten und koordinierten Bewegungen sehr unvollkommen, was ihre Ausbildung noch viel schwieriger und langsamer macht. Die instinktiven Bewegungen selbst erscheinen
erst spät, so die der Physiognomie. Wir wollen diese jetzt beiseite lassen und behalten uns vor, darauf zurückzukommen, wenn
wir die Gemütsbewegungen und ethischen Gefühle und ihren
Ausdruck bei den Idioten behandeln werden.

Es bleibt noch übrig, eine letzte Reihe von Empfindungen
zu untersuchen: es sind die Organempfindungen. Beim normalen
Individuum machen sie sich in zwei Fällen bemerkbar: beim

Nahrungsbedürfnis und in Krankheitszuständen. Unter den Organ-
gefühlen sind der Hunger und der Durst für den Menschen die
unerläfslichsten. Man könnte in der That nicht begreifen, wie
es möglich wäre, zu leben ohne das Bedürfnis, das Leben durch
Nahrung zu erhalten und ohne das Bewufstsein von dem Zustande
der Sättigung. Bei den Idioten sind indessen selbst diese funda-
mentalen Empfindungen sehr abgeschwächt. Man beobachtet
manchmal bei ihnen mehr oder weniger lang anhaltendes Fasten,
wofür BOURNEVILLE[1] sehr interessante Beispiele mitgeteilt hat.
Aber das sind doch Ausnahmefälle. Die Regel ist, dafs die
Idioten, selbst die tiefstehenden, dieses Hunger- und Durstgefühl
empfinden, dem sie durch Schreien, durch ungeordnete Bewegungen um die Essenszeit Ausdruck geben, sowie durch ihre
Gefräfsigkeit und Befriedigung, wenn sie die Nahrung vor sich
haben. Aber sie haben wenig Sättigungsgefühl, und ihre Gefräfsigkeit ist derart, dafs sie fast unbegrenzt weiter bis zum
Ersticken gierig das Essen verschlingen würden, wenn man sie
nicht daran hinderte.

Was das Gefühl für das Bedürfnis zur Stuhl- und Urin-
entleerung betrifft, so scheint dasselbe bei den tiefstehenden
Idioten vollständig zu fehlen. Dieselben sind alle beständig unreinlich, und nichts weist in ihrer Haltung oder ihrer Physiognomie
darauf hin, dafs sie das Gefühl von der Befriedigung eines Bedürfnisses hätten.

Wenn die physiologischen Organgefühle so weit abgestumpft
sind, was wird man betreffs der pathologischen erwarten können?
Die Heilkunde ist beim Idioten, man kann wohl sagen, schlimmer
daran, als beim Tier. Das Tier äufsert wenigstens durch eine
Stellung, ein Geheul den Schmerz, den es bei der Berührung
der kranken Stelle empfindet. Bei dem Idioten nichts dergleichen!
Die gröbsten objektiven Zeichen, die Temperatur, der Zustand
der Verdauungsorgane sind die einzigen Beweise für den Krank-
heitszustand des Organismus. Fragt man auch die Kranken, sie
antworten nicht; palpiert man, sie äufsern keinen Schmerz; aus-
kultiert man, sie können nicht atmen. „Sie wissen nicht“, sagt

---

[1] BOURNEVILLE, *Comptes rendus du service des épileptiques, idiots etc
de Bicêtre.*

Esquirol, „was die Ursache ihres Schmerzes ist; sie unterscheiden nicht, ob diese Ursache in ihnen oder aufserhalb liegt;
sie haben mit einem Wort so wenig Gefühl vom eigenen Ich,
dafs sie nicht wissen, ob der affizierte Teil ihnen gehört; verstümmeln sich doch sogar manche, wenn sie krank sind; sie
klagen nicht, bleiben zusammengekrümmt im Bett liegen, ohne
die geringste Beschwerde zu zeigen; es ist nicht möglich, die
Ursachen und den Sitz des Leidens zu erraten; sie sterben, ohne
dafs man ihnen hätte helfen können."

Als Bestätigung dieser Behauptungen könnte ich verschiedene
Beispiele anführen; aber es sei genug mit den folgenden zwei
charakteristischen: Der erste Fall: ein 18jähriger Idiot kam auf
die Krankenabteilung in Bicêtre, weil man bemerkt hatte, dafs
er weniger gut afs und in der Arbeit nachliefs. Es wurde eine
Stomatitis ulcerosa von unbestimmtem Charakter konstatiert. Er
bleibt zur Pflege auf der Krankenabteilung, geht umher, ifst
wieder regelmäfsig; plötzlich bekommt er Fieber und stirbt in
zwei Tagen. Bei der Autopsie findet man eine Lunge zur Hälfte
gangränös; niemals hatte er irgend etwas geklagt, nie hatte Aus-
wurf oder irgend ein anderes auffallendes objektives Symptom die
Aufmerksamkeit auf die Brustorgane gelenkt. Der zweite Fall:
ein 13jähriger Idiot wurde auf die Krankenabteilung im letzten
Winter mit einer seit mehreren Tagen bestehenden Pneumonie
geschickt. Man hatte aufserdem geringen körperlichen und geistigen
Torpor beobachtet. Er starb plötzlich; und bei der Autopsie
fand man aufser einer Pneumonie im dritten Stadium eine eitrige
Meningitis, auf die während des Lebens nichts hingewiesen hatte.

So ist die Abstumpfung der Organgefühle, welche die Idioten
hindern würde, für die notwendigsten Lebensbedürfnisse zu sorgen,
selbst wenn sie das Notwendige auszuführen im stande wären,
wieder eine Ursache, die, weit entfernt, sie zu schützen, sehr
häufig die Lebensdauer verkürzt, da die Krankheiten, obwohl sie die
Idioten weniger leicht zu treffen scheinen, sich ruhig ausdehnen und
verzehrend wirken können bis zum tödlichen Ausgang, den ein
zeitiges Eingreifen vielleicht abzuwenden im stande gewesen wäre.

Diesen Störungen der Organgefühle, bis zum fast vollständigen Fehlen bei den tiefstehenden Idioten zu beobachten, begegnet man in geringerem Grade bei den bildungsfähigen. Bei

den Imbecillen jedoch stöfst man oft auf eine andere Art der
Schwierigkeit. Während die Idioten keinen Aufschlufs über ihre
Empfindungen geben, suchen die Imbecillen sie sehr genau zu
bezeichnen, und zwar thun sie es fast immer verkehrt. Man
kann schliefslich aus ihnen alles herausbringen, was man will.
Ferner sind sie sehr zum Lügen geneigt und sehr erfinderisch,
und sie halten oft normale Empfindungen, die sie übertreiben,
um sich interessant zu machen, für krankhaft.

Fassen wir das über den Zustand der Sensibilität in ihren
verschiedenen Formen bei den Idioten und Imbecillen Gesagte
kurz zusammen, so sehen wir, dafs sie bei den ersteren hochgradig
abgestumpft ist, bei den letzteren stufenweise sich der Norm
nähert.

Der Geschmack, der Geruch und die Tastempfindung, welche
zumeist betroffen sind, erfordern oft eine genauere Untersuchung.
Wir sehen auch, dafs die Empfindungen für die gebieterischesten
Bedürfnisse der menschlichen Natur, ohne die das Leben nicht
bestehen könnte, ebenso abgestumpft sein können wie die anderen.
Die in dieser Beziehung betroffenen Idioten sind absolut unheilbar
und würden dem Geschick eines frühen Todes verfallen, wie ein
Neugeborenes, wenn man sich nicht ihrer Pflege annähme. Bei
den bildungsfähigen Idioten dagegen und den Imbecillen werden
diese Gefühle für die natürlichen Bedürfnisse, wenn sie sich auch
später als bei den normalen Kindern einstellen, in ebenso normaler Weise empfunden, abgesehen jedoch von der Empfindung
in Krankheitszuständen. Diese Unterschiede könnten also bis zu
einem gewissen Grade zu einer Aufstellung verschiedener Kategorien von Idioten dienen.

Wir sehen demnach, dafs der Zustand der Sensibilität und
indirekt der der Motilität in innigem Zusammenhange mit dem
Zustande der Intelligenz steht. Von dieser Thatsache bis zur
Behauptung, dafs man zur Entwickelung der Intelligenz mit der
Entwickelung der Sinne und Bewegung beginnen müsse, ist nur
ein Schritt; und auf dieses Prinzip hat SÉGUIN seine Erziehungsmethode für die Idioten begründet, die von BOURNEVILLE in
Bicêtre erweitert und angewandt worden ist und die immer be-
merkenswertere und ermutigendere Resultate liefert. —

Viertes Kapitel.

Die Aufmerksamkeit.

Spontane und willkürliche Aufmerksamkeit. — Die Bedeutung der Aufmerksamkeit bei der intellektuellen Entwickelung und der Erziehung. — Die Aufmerksamkeit als Grundlage für eine Klassifikation der Idioten und Imbecillen. — Die Anregung zur Aufmerksamkeit bei den Idioten. — Arbeit, Zucht. — Faulheit und Zuchtlosigkeit. — Ihre Beziehungen zur Aufmerksamkeit. — Die Aufmerksamkeit, „ein soziologisches Phänomen". — Die Aufmerksamkeit bei dem Imbecillen. — Ihre Unbeständigkeit. — Überlegung. — Vertieftheit. —

Unsere Einteilung der verschiedenen Abstufungen der Idiotie und Imbecillität beruht, wie wir im Anfange betonten, auf dem gröfseren oder geringeren Grade der Aufmerksamkeit. Jetzt ist es an der Zeit, ihre Wichtigkeit bei dem Geisteszustande der Idioten zu beweisen.

Es giebt zwei ganz verschiedene Formen der Aufmerksamkeit; die eine ist die spontane, natürliche; die andere die willkürliche, künstliche. Die erstere ist die wahre, ursprüngliche, fundamentale Form der Aufmerksamkeit; die letztere ist das Resultat der Erziehung. Mit der ersteren müssen wir uns besonders beschäftigen, da ohne sie die letztere nicht bestehen könnte.

Wir wollen hier nicht auf die Rolle, welche die Aufmerksamkeit bei der intellektuellen Entwickelung und bei der Erziehung spielt, hinweisen; sie ist allgemein bekannt und gehört in das Bereich der normalen Psychologie, nicht der pathologischen Psychologie, mit der wir es hier zu thun haben. Was wir zu betrachten haben, sind der Zustand der Aufmerksamkeit beim Idioten und Imbecillen und die daraus entspringenden Folgen, indem wir als Grundlage das annehmen, was man bei normalen Individuen beobachtet. In Bezug hierauf können wir RIBOTS Plane in seinem interessanten Buche über die Psychologie der Aufmerksamkeit folgen.

Es ist von vornherein schon die Schwäche der Aufmerksamkeit bei den Idioten zu erwarten; man braucht nur die pathologische Anatomie ihres Gehirns in Betracht ziehen.

Die Intelligenz ist nach FERRIER,[1] dessen Ansicht übrigens
die allgemeine und bewiesene ist, proportional der Entwickelung
der Aufmerksamkeit, und sie ist wieder proportional der
Entwickelung der Stirnlappen. Ihre Wegnahme im vorderen
Teile verursacht keine motorischen Erscheinungen, sondern eine
Geistesstörung, die auf den Verlust der Aufmerksamkeit zurückzuführen ist; und er fügt hinzu: „Die Stirnlappen sind bei den
Idioten unvollkommen entwickelt; ihre Aufmerksamkeit ist eine
sehr schwache." Nichts drückt besser die gegenseitigen Beziehungen zwischen der Intelligenz und der Aufmerksamkeit aus.
Andererseits scheint die Fähigkeit des Aufmerkens ursprünglich
in Beziehung zur Lebhaftigkeit der Sinneseindrücke zu stehen.
PEREZ[2] hat beobachtet, daſs bei den kleinen Kindern, sowie bei
den jungen Tieren diejenigen am leichtesten aufmerksam zu sein
scheinen, deren nervöse Erregbarkeit die gröſste ist. Nun haben
wir im vorigen Kapitel gesehen, wie viel Defekte die Sensibilität
zeigte. Die Anatomie und Physiologie weisen uns also in gleicher
Weise darauf hin, daſs beim Idioten die normale Aufmerksamkeit
unmöglich vorhanden sein kann.

Wenn wir jetzt zur Genese der Aufmerksamkeit, zu ihrem
Mechanismus übergehen, so werden wir noch besser sehen, daſs
es nicht anders sein könnte. Ob stark oder schwach ausgeprägt,
überall und immer hat sie Affektzustände zur Ursache, und ihr
Mechanismus ist wesentlich ein motorischer, d. h. sie wirkt stets
auf die Muskeln, hauptsächlich in der Form einer Spannung.
Auch MAUDSLEY[3] sagt: „Wer unfähig ist, seine Muskeln zu
beherrschen, ist unfähig, aufmerksam zu sein." Die Bewegungen
des Körpers, des Gesichts, der Gliedmaſsen und die Respirations-
bewegungen sind für die Aufmerksamkeit die notwendigsten Bedingungen, die wesentlichen Elemente, die unerläſslichen Faktoren
(RIBOT).[4] Kurz, ein auf die motorische Kraft übertragener Affektzustand, das ist die Aufmerksamkeit. Wenn diese beiden Ele-

---

[1] FERRIER, *les Fonctions du cerveau.* — [2] PEREZ, loc. cit.
[3] MAUDSLEY, *Physiologie de l'esprit.* — [4] RIBOT, loc. cit.

mente verändert sind, wie beim Idioten, so wird man die Störungen der Aufmerksamkeit leicht begreiflich finden. Untersuchen wir nun beide gesondert.

Was das affektive Element anbetrifft, so sind wir gezwungen, dem Kapitel, in dem wir die Gemütsbewegungen behandeln werden, vorzugreifen. Wir können es sogleich sagen, und es ist leicht vorauszusehen, die Gemütsbewegungen zeigen eine ebenso geringe Entwickelung wie alles andere. Wenn wir diesen Satz, ohne jetzt näher darauf einzugehen, annehmen und uns vorbehalten, ihn weiterhin zu beweisen, so können wir fürs erste sagen, daß der wesentlichste Faktor der Aufmerksamkeit, der Affektzustand, ganz fehlt oder mangelhaft ist. Hinsichtlich des zweiten Faktors, des motorischen Elementes, wissen wir ebenfalls, daß sich sehr häufig Anomalien, Lähmungen, Kontrakturen, Konvulsionen, automatische Bewegungen etc. zeigen. Sind keine so ausgesprochenen Störungen vorhanden, so beobachtet man doch mindestens eine gewisse Langsamkeit, Ungeschicklichkeit oder Inkoordination der Bewegungen. Kurz die zur Aufmerksamkeit nötige, durch Affektzustände von so zu sagen übler Beschaffenheit hervorgerufene motorische Kraft ist selbst betroffen und unvollkommen. Kein Wunder daher, daß die Aufmerksamkeit so verringert ist, wenn sie nicht gar vollständig fehlt.

Untersuchen wir jetzt, welche unter den affektiven Zuständen die einfachsten sind und zuerst auf die Aufmerksamkeit bestimmend wirken, so konstatieren wir, daß es diejenigen sind, denen Neigungen, Begierden, Bedürfnisse zu Grunde liegen und die sich in letzter Linie dem im Individuum am tiefsten wurzelnden Selbsterhaltungstriebe nähern.

Im vorhergehenden Kapitel haben wir gesehen, daß dieses Gefühl für die Selbsterhaltung selbst sehr abgeschwächt ist, daß es sich kaum nur durch die Gier nach Nahrung äußert, und daß das Hungergefühl, welches die ursprüngliche Bedingung für die Erhaltung des Lebens ist, oft in sehr geringem Grade empfunden wird. Bei den unheilbaren Idioten fehlen also die elementarsten Affektivzustände, welche im stande sind, die Aufmerksamkeit hervorzurufen, oder sie sind außerordentlich schwach. Und wenn es wahr ist, daß die Aufmerksamkeit im Dienst- und Abhängigkeitsverhältnisse zu den Bedürfnissen steht und stets mit der

Vollkommenheit der Sinne innig verbunden ist, so begreift man nach dem, was wir über die Wahrnehmungen bei den Idioten in Kürze entwickelt haben, daß sie schwach ist, wie die Sinneseindrücke selbst, zu denen sie Beziehungen unterhält.

Kurz, die Störungen der Motilität, die Schwäche der Empfindungen, die Unvollkommenheit der Sinneseindrücke, alles dies trägt dazu bei, die Fähigkeit aufzumerken zu vermindern, die sogar ganz aufgehoben sein kann. Es bezieht sich dies auf die spontane Aufmerksamkeit, die auf die äußeren Dinge gerichtet ist. Wie verhält es sich nun mit der auf die inneren Vorgänge gerichteten Aufmerksamkeit, d. h. mit der Überlegung? Es ist dies eine den meisten, wenn nicht allen Idioten und selbst einer großen Zahl von Imbecillen durchaus fremde, intellektuelle Fähigkeit. Wir werden Gelegenheit haben, darauf zurückzukommen.

Die Erziehung beruht fast ausschließlich auf der Anregung der willkürlichen Aufmerksamkeit, und RIBOT unterscheidet drei Stadien in der Bildung dieser Aufmerksamkeit.

Im ersten hat es der Erzieher nur mit den einfachen Empfindungen zu thun: Grausamkeit, egoistische Neigungen, Empfänglichkeit für Belohnungen, zartere und sympathische Gemütsregungen, Neugierde etc. Im zweiten wird die Aufmerksamkeit angeregt und unterhalten durch Gefühle, die sekundär gebildet werden: Eigenliebe, Nacheiferung, Ehrgeiz, Interesse, Pflicht etc. Das dritte ist das Stadium der Organisation: die Aufmerksamkeit wird angeregt und erhalten durch die Gewohnheit. Wir wollen diese drei Grade besprechen und sehen, wie es sich damit bei den Idioten verhält. Bei dem idiotisch Blödsinnigen ist die Aufmerksamkeit auf das geringste Maß beschränkt, man kann fast sagen, daß sie nicht vorhanden ist. Nur der Anblick der Nahrung allein bringt ihn manchmal aus seiner Gleichgültigkeit heraus. Manchmal gelingt es auch, durch Überraschung bei ihm vorübergehend einen Schimmer von Aufmerksamkeit, der noch schneller erlischt, als er sichtbar wird, hervorzurufen. Beispielsweise wendet sich der Idiot auf ein kurzes und starkes Geräusch um oder dreht einfach die Augen nach der Richtung; dann verfällt er wieder in seine gewöhnliche Regungslosigkeit, aus der ihn nichts mehr herausbringen kann. Vorstellungen hat er nicht; Empfindung hat er nicht; Sinnes-

wahrnehmungen sind kaum vorhanden. Das einzige Gefühl, das
er in unbestimmter Weise empfindet, ist das Hungergefühl. Die
Nahrung zieht auch zuerst die Aufmerksamkeit des Neugeborenen
an. Das Hungergefühl, die Empfindung von der Befriedigung
des Bedürfnisses, die sich mit der Empfindung von der Berührung
der Brustwarze verbindet, macht allein seine Kenntnisse aus.
Aber er bleibt nicht dabei stehen, er macht schnelle Fortschritte.
Der Idiot dagegen kommt nicht weiter. Er wird größer und
nimmt zu, aber der Kreis seiner intellektuellen und sensitiven
Funktionen scheint sich nicht zu erweitern. Er ist wie ein
kleines Kind, mit dem Unterschied jedoch, daß das letztere in
seiner ganzen Art, sich zu geben, zeigt, wie die Intelligenz unter
dem Einflusse äußerer Eindrücke entwickelungsfähig ist, während
man beim Idioten sich leicht überzeugt, daß dies nicht der Fall
ist. Dies giebt dem Idioten, vom Beginn seines Lebens an,
einen so besonderen Charakter, wohlverstanden, dem Idioten von
Geburt. Ich habe schon betont, worauf sich die Eltern berufen,
wenn sie ihrem Kinde dieses traurige Prognostikon ausstellen.
Es handelt sich mehr um den allgemeinen Eindruck, als um
Einzelheiten. Aber wenn man die Dinge analysiert, so sieht
man schließlich, daß das, was von Anfang an auffällt, bei Allem
der Mangel an Aufmerksamkeit ist. Man sucht den Blick des
Kindes auf etwas zu lenken, es dreht den Kopf nach einer anderen Seite; man verursacht ein Geräusch vor seinem Ohre, es
blickt beständig vor sich hin, als ob es nichts gehört hätte.
Man setzt ihm Nahrung vor, sein Begehren erwacht nicht; man
läßt es etwas Unangenehmes riechen, es weist dasselbe nicht
zurück. Je mehr man darüber nachdenkt, je mehr man das
Einzelne, was man bei den Idioten beobachtet, zerlegt, desto
mehr gewinnt man die Überzeugung, daß das zu Grunde Liegende
die Störung der Aufmerksamkeit ist.

Bei den einfachen Idioten kann man eine spontane Aufmerksamkeit treffen, die entwickelungsfähig ist und zur willkürlichen Aufmerksamkeit umgebildet werden kann. Mit anderen
Worten, die einfachen Idioten sind bildungsfähig, während die
tiefstehenden es nicht sind; und das hängt einzig und allein von
dem Vorhandensein oder dem Fehlen der Aufmerksamkeit ab.
Diese Beobachtung macht man übrigens nicht bloß beim Idioten;

man kann sie auch bei den Tieren machen, die man dressieren will. DARWIN beobachtete, daſs unaufmerksame Affen, die man durch Schläge zu dressieren versuchte, widerspenstig wurden, während die aufmerksamen immer dressiert werden konnten.

Bei den Idioten leichteren Grades ist es oft sehr schwer, die Aufmerksamkeit, deren sie fähig sind, zu erwecken, und man muſs alle Hülfsmittel anwenden, welche die Erziehung bieten kann; so zum Beispiel Abbildungen, Farben. Die Idioten scheinen besonders durch Gesichtseindrücke beeinfluſst zu werden. Darum ist es auch notwendig, sich für den Unterricht der Tafeln, Bilderbücher zu bedienen, indem man zu dem Gesprochenen die Erklärung durch die bildlichen Darstellungen hinzufügt. Man muſs die zur Demonstration nötigen Gesten übertrieben ausgiebig machen und ihnen womöglich immer die Gegenstände, von denen man spricht, vorzeigen. Sie scheinen übrigens niemals das, was man ihnen sagt, beim ersten Male zu begreifen. Die Aufmerksamkeit, die keine Anstrengung erfordert oder was noch besser ist, bei ihnen ein Gefühl von Lust erweckt, ist fast die einzige Form, die man bei den tiefer stehenden konstatiert. Erst bei den höher stehenden kann man die willkürliche Aufmerksamkeit erreichen und durch sie ihre Intelligenz im allgemeinen weiter entwickeln.

Bezüglich der willkürlichen Aufmerksamkeit kann man verschiedene Grade derselben bei der Kategorie der höher stehenden Idioten aufstellen. Bei manchen tritt die willkürliche Aufmerksamkeit sehr selten auf, intermittierend, wie z. B. unter dem Einflusse eines sehr angenehmen Eindrucks; bei anderen tritt sie sehr leicht auf, hält aber nicht lange an; bei anderen endlich ist sie fast zur Gewohnheit geworden, wenn man sie in die nämlichen Verhältnisse bringt. Diese drei Verschiedenheiten, von denen die beiden ersten die bei weitem häufigsten sind, äuſsern sich da, wo eine Menge Idioten zusammenleben, hauptsächlich auf zweierlei Art: durch die Arbeit oder die Faulheit; die Disziplin oder die Indisziplin.

In Bezug hierauf sei es gestattet, einen charakteristischen Ausspruch RIBOTS[1] anzuführen: „Wir haben gesagt, daſs im Naturzustande für das Tier sowohl, wie für den Menschen das

---

[1] RIBOT, loc. cit.

Vermögen spontaner Aufmerksamkeit ein sehr bedeutsamer Faktor im Kampfe ums Dasein ist. Wenn der Mensch aus dem Zustande der Wildheit herausgetreten ist (Mangel an Wild, Dichtigkeit der Bevölkerung, unfruchtbarerer Boden, kriegsgeübtere Nachbarvölkerschaften), und er damit durch irgend welche Ursachen vor die Wahl gestellt ist, zu Grunde zu gehen oder sich verwickelteren Lebensbedingungen anzupassen, d. h. zu arbeiten, dann bildet die willkürliche Aufmerksamkeit auch in dieser neuen Form des Kampfes ums Dasein einen ganz bedeutsamen Faktor... Die Aufmerksamkeit ist demnach unter dem Druck der Verhältnisse und zugleich mit dem Fortschritt der Intelligenz entstanden. Es ist leicht darzuthun, daſs vor dem Zustande der Civilisation die willkürliche Aufmerksamkeit nicht existierte oder nur für Augenblicke erschien, um bald wieder zu schwinden." So ist es nun auch bei den Idioten; ebenso wie man feststellen kann, daſs die Herrschaft der willkürlichen Aufmerksamkeit auf die der spontanen Aufmerksamkeit folgte, ebenso kann man diese beiden Stadien bei den einfachen Idioten beobachten, während die tiefer stehenden zu wenig entwickelt sind, um sie mit dem Menschen vergleichen zu können.

Aber der bestimmteste und deutlichste Ausdruck der willkürlichen Aufmerksamkeit ist die Arbeit. Der Wilde ist ein zuchtloses und faules Geschöpf, das jeder Arbeit widerstrebt. Bei den civilisierten Nationen giebt es gleichfalls Individuen, die undisziplinierbar und unfähig zu jeglicher Arbeit sind, wie die Vagabunden, die Prostituierten, die ganze große Klasse der Recidivisten. Man kann hierzu noch die Idioten und die Mehrzahl der Imbecillen zählen, die zahlreichen Zuwachs für die Gefängnisse liefern, wenn man nicht die Schwäche besitzt, sie für unzurechnungsfähig zu erklären und die Gesellschaft unter diesem Vorwande nur dadurch von ihnen befreit, indem man ihr die Unterhaltungskosten für sie bis an ihr Lebensende aufbürdet, mehr Sorgfalt für sie verwendet, wie für unsere Soldaten und endlich davon absieht, sie zu zwingen, den Schaden gut zu machen, den sie angerichtet, und wenigstens einen Teil der Kosten zu ersetzen, die ihre Unschädlichmachung verursacht.

Die Zuchtlosigkeit, die Faulheit und die Schwäche der Aufmerksamkeit sowie der Intelligenz gehen Hand in Hand. Man beobachtet das in sehr deutlicher Weise bei den Idioten. Je geistesschwächer sie sind, desto weniger aufmerksam sind sie, desto fauler, desto weniger zu disziplinieren, zu erziehen. Die Affekte, die im stande wären, ihre willkürliche Aufmerksamkeit anzuregen, sind so schwach, daſs sie der Zurechtweisung, der Drohung, der Züchtigung, der gegenüber sie sich indifferent verhalten, unzugänglich sind, da die Erfahrung für sie nicht existiert, die Wahrnehmungen isolierte bleiben, sie nicht koordinieren oder assoziieren und keinen abstrakten Begriff bilden. Andere wieder fügen sich gut der Disziplin und können ein Handwerk erlernen. Wenn man die ersteren mit den Wilden vergleicht, so stehen die letzteren im Beginne der Civilisation. Trotzdem kann ich die Ansicht der italienischen Kriminalisten nicht teilen, die hier Fälle von Atavismus sehen wollen. Zwischen den Urmenschen und den uns beschäftigenden Individuen besteht der auſserordentliche Unterschied, daſs bei den ersteren das Auftreten der willkürlichen Aufmerksamkeit und der Arbeit die fortschreitende Entwickelung ihrer Intelligenz anzeigt, während bei den letzteren derselbe Zustand der Aufmerksamkeit nur ein Überbleibsel und ein Zeichen ihrer intellektuellen und moralischen Entartung ist.

Die Ansicht RIBOTS, daſs die willkürliche Aufmerksamkeit ein „soziologisches Phänomen" sei, daſs sie auf einer Anpassung an die Bedingungen eines höheren sozialen Lebens beruhe, ein Produkt der Disziplin und Gewohnheit sei, scheint mir danach durchaus begründet. Wenn auch die Entwickelung der willkürlichen Aufmerksamkeit rudimentär ist und einen so beträchtlichen intellektuellen Ausfall im Gefolge hat, wie es bei den Idioten der Fall ist, so entstehen trotzdem in sozialer Beziehung keine sehr schlimmen Folgen. Die Idioten sind nicht sehr gefährlich, und dies um so weniger, als zumeist ihr Geisteszustand ihre lebenslängliche Unterbringung in Anstalten nötig macht. Bei den Imbecillen dagegen ist die willkürliche Aufmerksamkeit bis zu einem gewissen Grade vorhanden, aber es ist unmöglich, sie zu fesseln. Die relative Intelligenz, die er besitzt, und die in ihrer Entwickelung, wie wir weiterhin sehen werden, auf falsche Bahnen gelenkt ist, macht sie oft zu gefährlichen Individuen und zwar um so mehr, als im Gegensatze zu den Idioten ihr psychischer

Zustand häufig gestattet, sie in der Freiheit zu lassen. Darum
glaube ich sagen zu können, dafs in sozialer Beziehung die Idioten
Extra-Soziale sind, während die Imbecillen Anti-Soziale
sind, und ich denke, dafs die Fortsetzung dieser Untersuchung
dies noch ausführlich beweisen wird.

Inzwischen wollen wir den Zustand der Aufmerksamkeit bei
dem Imbecillen betrachten.

Die Aufmerksamkeit ist bei ihm vorhanden; aber wenn auch
nur ein quantitativer Unterschied zwischen ihr und der der Idioten
einerseits und der normaler Menschen andererseits bestände, der
stets schwer abzuschätzen ist, so würden wir sie doch nicht als
Basis der Einteilung gewählt haben. Ich glaube jedoch, dafs
anstatt der Intensität eine andere Eigenschaft in Betracht zu
ziehen ist, und das ist ihre Unbeständigkeit, selbst da, wo
für Augenblicke die Aufmerksamkeit ebenso schwach, wie bei
den Idioten, oder ebenso stark, wie bei normalen Individuen wäre.

Die Aufmerksamkeit des Imbecillen ist vor allem eine inter-
mittierende. Er springt von einem Gegenstande zum anderen
mit der gröfsten Leichtigkeit über, ohne dafs ein Zusammenhang
zwischen den Dingen, von denen er spricht, besteht. Schon in
ganz frühem Alter sieht man, wenn man ihn fragt, dafs er seinen
Blick abwendet und seine Hände nach allen Gegenständen in
seiner Umgebung ausstreckt und nur antwortet, nachdem man
mehrmals hintereinander dieselbe Frage an ihn gerichtet hat.
Kaum haben sie mit einigen, ohne Überlegung hingeworfenen
Worten geantwortet, so beginnen sie wieder das frühere Verhalten oder fangen an, zu schwätzen oder zu singen. Spricht
man ihnen von ernsten Dingen, die sich an ihre willkürliche
Aufmerksamkeit wenden, so mufs man beständig dasselbe wiederholen. In der Unterhaltung mit den Kameraden kommt das
niemals vor. Sie sprechen alsdann mit Geläufigkeit, bringen fortwährend ungereimte Dinge vor und warten nicht mit der Antwort, bis man die Frage beendet hat. Dies zeigt sehr gut, dafs
ihre Aufmerksamkeit nur durch die ersten Worte getroffen wird,
und dafs sie sogar unfähig sind, sie so lange festzuhalten, um das,
was man ihnen sagen will, bis zu Ende anzuhören. Antworten
sie nicht, bevor die Frage beendet ist, so ist das noch lange kein
Grund, um sie überhaupt zu beantworten. Sie haben nur den

Anfang behalten und machen sich sogleich ihre eigene Vorstellung von dem, was ihrer Erwartung nach folgen soll. Sie hören dann nicht mehr zu, und nach Beendigung der Frage antworten sie mehr sich selbst, als dem Fragenden. Sie fallen Einem beständig in die Rede. Selbst ihre Neugierde nützt ihnen zu nichts Besserem. Geht man mit ihnen spazieren und erklärt ihnen die Gegenstände, die man sieht, so bestürmen sie Einen mit Fragen; und ehe man noch auf die eine geantwortet hat, haben sie schon eine andere gestellt.

Diese Unbeständigkeit der Aufmerksamkeit für die äußeren Dinge oder für die Vorstellungen äußert sich ebenso in den Handlungen. Darum sind die Imbecillen nicht im stande, ordentlich zu arbeiten, sogar vielleicht weniger, als gewisse Idioten. Bei den letzteren kann man in der That eine Art von automatischem Zustand erreichen, worin sie mechanisch eine ihnen aufgetragene, und zwar immer die nämliche Arbeit verrichten. Man darf jedoch von ihnen nicht verlangen, daß sie für einen bestimmten Fall eine selbständige Abänderung vornehmen; dazu sind sie nicht im stande. Um den Zweck der Arbeit, die sie ausführen, scheinen sie sich nicht zu kümmern. Wenn man ihnen beispielsweise befiehlt, einen Nagel irgendwo einzuschlagen, so muß man ihnen sagen, welchen Nagel sie nehmen, wie tief sie ihn einschlagen sollen. Sie wissen, was ein Nagel ist, auch was ihn einschlagen heißt, wie man ihn handhabt, wozu er bestimmt ist. Aber sie können nicht unterscheiden, warum man den Nagel von der und der Stärke wählt, warum man ihn hier und nicht da einschlägt. Sie haben nur die direkte Ausführung, aber nicht den Zweck vor Augen und sehen infolgedessen nicht den Zusammenhang der aufeinander folgenden Handlungen, die sie verrichten.

Der Imbecille unterscheidet bei seinen Arbeiten. Er ist im stande, den Zweck zu begreifen; er ist von vornherein seiner Sache sicher, daß er ihn erreicht. Er hat den ersten Teil der Arbeit, die er ausführen soll, vor Augen, aber die darauffolgenden Handlungen, die zur Erreichung des Zweckes führen, entgehen ihm. Seine Aufmerksamkeit, die zu Anfang lebhaft ist, verliert bald ihre Stärke und geht auf einen anderen Gegenstand über. Er scheint zu vergessen, was er begonnen hat. Darum sieht

man, wie er, nachdem er ganz richtig begonnen hat, plötzlich die
Sachen verkehrt macht. Eine äufsere oder innere Anregung ist
ihm in die Quere gekommen und hat seine Aufmerksamkeit auf
etwas Anderes gelenkt. Unter diesen Umständen ist bei den Imbecillen eine ordentliche Arbeit fast ein Ding der Unmöglichkeit.
Wenn sie daher nicht beständig überwacht und angeleitet werden,
so verderben sie alles, was sie machen sollen; und im allgemeinen
mafsen sie sich an, alles unternehmen zu können.

Andere Imbecille wieder gehen trotz aller möglichen An-
regungen an keine Arbeit, wiewohl sie alles zu können meinen.
Sie verbringen die Tage mit Nichtsthun, sehen zu, wie die
anderen arbeiten, geben ihnen oft Ratschläge, wie sie dies und
jenes machen sollen, und glauben am Ende, sie seien die be-
schäftigtsten Leute, weil sie kommen und gehen und die anderen
in der Arbeit stören. Während die ersteren schlechte Arbeit
machen, arbeiten die letzteren gar nichts.

Nach der Aufmerksamkeit kann man die Imbecillen auch
in zwei Kategorien einteilen: die zerfahrenen Zerstreuten
und die vertieften Zerstreuten; diese sind viel weniger
häufig als jene.

Diese Unbeständigkeit der spontanen Aufmerksamkeit, diese
Erschwerung der willkürlichen Aufmerksamkeit trifft man auch
bei den Kindern. Aber während bei ihnen mit dem Alter die
Entwickelung der Aufmerksamkeit schnell zunimmt, ist sie bei
den Idioten und Imbecillen eine sehr langsame und kontrastiert
um so mehr, je älter sie werden.

Ich sagte weiter oben, dafs man zur Klasse der Arbeits-
scheuen, der Antisozialen, die Imbecillen rechnen könnte neben
Vagabunden, Prostituierten und Recidivisten. Diese Individuen,
die unfähig sind, ihren Geist mit nur einiger Ausdauer auf
irgend etwas zu lenken, gehen auf Abenteuer aus; nichts fesselt
sie an ihre Familie, ihre Heimat; kein Gedanke an die Zukunft,
keine Sorgen für den nächsten Tag überkommt sie und bringt sie
auf den richtigen Weg. Dieses Bedürfnis, zu vagabundieren, ist
bei den Imbecillen sehr ausgesprochen. Sie gehen fort, ohne zu
wissen, wohin, wandern aufs Geratewohl, verlassen ohne weiteres
ihre Familie, ohne sich um deren Existenzmittel zu kümmern.
In den Anstalten erlebt man oft, dafs sie zu zweien und

dreien entweichen; sie wandern Tag und Nacht, besonders des Nachts, um sich am Tage zu verbergen, verlangen in den Dörfern Arbeit, um in der Scheune schlafen zu können und um ein Stück Brot zu erhalten, bis sie, durch die Not gezwungen, in eine gröfsere Stadt kommen und dort verhaftet werden. Wenn auch der Freiheitsdrang bis zu einem gewissen Grade diese Vagabundagegedanken bei den in Anstalten untergebrachten Imbecillen erklärt, so begreift man sie jedoch nicht bei solchen, die in ihrer Familie Alles für ihr möglichstes Wohlbehagen finden. Und doch kommt dergleichen vor. X...., der Sohn eines reichen Industriellen, ist nach einem Typhus vollständig imbecill geworden. Er ist zu Hause der Gegenstand sorgsamer Pflege und lebt frei. Nichtsdestoweniger verläfst er häufig sein Haus, um aufs Geratewohl in der Stadt umherzuirren. Wenn er in Begleitung ausgeht, so verläfst er unter irgend einem Vorwande seinen Begleiter, und anstatt ihn wieder aufzusuchen, geht er oft, ohne zu wissen wohin, nach einer anderen Richtung. Dieses häufig genug vorkommende Entweichen der Imbecillen hängt wahrscheinlich mit ihrem unsteten Wesen zusammen.

Die Zuchtlosigkeit ist eine wahre Eigenschaft ihres Zustandes, welche sich übrigens sehr gut mit ihrem Bedürfnisse, zu vagabundieren, verträgt. Darum sind es auch immer dieselben Taugenichtse, welche weder in der Schule noch in der Werkstatt etwas thun wollen, welche in den Anstalten die Entweichungen planen, die kleinen Hetzereien gegen die Wärter nähren und die Schwächsten auf ihre Seite ziehen. Es scheint, als ob sie nur darauf bedacht wären, Schlechtigkeiten auszuführen. Ich werde übrigens bei Besprechung der ethischen Gefühle Gelegenheit haben, noch weiter auf diesen Gegenstand zurückzukommen, aber ich wollte hier das Bedürfnis, zu vagabundieren, bei den Imbecillen hervorheben als ein bemerkenswertes Zeichen der Unbeständigkeit des Geistes, die sich durch dieselbe äufsere Unbeständigkeit kundgiebt; in dem leichtesten Grade besteht das Bedürfnis, fortwährend mit den Stellen zu wechseln und die Beschäftigung zu verändern, in dem schwersten Grade dagegen tritt die Vagabundage in den Vordergrund als direkte Äufserung einer Störung der Aufmerksamkeit.

Zur Aufmerksamkeit stehen noch zwei besondere, psychologische Erscheinungen in naher Beziehung: die Überlegung, welche die auf die inneren Vorgänge gelenkte Aufmerksamkeit darstellt, und die Vertieftheit, die den Geist ganz und gar einnehmende Aufmerksamkeit, die immer aus der Vergangenheit in die Zukunft gelenkt wird und der sehr verschiedene Momente zu Grunde liegen.

Die Überlegung ist bei dem Idioten leichteren Grades kaum oder gar nicht zu finden, die Vertieftheit noch weniger. Bei dem Imbecillen dagegen sind diese beiden modifizierten Formen der Aufmerksamkeit vorhanden, wenn auch ebenso beeinträchtigt, wie die einfache Aufmerksamkeit. Die Imbecillen sind wohl einer gewissen inneren Aufmerksamkeit fähig; doch ist sie sehr beschränkt und fast immer auf Empfindungen und nicht auf Vorstellungen gerichtet. Man findet in der That bei den Idioten und Imbecillen folgende Steigerung, eine Steigerung, die der Entwickelung des normalen Individuums entspricht. Zuerst wird die Aufmerksamkeit den Sinneswahrnehmungen und den Objekten zugewandt, die sie hervorrufen, dann den Empfindungen und endlich den Vorstellungen. Die zeitliche Reihenfolge giebt demnach recht gut die Reihenfolge in dem Überwiegen der verschiedenen Geisteseigenschaften wieder; die mit den Sinneswahrnehmungen, d. h. dem körperlichen Zustande in Verbindung stehenden Vorgänge sind die einfachsten und niedrigsten; dann kommen die Erscheinungen in der Gemüts- und ethischen Sphäre und endlich die eigentlichen, intellektuellen Erscheinungen, die höchsten. Zu diesen letzteren gelangen die Imbecillen nur sehr schwer. Sie überlegen, was man ihnen sagt, so wenig, daſs sie es buchstäblich nehmen, ohne weiter nachzudenken. So führte der Imbecille, den ESQUIROL erwähnte, als man ihm geraten hatte, täglich eine Stunde aufs Pferd zu steigen, dies gewissenhaft aus, blieb aber mit dem Pferde im Stalle stehen. Dieser Mangel an Überlegung erklärt uns auch die auſserordentliche Leichtgläubigkeit dieser Individuen, von der wir weiterhin noch sprechen werden.

Die Vertieftheit, die man bei den Idioten nicht findet, äuſsert sich bei den Imbecillen im allgemeinen in einem sehr schwachen Grade. Indem sie den Dingen in der Gegenwart sehr wenig Aufmerksamkeit zuwenden und daher nur sehr flüchtige Eindrücke

bekommen, bleibt die Vergangenheit ihnen sehr dunkel und erregt
bei ihnen kaum den Gedanken an die Zukunft. Sie sind von
einer staunenswerten Sorglosigkeit, die sich zugleich durch den
Mangel an Urteil über die Mühen des Daseins erklärt und durch
ihren albernen Dünkel, womit sie die sich ihnen entgegenstellenden
Hindernisse überwinden zu können vermeinen. Ihre sehr
egoistischen Gefühle lassen es nicht zu, daſs sie sich in das
Unglück oder die Sorgen anderer vertiefen, und was ihre Ver-
tiefung in rein intellektuelle Dinge betrifft, so sind sie bei dem
Mangel an Intelligenz nicht im stande, sich damit zu befassen. —
Manche indessen scheinen zu einer Vertieftheit fähig zu sein, und
zwar sind es jene, die ich mit dem Namen der vertieften Zerstreuten bezeichnet habe. Übrigens ist das eine sehr kleine Anzahl.
Sie sind in einer oft auf sehr unbestimmten Vorstellungen ver-
harrenden Vertieftheit befangen, welche zu wirklichen, fixen
Wahnvorstellungen führen kann. Wir kommen hier von dem
physiologischen auf das pathologische Gebiet. Die fixe Idee ist
übrigens eine krankhafte Erscheinung, die wir häufig bei den
Degenerierten antreffen. Darum wird man auch nicht überrascht
sein, sie bei den Imbecillen zu treffen, die alle unter dem Einflusse
ererbter oder erworbener Degeneration stehen. —

Die fixe Idee ist die krankhafte Übertreibung der Überlegung
und des Vertieftseins. Sie entsteht oft unter der Herrschaft
schlechter Charaktereigenschaften: Eitelkeit, Groll, Leidenschaften,
und kann bei den Imbecillen zu wirklichen, impulsiven Vorstellungen
führen, unter deren Zwange sie strafbare Handlungen und sogar
Verbrechen begehen. — Es ist wohl zu beachten, daſs nur da, wo
es sich um Schandthaten handelt, um die Bethätigung schlechter
Charaktereigenschaften oder die Befriedigung egoistischer Neigungen,
die Imbecillen die Aufmerksamkeit anspannen und Überlegung und
Besonnenheit zeigen. Alles, was nützlich, was für die Gesellschaft
von Interesse ist, läſst sie gleichgültig. Ich glaube also wiederholen zu können, dass meiner Ansicht nach die Imbecillen mehr
als die Idioten Antisoziale sind. Die Idioten stehen ganz und
gar auſserhalb der Gesellschaft, die Imbecillen stehen ihr überall
feindlich gegenüber, da sie ihr zu nichts nutze, wohl aber ihr
thatsächlich schädlich sind. Kurz, vom praktischen Standpunkte
sind die Imbecillen fast ebenso schwer zu erziehen, wie die ein-

fachen Idioten, die auf einer etwas höheren Stufe der Intelligenz
stehen. Bei den einen kann man nur schwer die Aufmerksamkeit
anziehen; bei den anderen kann man sie nicht angespannt
halten. Bei den Idioten erreicht man wenigstens einen brauchbaren,
automatischen Zustand; bei den Imbecillen fällt selbst diese
Hoffnung fort. —

Fünftes Kapitel.

Die Triebe.

*Selbsterhaltungstrieb. — Ernährung. — Naschhaftigkeit. — Schlaf. —
Bewegungsdrang. — Kletternde, turnende Idioten. — Geschlechtstrieb. —
Onanie. — Sodomiterei. — Nachahmung. — Besondere Fähigkeiten. —
Spielen. — Benehmen. — Zerstörungssucht. — Selbstverstümmelung. —*

Man kann zwei Arten von Trieben unterscheiden: die mit
der Persönlichkeit verwachsenen Triebe und soziale Triebe, oder
auch dem Individuum eigentümliche und der Gattung eigentümliche
Triebe. Die ersteren haben die Erhaltung des Lebens zum Zweck.
Alle sensitiven und sensorischen Organe sind beteiligt bei den
Trieben, Nahrung aufzunehmen, zu schlafen, sich zu bewegen.
Der letztere bildet den Übergang zur zweiten Art von Trieben,
die den Endzweck haben, das Individuum in Beziehung zu den
Individuen seiner Gattung zu bringen; der stärkste von allen ist
der Geschlechtstrieb, dann der Nachahmungstrieb, an den sich
das Spiel anschließt, die natürliche und künstliche Sprache,
endlich der Schaffens- und Zerstörungstrieb.

Der mächtigste und fürs Leben unerläßlichste Trieb ist der
der Selbsterhaltung, welcher sich auf zweierlei Weise äußert,
einmal, indem man nach dem zur Erhaltung des Lebens Geeigneten
sucht und dann, indem man alles vermeidet, was schaden kann.

Der Trieb zur Nahrungsaufnahme ist ebenso unentbehrlich,
als der zum Atmen. Er ist angeboren. Aber da die Idioten sehr

unvollkommene Organe besitzen, ihre Sinneswahrnehmungen sehr
abgestumpft sind, so werden ihnen die notwendigen Lebensbedingungen nicht klar. Übrigens, selbst wenn sie dieselben zu
würdigen wüfsten, würden sie nicht im stande sein, die zu ihrer
Erfüllung geeigneten Mittel anzuwenden. Denn die elementarste
Handlung, das Ergreifen von Gegenständen, fällt oft aus. Sie
können ihre Hände und ihre Beine nicht gebrauchen, und man
mufs sie lehren, zu essen, wie sie gehen lernen. Die am tiefsten
Stehenden sind durchweg unfähig, sich zu ernähren, und man ist
genötigt, sie zu füttern. Indes dieser Trieb nach Nahrung ist
stets der erste, den sie äufsern und manchmal auch der einzige.
Das gilt nur von den tiefstehenden Idioten. „Für viele Idioten
der untersten Klassen," sagt GRIESINGER, „ist das Essen das
einzige, was ihre Seele zu bewegen scheint; die allerniedrigsten
äufsern dieses Bedürfnis nur durch Unruhe, grunzende Töne u. dgl.;
die um ein weniges besseren können schon Lippen und Hände
darnach bewegen oder weinen, bis man ihnen etwas giebt; sie
„wollen" gefüttert sein."

Manche, wie der Idiot, den MOREL anführt, stofsen beim
Anblick des Essens brüllende Töne aus, ergreifen das Fleisch
mit den Händen und verschlingen ihre Portion in einem Bissen.
Die weniger tiefstehenden Idioten stürzen sich nicht nur auf
das Essen, wenn man es ihnen bringt, sondern sie verlangen
selbst darnach, wählen sich die Speisen aus, suchen sie sich zu
verschaffen und stehlen auch oft, je nach dem Zustande ihrer
intellektuellen Entwickelung.

Die Naschhaftigkeit schliefst sich dem Naturtriebe an. Man
findet sie oft bei den Idioten; oft ist sie das einzige Mittel, das
wir haben, um sie zu einer Handlung zu bewegen, und man mufs
verstehen, es sich in gleicher Weise bei ihrer Erziehung zu
nutze zu machen, wie bei den Kindern, die gleichfalls zum
gröfsten Teile naschhaft sind. Es ist sehenswert, wie die
Idioten am Besuchstage ihre Eltern empfangen. Kaum sind
diese eingetreten, so stürzen sie, ohne sie zu begrüfsen, auf den
mitgebrachten Korb oder das mitgebrachte Paket und machen
sich darüber her, um es zu leeren. Sie verzehren alles, was sie
finden, ohne sich um die Eltern zu kümmern. Sie nehmen sich
oft gegenseitig die mitgebrachten oder aufbewahrten Sachen fort.

Andere benutzen die Abwesenheit ihrer Genossen, um sich deren Wein und Eſswaren anzueignen. Viele sind bei ihren Lieblingsgerichten so unmäſsig und gefräſsig, daſs sie sich krank machen. Diese schon bei höher stehenden Idioten anzutreffende Schwäche findet sich auſserordentlich häufig bei den Imbecillen.

Das Gefühl der Selbsterhaltung scheint den idiotisch Blödsinnigen absolut unbekannt zu sein. Sie rühren sich nicht beim Ausbrechen einer Feuersbrunst, selbst wenn sie sich schon verbrannt haben. Sie fassen die Messer an der Schneide an oder greifen nach zerbrochenen Glasstücken ohne die geringste Vorsicht, vorausgesetzt, daſs sie entsprechend ihrem Entwickelungsgrade gehen und mit den Händen zufassen können. Wie oft sieht man sie nicht beim Brotschneiden ihre Finger gerade unter die Messerschneide halten und sich ruhig verletzen. Sie haben keinen Begriff von der Gefahr; denn das erfordert ein Urteil, wozu sie nicht fähig sind. Die Eltern sagen uns gewöhnlich, daſs ihr Kind auf der Straſse auf nichts aufmerke, daſs es mitten durch die Wagenreihen gehe und Gefahr liefe, überfahren zu werden, „als ob es sie nicht sähe,“ daſs es mehr als einmal schon umgeworfen worden sei. Andere klettern überall hin, auf die Gefahr, den Hals zu brechen. Diese Sorglosigkeit setzt das Kind beständigen Gefahren aus und bestimmt oft die Eltern zu seiner Unterbringung in eine Anstalt.

Der Imbecille, der vor allem Egoist ist, hat häufig sehr ausgesprochene und sogar übertriebene Besorgnis vor Gefahren. Setzt er sich solchen aus, so geschieht es gewöhnlich nur, weil er sie nicht erkennt, weil er sie nicht beurteilen kann und sich anmaſst, sie überwinden zu können.

Doch beobachtet man auch Selbstmord bei den Imbecillen;[1] Cobbold bezeichnet den Selbstmord bei den Imbecillen als vorübergehende Neigung mit charakteristischen Zügen, deren er drei aufzählt: das Fehlen oder die Geringfügigkeit der bestimmenden Ursache, das Fehlen der nötigen Energie zum Selbstmord und schlieſslich das rasche Verschwinden und Vergessen der Selbstmordgedanken. Auſser dieser den Imbecillen besonders eigentümlichen Form der Selbstmordneigung können sie noch unter dem

---

[1] Cobbold, In *Journ. of mental Science.* 1886.

Einflusse von Zwangsvorstellungen Selbstmord begehen, oder ohne sichtbare Ursache, wie man es bei gewöhnlichen Geisteskranken beobachtet.

Der Schlaf ist, wie das Nahrungsbedürfnis, ein außerordentlich intensives und unwiderstehliches Naturbedürfnis. Wenn auch die Organe zu ihrer Funktionierung der Ernährung bedürfen, so kann doch die darin aufgespeicherte Kraft die Funktion länger ohne Nahrungszufuhr unterhalten, als sie es, ohne auszuruhen, im stande wäre. Kurz, jedes Organ kann nicht unbegrenzt funktionieren, ohne ernährt zu werden, oder ohne für Momente auszuruhen. Der Schlaf ist das Ausruhen des Organismus und besonders des Nervensystems. Man könnte darnach glauben, daß die Idioten, deren Nervensystem am wenigsten funktioniert, am wenigsten Schlaf nötig hätten, um die ausgegebene Kraft wieder herzustellen. Dem ist jedoch nicht so. Bei den normalen Individuen beobachtet man, daß die am meisten und besten schlafen, deren Nervensystem am wenigsten arbeitet, während diejenigen, welche in ihrem gewöhnlichen Berufe geistig viel arbeiten, weniger lange und weniger gut schlafen, da die unbewußte Gehirnthätigkeit bei ihnen eine sehr lebhafte ist. Andererseits schläft man um so mehr, je mehr man sich zu schlafen gewöhnt. Obgleich dies paradox klingt und zeigt, daß man die Ursache des Schlafes wo anders, als in dem Bedürfnisse des Organismus nach Ruhe zu suchen hat, so muß man doch die Richtigkeit dieser Thatsachen anerkennen. Man wird darnach nicht darüber erstaunt sein, daß die tiefstehenden Idioten, die alle Tage in einer Art Schlummer versunken zu sein scheinen, die ganze Nacht hindurch fest schlafen.

Man beobachtet indessen manchmal langdauernde Schlaflosigkeit bei den Idioten, wovon Bourneville ein Beispiel anführt:[1] Es handelte sich um ein siebenjähriges Kind, Napoléon M..., das in Bicêtre untergebracht war. Mit zweiundeinhalb oder drei Jahren war es acht Monate lang schlaflos; des Nachts stand es aus der Wiege auf, ging im Zimmer umher, zog an den Tüchern, an den Schnüren, die es fand, und stieß die Laute „gehein" aus. Sobald die Eltern es hingelegt hatten, stand es wieder auf;

---

[1] Bourneville et Régnard, *Iconographie de la Salpetrière.*

es wollte nicht zugedeckt sein. Die Mutter desselben war sehr zufrieden, wenn es bei ihr am Tage eine halbe Stunde schlief. Vom dritten bis vierten Jahre stellte sich der Schlaf wieder ein, war aber stets sehr kurz, ungefähr nur vier bis fünf Stunden der Nacht dauernd. Vom Ende des fünften Jahres an schlief es wie andere Kinder gut und ruhig. — Solche Fälle sind in der ersten Kindheit häufig, kommen nach dem vierten oder fünften Jahre nur ausnahmsweise vor, wo man vielmehr gewöhnlich das Gegenteil, eine Neigung zum Schlafen, beobachtet.

Höchstwahrscheinlich sind die Idioten ebensowenig im stande, zu träumen, als sie im wachen Zustande unfähig sind, zu denken. Bei den einfachen Idioten scheint der Schlaf weniger tief, und die Beschäftigung des Tages spiegelt sich im Traume wieder. Manchmal wachen sie ganz plötzlich auf, richten sich auf und fangen an zu schreien, dann legen sie sich wieder um und schlafen wieder ein. Ohne Zweifel haben wir es in diesen Fällen mit Träumen, auch mit Alpdrücken zu thun. Es werden meist wohl starke Empfindungen sein, Freude oder Furcht, die sich in dem schlafumfangenen Bewußtsein erheben. Die Imbecillen träumen aller Wahrscheinlichkeit nach wie normale Individuen und bieten in Bezug auf den Schlaf nichts Bemerkenswertes dar.

Das Bedürfnis nach Muskelthätigkeit, wie es BAIN[1] nennt, ist ein viel weniger mächtiges, als die vorhergehenden, wenigstens bei den Idioten, obgleich BEAUNIS[2] es für ebenso gebieterisch hält, wie das Schlafbedürfnis. Sicher ist, daß es sich bei vielen tiefstehenden Idioten auf ein Minimum beschränkt und selbst vollständig aufgehoben sein kann. Manche Idioten sind wie träge Massen; wenn sie sich bewegen, so geschieht das sicher nicht wegen des Vergnügens, das sie bei der Muskelbewegung empfinden. Ist nun auf dieses Bedürfnis, wie BEAUNIS meint, das Vorhandensein von „Tiks", von denen wir weiter oben Beispiele angeführt haben, und ferner das von noch komplizierteren Bewegungen automatischen Charakters zu beziehen? Ich kann das nicht zugeben;

---

[1] BAIN, *Les émotions et la volonté.*
[2] BEAUNIS, *Les sensations internes.*

diese Bewegungen sind zu verschieden von denen, die der Wille, mag er noch so schwach sein, eingiebt oder der auf das Bedürfnis sich beziehende Wunsch.

Wie auch die Thatsachen zu erklären sind, so müssen wir doch hier noch gewisse motorische Erscheinungen sonderbarer Art anführen, die man bei den Idioten beobachtet. Ich meine die kletternden und sich um sich selbst drehenden Idioten.

Ein solcher Fall, ein 10jähriger, epileptischer Idiot, befand sich auf der Bournevilleschen Abteilung. Dieses Kind, das vom achten Monat an Konvulsionen gehabt hatte, schrie beständig und war von der Geburt an bis zu jener Zeit durch nichts zu beruhigen. Es brachte kein anderes Wort als „mama" vor. Es ging nie in normaler Weise; es lief stets schnell und machte sich von Hause fort, sobald die Thür aufging. Nie konnte es seine Hände zum Essen gebrauchen. Es wußte jedoch seinen Stuhl dem Tische zu nähern. Als „Tik" konstatierte man ein seitliches Hin- und Herwiegen des Rumpfes. Ferner kletterte es, und zwar kletterte es überall hin, wenn man es nicht bewachte, selbst auf Bäume. Diese Klettersucht war nicht die einzige Eigenschaft; es zeigte, wie bemerkt, noch andere Besonderheiten auf motorischem Gebiete, so die Fluchtversuche und die Art und Weise, immer schnell zu laufen, was um so interessanter ist, als auf der anderen Seite sich eine große Ungeschicklichkeit bei den Bewegungen der oberen Extremitäten konstatieren ließ. Obgleich es nicht einmal die Nahrung mit eigener Hand nehmen konnte, so konnte es doch die Gegenstände, auf die es kletterte, so umfassen, daß es nicht fiel. Die Bewegungen der oberen Gliedmaßen waren nur dann normale, wenn sie sich beim Klettern mit denen der unteren Gliedmaßen verbanden, gleich als ob es ein besonderes Centrum für diesen Akt gäbe, das für den besonderen Fall aufgespart bliebe und einigermaßen ergänzend für die anderen motorischen Centren einträte.

Ich sah auch auf der Bournevilleschen Abteilung Beispiele von Idioten, die sich um sich selbst drehten. Einer von ihnen, 7 Jahre alt, tief blödsinnig und unreinlich, zeigte Rumination für Flüssigkeiten, Onanie, Erregungszustände, Tiks. Er hatte einen sehr feinen Geruch; er erkannte damit alles, was man

ihm gab und wies es zurück, wenn der Geruch ihm nicht
paſste. Auf einmal begann er, ohne alle äuſsere Veranlassung, sich um sich selbst zu drehen und setzte dies längere
Zeit fort.

Der andere Idiot, 11 Jahre alt, schmutzig, mit nur spurweise
vorhandener Sprache, kann zum Essen kaum den Löffel benutzen,
sich nicht anziehen oder waschen. Mit Vorliebe zerbricht oder
zerreiſst er mit den Zähnen oder Händen. Besonders gern dreht
er sich um sich selbst, bis er hinfällt und bringt dabei beständig
die Laute vor: ba, ba, ba. — Man weiſs bis jetzt nicht, worauf
man diese Erscheinungen beziehen soll. Sie nähern sich den automatischen Bewegungen der Epileptischen, und wahrscheinlich
stehen sie weit eher im Zusammenhange mit mehr oder weniger
lokalisierten Veränderungen der nervösen Centren, als mit dem
Bedürfnisse nach Bewegung.

Der Ortsveränderungstrieb ist eine Form des Bedürfnisses
nach Muskelthätigkeit. Er tritt normalerweise erst gegen den
neunten oder zehnten Monat auf. Wir haben bereits im vorigen
Kapitel davon gesprochen und gezeigt, wie, unter Berücksichtigung
des anatomischen und physiologischen Zustandes des Rückenmarkes
und Gehirnes, der Mangel an Aufmerksamkeit die Erlernung des
Gehens erschwert, wie dies die Idioten erst später lernen oder
auch gar nicht fertig bringen. Das Bedürfnis, den Platz zu verändern, ist auch dem Wunsche, sich in mehr oder weniger direkte
Beziehung zu den Dingen und Personen der Umgebung zu setzen,
untergeordnet. Bei den tiefstehenden Idioten nun, bei denen
nichts eine Empfindung oder eine Vorstellung hervorruft, existiert
dieser Wunsch nicht. Sobald sich dagegen ein Wunsch kundgiebt, so unklar er auch sei, so zeigt sich zugleich der Trieb,
den Ort zu verändern. Das geschieht zum Beispiel dann, wenn
der Idiot seine Nahrung erkennt. Er wird dann auf seinem
Stuhle unruhig, stöſst Schreilaute aus, streckt die Hände aus und
sucht sich dem Essen zu nähern. Dieser Vorgang wird darum
auch benutzt, um sie zu zwingen, sich auf den Beinen zu halten
und vorwärts zu schreiten. In dem Maſse, wie das geistige
Niveau sich erhebt, entwickelt sich mehr und mehr dieser Ortsveränderungstrieb, wiewohl immer verspätet. Ich will auf diesen
schon behandelten Punkt nicht weiter eingehen. Ich wollte nur

darauf hinweisen, wie innig der Ortsveränderungstrieb mit den anderen Trieben verbunden ist, sich aus dem Selbsterhaltungstrieb (auf die Nahrung zugehen oder der Gefahr entfliehen) entwickelt, aber hauptsächlich dem Nahrungstriebe nahe steht, welchem er untergeordnet zu sein scheint.

Ich sagte, daſs dieser Trieb den Übergang von den rein persönlichen Trieben zu denen bildet, welche die Gattung betreffen. Von diesen dürfte kein anderer dem Geschlechtstriebe zu vergleichen sein. Derselbe wird von intellektuell und moralisch wohlerzogenen Individuen nicht offen geäuſsert, wie beim Tier, sondern ist von zahlreichen Hemmungen beeinfluſst. Beim Idioten fallen diese durch den Verstand und die Moral bedingten Hemmungen weg; es ist ihm freier Lauf gelassen; aber sehr oft zeigt er Anomalien und Perversitäten. Er kann nur spurweise oder gar nicht vorhanden, gesteigert oder pervers sein, und obwohl diese letztere abnorme Äuſserungsweise schon in das Gebiet der Pathologie gehört, so darf sie doch hier nicht unerwähnt bleiben wegen des Interesses, das sie in physiologischer, sowie gerichtlich-medizinischer Hinsicht bietet. Was die mehr oder weniger starke Entwickelung des Geschlechtstriebes betrifft, so beobachtet man zwischen den Idioten und Imbecillen beträchtliche Verschiedenheiten. Auch hier wieder ist der Unterschied ein scharf ausgesprochener, und wir finden stets dieselben Eigentümlichkeiten: Fehlen oder Verkümmerung beim Idioten je nach der Stufe der Idiotie, exzessive Steigerung, Perversität oder Umkehrung beim Imbecillen. Der Idiot ist auch hier wieder ein Extra-Sozialer, der Imbecille in der Mehrzahl der Fälle ein Anti-Sozialer. Diese Beobachtung läſst sich, was den Geschlechtstrieb betrifft, allerdings nur im allgemeinen machen und sich nicht streng auf alle Idioten und alle Imbecillen ohne Unterschied anwenden.

Bei den Ursachen einer mehr oder weniger starken Entwickelung des Geschlechtstriebes muſs zuerst der Zustand der Geschlechtsorgane in Betracht gezogen werden. Beim Idioten tritt die Pubertät im allgemeinen und oft unverhältnismäſsig viel später als gewöhnlich ein. In manchen Fällen sogar macht sie sich niemals geltend, und gewisse Idioten zeigen stets einen infantilen Zustand, der sich auf ihren ganzen Organismus überträgt. Die Geschlechtsorgane sind oft mangelhaft entwickelt. In einer Arbeit

haben wir (BOURNEVILLE[1] und ich) über diesbezügliche Untersuchungen an 758 Idioten oder Imbecillen mit oder ohne Epilepsie
Mitteilung gemacht und sind zu folgenden Schlüssen gekommen:
Anomalien der Geschlechtsorgane bei Idioten und Imbecillen sind
aufserordentlich häufig, wenn man Vergleiche mit geistig gesunden
Individuen anstellt. Die geschlechtliche Potenz der Idioten ist
sehr beeinträchtigt, wie man aus der grofsen Zahl der Fälle von
Kryptorchismus ersehen kann. Die Anomalien, die sie zeigen,
bestehen in Phimosis, Hypospadie, Varicocele, Entwickelungs-
hemmungen oder Atrophie eines oder beider Testikel, Ektopie
der Testikel einseitig oder doppelseitig, fehlerhafter Entwickelung
des Penis (keulenförmig oder verkrümmt). Bei den Imbecillen
sind die Anomalien, wiewohl sie noch häufiger sind, als bei normalen Individuen, doch weit seltener, als bei den Idioten, und
namentlich weniger schwer und weniger störend für die Ausübung des Geschlechtsaktes. Der Eintritt der Pubertät ist ferner
häufig nicht verzögert und manchmal sogar verfrüht, wie ja die
Imbecillen oft eine sehr beträchtliche körperliche Entwickelung
zeigen.

Bei den unreinlichen, unheilbaren Idioten ist von einem
Geschlechtstriebe eigentlich nicht die Rede; denn man kann doch
nicht die Onanie, die die meisten treiben, als Äufserung dieses
Triebes ansehen. Bei den bildungsfähigen Idioten kann der
Geschlechtstrieb sich bemerkbar machen, er bleibt jedoch stets
schwach; zuweilen ist er abnorm entwickelt und pervers, dagegen
nie normal. Die Imbecillen sind oft aufserordentlich frühzeitig
entwickelt und zeigen zugleich die meisten geschlechtlichen
Perversitäten.

Unter den Perversitäten des Geschlechtstriebes ist die am
häufigsten und frühzeitigsten auftretende die Onanie. Die über-
wiegende Mehrzahl der Idioten masturbiert, aber es ist doch
unter ihnen ein wichtiger Unterschied zu machen: Die einen
masturbieren in automatischer Weise; die anderen wissen, was
sie thun und suchen darin eine geschlechtliche Befriedigung.
Zu den ersteren sind die zwei- oder dreijährigen Idioten zu

---

[1] BOURNEVILLE et SOLLIER, Des anomalies des organes génitaux chez
es idiots et les épileptiques (*Progrès médical* 1887).

zählen, welche so zu sagen beständig onanieren. Es ist das bei
ihnen ein „Tik", ähnlich allen anderen, die sie zeigen. Daſs die
geschlechtlichen Gelüste nichts damit zu thun haben, ist klar.
Oft sogar findet sich Kryptorchismus oder vollständiger Anor-
chismus, Miſsbildungen, die mit dem Geschlechtstriebe sehr
wenig vereinbar sind. Dagegen habe ich schon darauf
hingewiesen, wie gewisse Idioten bei ihren „Tiks" ausgesprochen angenehme Empfindungen haben. Nun besitzen
wenige Stellen des Körpers eine so feine und so besondere
Sensibilität, wie die Geschlechtsorgane, daher ist es nicht
zu verwundern, wenn die Idioten diese Tastempfindung hervorzurufen suchen.

Diese automatische Masturbation kommt in gewissem Alter
nur bei tief idiotisch Blödsinnigen vor. Man findet sie auch
bei ganz jungen Idioten oder Imbecillen ebenso, wie zuweilen
bei normalen Kindern. In diesem Falle verschwindet diese
Angewohnheit mit dem Alter wieder, besonders mit dem Eintritt
der Pubertät oder unter dem Einflusse der Erziehung. Wenn
die idiotischen Kinder dabei auch eine gewisse geschlechtliche
Befriedigung empfinden, so ist dies jedoch nicht die wahre
Geschlechtslust. Diese ist gewöhnlich erst dann zu beobachten,
wenn die Geschlechtsorgane zur Pubertätszeit ihre volle Entwickelung erreicht haben. Bei manchen jedoch ist der wahre
Geschlechtstrieb auffallend früh entwickelt. Ich habe mehr als
einmal Idioten gesehen, die auf sehr niedriger Intelligenzstufe
standen und bereits vom vierten oder fünften Jahre an an der
der Berührung kleiner Mädchen oder Frauen Vergnügen fanden.
Manche versuchten ihre kleine Schwester zu notzüchtigen oder sie
in obscöner Weise zu betasten. Andere vergriffen sich an ihrer
Mutter, indem sie ihr die Röcke in die Höhe hoben. Wie oft
sieht man nicht in den Idiotenanstalten, daſs sie bei ihren Wärte-
rinnen unzüchtige Betastungen versuchen und gern in Berührung
mit ihnen kommen, wodurch sie in einen allgemeinen Erregungs-
zustand versetzt werden. Man beobachtet diese Neigungen bei
ihnen häufiger Frauen oder Mädchen, als gleichaltrigen Kindern
gegenüber. Es scheint dies zu beweisen, daſs es sich hier
wirklich um den Geschlechtstrieb handelt. Übrigens kommt beim
normalen Kinde die geschlechtliche Erregung häufiger vor, als

man glaubt, und zwar vor der Pubertätsentwickelung. Sie ist
also nicht deren direkte Folge.

Wenn sich diese Perversitäten des Geschlechtstriebes bei den
Idioten schon ziemlich häufig zeigen, so sind sie bei den Imbecillen noch weit auffälliger. Die Onanie ist vielleicht weniger häufig
bei ihnen, als bei den Idioten, bis zum Pubertätsalter; aber nach
dieser Zeit tritt das umgekehrte Verhältnis ein; und dann geschieht das Onanieren, unter dem Einflusse des Geschlechtstriebes,
zur geschlechtlichen Befriedigung. Die Mädchen verhalten sich
in dieser Beziehung ähnlich wie die Knaben. Ein Mädchen in
Bicêtre hatte sich durch das Masturbieren, indem sie die Schenkel
gegeneinander rieb (die gewöhnlichste Art und Weise), schließlich
ein Erythem an der Innenfläche beider Oberschenkel zugezogen.
Trotz dieses Erythems setzte es die Masturbation so weit fort,
daß die ganze Haut gangränös wurde, und die Wundfläche nie
ganz vernarben konnte.

Sie treiben oft zu zweien Onanie, und zwar am häufigsten
Imbecille untereinander, ebenso Sodomiterei. Viele Imbecille
bilden wirkliche Verbindungen untereinander. Wenn sie sich
einen Idioten auswählen, so verhält sich dieser gewöhnlich passiv
dabei. Doch wir wollen nicht weiter auf diese Dinge eingehen,
sondern uns darauf beschränken, kurz auf die Häufigkeit dieser
Perversitäten des Geschlechtstriebes hingewiesen zu haben.

Ein interessanterer Punkt, zu dem wir jetzt kommen, ist
der triviale und gemeine Charakter der Imbecillen. Sie reden
mit Vorliebe von unzüchtigen Dingen, besonders vor den Frauen
und begleiten sehr oft ihre unflätigen Reden mit nicht weniger unflätigen Gesten. Die Trivialität ist darnach, wie ich meine,
keine einfache Redeform, sondern sie entspricht einem bestimmten
psychischen Zustande. Sie ist eine besondere Neigung des
Geistes, die gerade die normalen und gut entwickelten Menschen
verletzt, weil sie das Resultat einer abnormen geistigen Entwickelung ist, gerade wie uns eine Wahnidee verletzt. Die
Trivialität wird nicht erworben. Sie ist eine besondere Neigung,
die man vorzugsweise bei den Degenerierten findet; sie ist ihre
Natur, wie der gute Ton die des normalen Menschen. Sie ist
keine natürliche Neigung des Menschen, die durch die Civilisation
beeinflußt wäre, und der Imbecille ist in dieser Hinsicht also

nicht, wie ein Urmensch, auf einem Vorstadium der moralischen
Entwickelung stehen geblieben. Die moralische Entwickelung
ist keine gehemmte, sondern eine falsche, von ihrer normalen
Richtung abgewichene.

Die weiblichen Imbecillen zeigen zwar nicht eine solche
Steigerung des Geschlechtstriebes oder so auffallende Perversitäten, wie die männlichen, aber doch auch einen sehr entwickelten Geschlechtstrieb. Sie sind jedoch weniger aktiv,
sondern verhalten sich mehr passiv dabei. Marie B ...., eine
22 jährige Imbecille, grofs, schwach gebaut, leicht stotternd, hält
sich für die klügste ihrer Genossinnen. Sie hat sich im Alter
von 13 Jahren mit einem Diener ihres Vaters eingelassen und
hat seitdem sehr häufig mit anderen Männern verkehrt. Sie
bildet sich ein, dafs alle Männer, die sie sieht, gleichviel welche
gesellschaftliche Stellung sie haben, sie lieben und heiraten
wollten; sie stellt sich ans Fenster und wirft den vorübergehenden
Männern Küsse zu, treibt viel Onanie und wird heftig und
erregt, wenn man sie hindert, Männer, die sich gerade im Hause
befinden, aufzusuchen, um sich ihren Wünschen sofort hinzugeben.

Das Fehlen des moralischen Gefühles, das Ungestüme ihres
Triebes macht die Idioten, und besonders die Imbecillen, zu allen
Angriffen auf das weibliche Geschlecht fähig, und ihre sonderbaren,
nach den Notzuchtsversuchen vollführten Verbrechen erregen oft
durch ihren fremdartigen Charakter allgemeines Aufsehen. Bei
den weiblichen Idioten und Imbecillen beobachtet man einen
vollständigen Ausfall des moralischen Gefühles; sie lassen sich
nicht nur mit dem ersten Besten ein, überlassen sich ihm, sondern
bieten sich sehr oft selbst an. Man begreift demnach, welchen
Wert bei der Beurteilung von Sittlichkeits-Vergehen oder -Ver-
brechen die Untersuchung des Geisteszustandes der Angeklagten hat.

Der Nachahmungstrieb ist bei den einfachen Idioten vorhanden und bei den Imbecillen besonders entwickelt, aber lange
nicht in dem Mafse, als man gewöhnlich annimmt. Séguin
betrachtet ihn als den höchsten Ausdruck der Muskelthätigkeit.
Nun sind aber die Idioten ungeschickt, wie ich es bereits angeführt
habe, sie haben keine Gewalt über ihre Muskeln, sie verstehen nicht,
sie zu gebrauchen. Wie könnten sie also Das, was sie sehen,
entsprechend nachahmen? Andererseits weifs man, welche Rolle

die Nachahmung bei der Erziehung der Kinder spielen kann, und
versäumt nicht, sie für die Idioten zu benutzen. Aber es lassen
sich bei den Idioten und Imbecillen bei weitem nicht so gute
Erfolge feststellen, wie bei normalen Kindern. Man kann dies
nur auf zweierlei Art erklären: entweder ist die Rolle, die
die Nachahmung bei der Erziehung spielt, keine so bedeutende,
wie man ihr beilegt — und das ist nicht richtig —, oder der
Nachahmungstrieb der Idioten ist nicht so entwickelt, wie man
meint.

Worin unterscheidet sich also dieser Wert der Nachahmung
bei der Erziehung normaler Kinder von dem, den sie bei der
Idiotenerziehung hat? Meiner Ansicht nach darin, daſs bei den
Idioten die Nachahmung eine automatische ist, während sie bei
den normalen Kindern von dem Verständnisse der nachgeahmten
Handlung unterstützt wird.

Man beobachtet bei den Kindern, besonders in ihren Spielen,
daſs sie die Handlungen und Worte Erwachsener nachahmen. Sie
denken sich dann so vollständig in deren Rolle, daſs sie nicht
allein ihre Gesten wiedergeben, sondern auch die Redewendungen,
die sie unter ähnlichen Umständen selbst nicht gebrauchen würden.
Es werden also nicht nur die gegenwärtige, sondern auch die
vergangene Handlung, die früheren Äuſserungen vermöge der
Erinnerung nachgeahmt. Der Idiot dagegen spielt kaum, und
sein Gedächtnis ist schwach; er kann sich also nicht durch
Nachahmung und Wiederholung einprägen, was er gehört oder
gesehen hat, die vor ihm gemachten Äuſserungen oder das von
ihm betrachtete Verhalten eines Anderen.

Das Kind muſs das Nachgeahmte sehr oft wieder produzieren,
um Nutzen davon zu haben. Die Nachahmung wird hauptsächlich
durch Das beeinfluſst, was in der Gegenwart geschieht, mehr als
durch die Erinnerung an Geschehenes; aber trotzdem wäre nichts
falscher, als zu sagen, die Idioten machten alles nach, wie die
Affen.

Séguin[1] hatte dem gegenüber schon bemerkt, daſs sie oft
weder die Neigung noch die Fähigkeit zur Nachahmung haben,
sei es wegen der Unvollkommenheit ihrer Organe, sei es wegen

---

[1] Séguin, loc. cit.

der Erschwerung ihrer Aufmerksamkeit, sei es wegen der Schwäche ihres Willens, und daſs es vielmehr die Imbecillen wären, die damit begabt sind. Zur Nachahmung gehört übrigens, daſs man über die verschiedenen Teile seines Körpers gut unterrichtet sei, und viele Idioten sind das nicht. Wenn sie nachahmen, so geschieht dies vollkommen unbewuſst und darum ohne weiteren Nutzen. Znr wirklichen Nachahmung bedarf es einer gewissen Dosis Intelligenz, um zu begreifen, was bei einer Handlung bemerkenswert ist, und um ein Motiv für die Reproduktion zu erhalten. Es ist notwendig, daſs diese Handlung die Aufmerksamkeit des Idioten in genügender Weise anzieht, um bei ihm eine Vorstellung zu erwecken, die sich durch eine der ihm vorgemachten Bewegung analoge ausprägt. Nun haben wir gesehen, welche Störungen die Aufmerksamkeit beim Idioten und Imbecillen zeigt. Da er nicht die Bedeutung dessen, was er sieht, begreift, empfindet der Idiot nicht das Bedürfnis, dasselbe nachzuahmen. Die Nachahmung vollzieht sich also bei ihm, wenn sie stattfindet, gewissermaſsen ohne sein Wissen, ebenso wie man unbewuſst das Mienenspiel eines Vortragenden oder Schauspielers nachmacht.

Die Nachahmung beim Idioten und Imbecillen scheint mir also im wesentlichen eine Thätigkeit, bei der die Intelligenz nur wenig oder gar nicht beteiligt ist. Der Nutzen, den man daraus für die Erziehung gewinnen kann, beruht also hauptsächlich darauf, zu erreichen, daſs sie gewissermaſsen automatisch Handlungen, welche den ihnen so und so oft vorgemachten ähnlich sind, reproduzieren, ohne daſs man hoffen könnte, sie würden dieselben verstehen und demgemäſs je nach den besonderen Umständen entsprechende Abänderungen treffen. Beim Idioten ist dies fast immer so und hat nichts Überraschendes. Aber beim Imbecillen macht man auſserdem die Beobachtung, daſs er, wenn er eine durch Nachahmung gelernte Handlung abändern will, dies gewöhnlich ungeschickt macht und dadurch zeigt, daſs er Sinn und Zweck der nachgeahmten Handlung nicht ganz begriffen hat. Diese Thatsache, die bei ihm schon hinsichtlich der Handlungen auffällt, wird noch auffallender, wenn es sich um Wiedergabe von Gedanken handelt. Wenn er in der Unterhaltung, wie es meist des Fall ist, geistreich zu sein glaubt und sich damit zeigen will, so bringt er eine Reihe ungereimter Redensarten vor, die oft zur Erheiterung der Gesellschaft dienen, in der er sich befindet.

Beim Imbecillen ist die Nachahmung, wie seine Neigungen überhaupt, auf das Schlechte und Boshafte gerichtet. — Die Idioten ahmen vorzugsweise Handlungen, viel seltener Worte, Äußerungen nach, abgesehen von den auf einer höheren Stufe stehenden. Strafbare Handlungen jedoch, unzüchtige, rohe Redensarten werden, im allgemeinen wenigstens, nicht den indifferenten zur Nachahmung vorgezogen. Die Imbecillen dagegen nehmen viel leichter die Manieren roher und schlecht erzogener Menschen an. Halten sie sich auch, obgleich nicht immer, im Kreise anständiger Leute ziemlich anständig, so stehen sie doch unter einem gewissen Zwange und nehmen schnell wieder ihr gewöhnliches Benehmen an, sobald sie diesen Kreis verlassen. Sie lernen mit staunenswerter Leichtigkeit die Diebessprache, verständigen sich durch Blicke mit Bummlern und öffentlichen Dirnen, und — was noch sonderbarer ist — sie rühmen sich dessen. Es ist übrigens zu bemerken, daß man dieselbe Neigung bei einer gewissen Zahl von intelligenten Kindern findet, deren Charakter schwach beanlagt und leicht beeinflußbar ist. Die anständigen, wohl erzogenen Kinder mit guter, vor allem ihrem Alter entsprechender Gesinnung suchen nicht solche Manieren nachzuahmen oder damit zu prahlen. Aber die, welche schlechte, fehlerhafte Neigungen haben, die ihrem Alter voraus sind, nur in allem Schlechten die Erwachsenen nachzuahmen suchen, geben sich Mühe, die anderen zu verleiten, indem sie ihnen Genüsse zeigen, die sie in Versuchung führen, die sie sich aber nicht allein verschaffen können. Immer sind es die ungesunden, niedrigen, grobsinnlichen Empfindungen, die am ehesten die schwachen Geister beeinflussen. Nichts ist leichter, als einen Imbecillen zu verleiten. Die albernsten Gründe, mit Bestimmtheit und Überzeugung vorgebracht, genügen, um ihn zu bestimmen.

Wenn sich auf einer Abteilung der Anstalt unter den Imbecillen Zuchtlosigkeit zeigt, so nimmt dieselbe mit auffallender Schnelligkeit zu. Im allgemeinen sehr feige, wenn sie isoliert werden, schrecken sie vor nichts zurück, wenn sie zusammen sind, und fangen oft, ohne zu wissen, um was es sich handelt, an zu schreien und zu lärmen, nur weil sie die anderen schreien und lärmen sehen. Ferner stellen sie sich immer auf die Seite des Stärkeren; wir werden noch Gelegenheit haben, bei der Betrachtung ihrer ethischen Gefühle darauf zurückzukommen.

Die Imbecillen haben noch eine besondere Eigenschaft, die übrigens gewissermafsen nur eine Perversität ihres Nachahmungstriebes ist — nämlich die Simulation, die grobe und ungeschickte Simulation, welche sehr deutlich die Perversität aller ihrer Empfindungen zeigt. Unter dem Antriebe dieser Neigung zur Simulation erzählen sie unwahre Geschichten, hauptsächlich was Krankheiten betrifft, oder stellen sich noch dümmer, als sie sind. Wir werden davon noch weiter sprechen, wenn von dem Lügen die Rede ist.

Es bleibt noch ein Punkt zu erwähnen, der auch darauf hinweist, dafs ihr Nachahmungstrieb in Wirklichkeit kein so grofser ist, wie man annimmt. Man sieht thatsächlich sehr selten, dafs Krankheiten durch Nachahmung bei ihnen entstehen, wie die Echolalie, die Echokinesie, von denen wir bei den Idioten kaum Beispiele beobachtet haben. Es findet sich zuweilen ein sehr schwacher Grad von Echolalie, der darin besteht, dafs sie das letzte oder die letzten Worte, die ihnen vorgesprochen sind, wiederholen. Das ist aber nicht die wahre Echolalie, wie man sie beispielsweise bei der von GILLES DE LA TOURETTE zuerst beschriebenen Affektion sieht.[1]

Der Nachahmungstrieb führt uns zur Besprechung gewisser Fähigkeiten, welche ziemlich oft bei den Idioten und Imbecillen in beträchtlichem Umfange zu Tage treten, und worauf alle Beobachter aufmerksam gemacht haben. Es sind dies besonders die künstlerischen oder auch mathematischen Fähigkeiten.

Nicht für alle Künste bestehen gleiche Neigungen, besonders

---

[1] Anmerkg. des Übers.: GILLES DE LA T. beschrieb im *Archiv de neurologie* (1885 Nr. 25, 26 und 27) eine eigentümliche nervöse Affektion, welche in ihrem Wesen an die Chorea erinnert und in inkoordinierten brüsken Muskelbewegungen (im Gesicht, an den Extremitäten etc.) besteht, welche die Betroffenen bei allen möglichen Gelegenheiten ausführen müssen. Manche stofsen danebon Worte oder Laute aus, die sie mitunter ihrer Umgebung nachsprechen („Echolalie") oder sie produzieren aus sich heraus Worte, welche einen schmutzigen, obscönen Inhalt haben („Koprolalie"). [S. Referat im *Neurolog. Centralblatt* 1885, Seite 379].

beobachtet man solche für die Musik mehr, als für die Zeichenkunst, die Malerei und die Skulptur. Das scheint zu beweisen,
— was allerdings die Musiker unangenehm berühren mag — dafs
die Musik die am wenigsten intellektuelle aller Künste ist.
Während die Zeichenkunst oder die sich von ihr herleitenden
Künste direkt Empfindungen und Vorstellungen durch die
Scenen, die sie darstellen, hervorzurufen suchen, richtet sich
die Musik vorzugsweise an die Sinne und bewirkt, ohne dafs
eine Vorstellung oder gar eine Empfindung sich einstellt, wo
nicht eine tiefere Bildung vorhanden ist, einen angenehmen oder
unangenehmen Sinneseindruck, und dies durch die blofse Kombination von Tönen. Es ist also eine durchaus sinnliche Kunst,
was auch die Thatsache erklärt, dafs sie allgemeinere Verbreitung
hat und innerhalb der Fähigkeiten der gröfsten Anzahl von
Menschen liegt. Da die Sinneswahrnehmung allein bei den
Idioten ziemlich gut entwickelt ist, und an sie sich die Musik
wendet, so ist es erklärlich, warum man vorzugsweise die Neigung
zur Musik bei den Individuen dieser Kategorie antrifft.

Wir nennen nicht musikalische Neigung den ununterbrochenen
Singsang gewisser unheilbarer Idioten, wiewohl man denselben gewissermafsen mit den aus zwei oder höchstens drei Tönen bestehenden
rhythmischen Gesängen einiger wilder Völkerschaften vergleichen
könnte. Wie diese Wilden ihren monotonen Gesang mit ab-
gemessenen Bewegungen immer derselben Art begleiten, so begleiten die Idioten ihren Singsang mit einem Wiegen des Kopfes
und des Körpers. Wer mit Vorliebe Atavismus bei den Idioten
sieht, könnte hier ein Beispiel finden. Manchmal behalten Idioten,
die kein Wort sprechen können, nach dem ersten Male eine selbst
schwierigere Melodie und trillern sie richtig nach. Andere hören
durch Musik auf zu schreien oder passen ihre wiegende Bewegung
dem Rhythmus derselben an. Die einfachen Idioten haben diese
musikalische Fähigkeit sehr häufig. Dagonet[1] führt das Beispiel
einer Idiotin an, deren Wortschatz ein sehr beschränkter war,
und die erst mit neun Jahren angefangen hatte zu sprechen. Sie
kannte keine Noten und hatte doch eine auffallende musikalische
Befähigung. So wiederholte sie auf dem Flügel natürlich nur

---

[1] Dagonet, *Traité des maladies mentales*.

ganz einfache Melodien, die sie zum ersten Male gehört hatte. Sie war übrigens die Tochter musikalisch begabter Eltern.

MOREL [1] erzählt in ähnlicher Weise von einem Idioten, der eines Tages zu trommeln anfing und nach drei- oder viermaligem Üben so schnelle Fortschritte machte, dafs er die Funktionen des Trommlers an der Anstalt, in der er war, übernahm. Sein Vater und Grofsvater waren Trommler beim Militär gewesen, und sein Bruder hatte immer den lebhaften Wunsch gehabt, auch Trommler beim Regiment zu werden. Man könnte diese Beispiele noch vermehren; ich selbst habe eine ziemlich grofse Anzahl von singenden Idioten beobachtet, welche alle modernen Melodien kannten, deren Text aber arg verstümmelten. Bei den Imbecillen findet man oft die nämlichen Fähigkeiten. Es wird sogar die Beobachtung gemacht, dafs oft Diejenigen, welche spontan, ohne vorhergehende Übung, ein Instrument spielen und die gehörten Melodien wiedergeben, nicht fähig sind, Musik durch einen methodischen Unterricht zu lernen. Dies hängt mit der Unbeständig keit ihrer Aufmerksamkeit zusammen, von der wir schon gesprochen haben, durch die sie niemals zu einer vollkommenen Entwickelung selbst der Fähigkeiten zu gelangen vermögen, zu denen sie die meisten Anlagen zeigen. Diese Eigentümlichkeit zeigt deutlich, welcher Unterschied zwischen ihnen und den normalen Individuen besteht und beweist, dafs dieser Unterschied nur allein mit der Störung ihrer Aufmerksamkeit im Zusammenhang steht. Bei dem normalen Menschen vervollständigt die Erziehung die natürlichen Fähigkeiten und bringt sie zu einer grofsen Vollkommenheit. Bei den Imbecillen dagegen bleibt die natürliche Anlage auf sich angewiesen; und die Erziehung ist nicht im stande, sie zu entwickeln. Treffende Beispiele dafür sind die Wunderkinder, die man dann und wann, von Stadt zu Stadt ziehend, als Musik- oder Rechenkünstler zeigt. Sie werden nie wirkliche Künstler oder berühmte Mathematiker. Sie besitzen eine gröfsere Befähigung, als die Individuen, von denen wir hier sprechen, aber das ist alles; denn ihre Intelligenz ist oft nicht mehr entwickelt, als die der Imbecillen. So sieht man auch, dafs sie in einem gewissen Alter mit einem Male stehen bleiben,

---

[1] MOREL, *Études cliniques.*

besonders zur Pubertätszeit, keinen Fortschritt mehr machen und oft sogar schnell zurückgehen.

Auf Eins müssen wir noch die Aufmerksamkeit lenken: In mehreren Beobachtungen über staunenswerte musikalische Anlagen ist hervorgehoben, dafs die Eltern selbst auch musikalisch sehr begabt gewesen seien, dafs sogar zuweilen dasselbe Instrument, auf dem der Idiot plötzlich solche Fähigkeit zeigt, von seinem Vater oder Grofsvater gespielt worden sei. Diese Thatsache setzt die Wahrheit von der Vererbung des organischen Gedächtnisses ins richtige Licht; dieselbe erscheint mir um so evidenter in den Fällen, wo die Anlage in einem auffallenden Widerspruche zu der Schwäche der übrigen intellektuellen Fähigkeiten steht.

Doch kann man noch andere, als musikalische Fähigkeiten bei den Idioten und Imbecillen in hohem Grade entwickelt, beobachten. IRELAND[1] führt zwei Fälle an, wo bei dem einen eine bemerkenswerte Anlage zum Zeichnen und Holzschnitzen, bei dem anderen eine ganz besondere Befähigung für die Architektur und namentlich den Häuserbau bestand. Ich selbst habe ein kleines Mädchen von sechs Jahren, Imbecille, in Beobachtung gehabt, das weder lesen noch schreiben konnte, unfähig war, etwas zu erlernen, und das alles, was es sah, zeichnete. Sie malt alle Buchstaben des Alphabets ab, ohne ihre Namen oder ihre Bedeutung zu kennen. Sie reproduziert, so gut sie kann, alle Gegenstände, die sie sieht, Scenen, von denen sie Zeuge ist. Fragt man sie, was sie gezeichnet hat, so weifs sie es nicht.

Dies bestätigt die Ansicht GRIESINGERS,[2] dafs die merkwürdigen einseitigen Fähigkeiten und Talente, welche sich bei einzelnen Idioten und Imbecillen zeigen, mehr einen instinktiven, als intellektuellen Charakter haben. Derselbe Autor bemerkt auch, dafs sie sich nie bei der accidentellen Idiotie, welche bei zuvor ganz gesunden Kindern durch Gehirnkrankheiten in der Jugend entstanden ist, finden, sondern wohl immer nur bei der kongenitalen Idiotie.

Obgleich nicht zu den künstlerischen Neigungen gehörend,

---

[1] IRELAND, loc. cit.

[2] GRIESINGER, *Pathologie und Therapie der psychischen Krankheiten.* Seite 377.

müssen doch hier noch gewisse andere merkwürdige Fähigkeiten
Erwähnung finden, die man in einem ihrem Zustande nach über-
raschenden Grade bei Idioten und Imbecillen trifft.

So erzählt FORBES WINSLOW[1] von einem Idioten, welcher
den Todestag aller in der Gegend seit 35 Jahren Verstorbenen im
Gedächtnis hatte und den Namen und das Alter des Verstorbenen
wiederholte, ohne etwas zu ändern. Dabei war er nicht im stande,
die einfachste Frage zu beantworten, allein zu essen. — FALRET
sah in einer englischen Anstalt einen Imbecillen, der den
Geburtstag, den Todestag und die Hauptereignisse aus dem
Leben aller berühmten Männer unmittelbar nach der Nennung
eines Namens hersagte. — HEIM[2] berichtet von einer Frau, deren
Intelligenz eine sehr beschränkte war, ebenso wie ihre Sprache,
und die jedem, der sein Alter nannte, gleich darauf dasselbe in
Minuten ausdrückte. — ATKINSON[3] führt eine Idiotin an, deren
größtes Vergnügen es war, sich mit Zahlenaufgaben zu beschäftigen.
— Man könnte noch mehr solche Beispiele sammeln. GRIESINGER[4]
hebt das auffallende Ortsgedächtnis einzelner Idioten von sehr
niederen Fähigkeiten hervor, eine Beobachtung, die man in
gleicher Weise bei den Tieren, und besonders beim Pferde macht,
das nicht gerade eines der intelligentesten unter den Säugetieren ist.

An den Nachahmungstrieb kann man das Spiel anschließen,
obwohl man es als besonderen Trieb betrachten könnte, nicht
allein beim Menschen, sondern bei allen höheren Tieren. Das
Spiel hat vor allem eine physiologische Bedeutung. BAIN[5] sagt
mit Recht: „Jeder weiß, daß es eine Art Beschäftigung giebt,
welche sich von selbst zu erhalten scheint, die keine Mühe kostet
und nur Vergnügen macht, ohne zu ermüden, die keines Antriebes
bedarf, noch der Vorstellung eines Zweckes, und die offenbar die
Äußerung einer spontanen Kraft ist. Das Resultat dieser spontanen
Kraft ist eine bestimmte Bewegung, die für die jungen Geschöpfe
ganz unersetzlich zu sein scheint, da sie kein anderes Mittel
haben, ihre Nerventhätigkeit zu verwenden." — „Das Vergnügen,
welches dieses Ersatzmittel einer nützlichen Thätigkeit mit sich
bringt", sagt PEREZ[1], „steht im Verhältnis zur Lebhaftigkeit, zur

---

[1] Citiert von IRELAND. — [2] Ibid. — [3] Ibid. — [4] GRIESINGER, loc. cit. —
[5] BAIN, *La science de l'éducation.*

Fülle der geistigen und cerebralen Kräfte, welche mit der Stärke und der Ernährung des Nervensystems steigen und fallen." Dieser letzte Satz läfst uns schon vermuten, wie es mit dem Spiele beim Idioten sein wird, dessen Geisteskräfte nichts weniger als lebhaft oder durch Fülle ausgezeichnet sind.

In der That, die Idioten können nicht spielen. Das Bedürfnis zu spielen, das man so frühzeitig bei den Säuglingen beobachtet, ist beim Idioten nicht weiter zu bemerken, und die Eltern sagen auch, dafs ihr Kind niemals spielte, dafs es später nicht mit den gleichalterigen Kindern verkehrte und sich nicht zu belustigen verstand. Die Scherze der Mutter, welche beim Kinde das erste Lächeln hervorrufen, lassen die Idioten ganz unberührt; und das fällt durch seine Fremdartigkeit den Eltern auf.

Wenn man sich die Zusammenkünfte von Idioten eines bestimmten Alters ansieht, so ist man erstaunt, dafs trotz der Belustigungen, die man ihnen darbietet, trotz der Anregung ihrer Lehrer man sie niemals mit Eifer spielen sieht. Entweder sind sie schläfrig, apathisch und haben kein gröfseres Vergnügen, als unbeweglich in einem Winkel stehen zu bleiben, oder sie sind zu erregt, um sich einigermafsen anhaltend mit Spielen beschäftigen zu können. Je nachdem es sich um ein Einzelspiel oder ein gemeinsames Spiel handelt, treten verschiedene Eigenschaften hervor, und wechselt der Charakter des Spieles. Belustigt sich das Kind für sich, so ist dabei, wie mir scheint, das geistige Element mehr in Thätigkeit; das Kind hat einen Zweck dabei, einen Gedanken, welcher auf Überlegung schliefsen läfst. Beim Zusammenspiel scheint das motorische und emotive Element die gröfste Rolle zu spielen. Es zeigt sich hierin die erste gesellschaftliche Neigung, denn das Zusammenspiel stellt im kleinen den gewöhnlichen Kampf ums Dasein dar. Die Kinder suchen, sich einander zuvorzukommen, wer zuerst am Ziele, wer der geschickteste sein wird, sei es nun eine körperliche oder geistige Anstrengung; die Hauptsache ist, zu siegen oder zu streiten. Hierin liegt das Vergnügen, welches das Spiel gewährt; und dieses Vergnügen besteht in der Gemütserregung, die durch die Inanspruchnahme, durch die Übung der Funktionen und Fähigkeiten, durch

---

[1] PEREZ, loc. cit.

den Erfolg oder Mißerfolg hervorgerufen wird. Darum ist das
Gesellschaftsspiel auch dem Einzelspiele vorzuziehen. Das Kind
gewöhnt sich dadurch an einen Verkehr mit seinesgleichen, es lernt,
seine Leidenschaften zu unterdrücken, sich den ihm Überlegeneren
unterzuordnen, die Gefühle und den Charakter seiner Gespielen
zu beurteilen. Die Idioten haben ein nur unvollkommenes
Bewußtsein ihrer physiologischen Bedürfnisse, sie sind indifferent,
nicht eifersüchtig. Darum empfinden sie auch kein Bedürfnis zu
spielen, weil sie keine Befriedigung in der Thätigkeit ihres
Körpers, in der Bethätigung ihrer Fähigkeiten finden. Sie scheinen
keine Befriedigung darin zu finden, ihre Kraft, ihre Behendigkeit,
ihren Verstand zu zeigen. Da sie in der Richtung der Gemüts-
eigenschaften noch weniger entwickelt sind, als in körperlicher
Richtung, so sieht man, wie sie immer noch die rein körperlichen
Spiele, die Freiübungen den sogenannten Geschicklichkeits-Spielen
vorziehen. So bequemen sie sich z. B. eher zur Gymnastik,
den Stab-, den Lauf-Übungen als zu allem anderen. Spazieren-
gehen, was zugleich in körperlicher und in gemütlicher Hinsicht
ihren Neigungen entspricht, ist eines ihrer liebsten Vergnügen.

Eine Gattung von Idioten spielt wie andere Kinder, nämlich
die kretinartigen Idioten. Doch ziehen sie die ruhigen Spiele
vor. Sie bleiben in dieser Beziehung sehr lange Kinder, wie dies
auch für ihre Charaktereigenschaften im allgemeinen gilt, was
wieder mit ihrem Äußeren dazu beiträgt, daß sie viel jünger
erscheinen, als sie sind. Im Alter von 15 oder 16 Jahren spielen
sie noch mit Puppen oder Bilderbüchern, wie Kinder von drei
oder vier Jahren, was in Verbindung mit ihrer teilnahmlosen
Physiognomie ihnen einen ganz besonderen Stempel aufdrückt.

Die Imbecillen beschäftigen sich mit Spielen, aber sie tragen
auch da ihre Fehler hinein und zeigen ihren Charakter in der
wahren Gestalt. Die Spiele, die ihnen gefallen, sind meist
lärmende, bei denen sie zerstören, schreien und roh sein können.

Sie geraten dabei oft in Zänkereien, und schließlich prügeln
sie sich. Neidisch und unkameradschaftlich, wie sie sind, suchen
die Imbecillen durch allerhand Ränke den Sieg davonzutragen
und gebrauchen ihre Kraft den Schwächsten gegenüber, um unter
allen Umständen im Vorteil zu sein. Mit einem Worte, sie lassen
allen ihren schlechten Neigungen freien Lauf. Man darf ihnen

nicht von Verstandes-Spielen sprechen; sie widmen sich mit
Vorliebe den körperlichen Übungen, und das Vergnügen, das sie
daran haben, rührt nicht sowohl von der durch die körperliche
Thätigkeit hervorgerufenen Empfindung her, als vielmehr von ihrer
Eigenliebe und dem Wunsche, ihrer Umgebung gegenüber als
die Überlegenen zu erscheinen.

Wie das Spiel ein Zeichen der sozialen Fähigkeiten des
Individuums ist, so giebt es auch noch eine andere Äußerung
dieser Fähigkeiten. Es ist dies die Art, wie man sich im täglichen Verkehre gegen seine Umgebung benimmt, und was man
als Höflichkeit und gutes Benehmen bezeichnet. Es ist dies ein
Ergebnis der Civilisation, der Erziehung; und ihre Äußerung
ist bei den verschiedenen Völkerschaften in verschiedenen Zeit-
abschnitten sehr verschieden, findet sich aber in der einen oder
anderen Form immer wieder.

Man kann den einfachen Idioten ziemlich leicht ein höfliches
Benehmen angewöhnen. Oft findet man sie sehr höflich, zuvor-
kommend, liebenswürdig. Selten ist dies bei den Imbecillen der
Fall. Anspruchsvoll und grob, halten sie es für geistreich, ihren
Vorgesetzten gegenüber unverschämt zu sein, besonders in Gegenwart ihrer Kameraden. Tadelt man sie, so antworten sie oft
mit Grobheiten auf die ihnen gegebenen Ratschläge, und zwar
besonders dann, wenn man den Rücken gekehrt hat. Da dies indes
mehr in das Gebiet der Erziehung gehört, als zu ihren natürlichen
Eigenschaften, so brauche ich nicht weiter darauf einzugehen; es
hat übrigens auch keinen großen Wert. Wir haben auch die
künstliche Sprache mit dem Nachahmungstrieb in Beziehung gebracht. Doch ist diese Frage von so wesentlicher Bedeutung in
der Psychologie, daß wir ihr später ein besonderes Kapitel
widmen müssen. Bei den Idioten findet sich noch ein anderer
Trieb, den man bis zu einem gewissen Grade auch bei normalen
Kindern antrifft: der Zerstörungstrieb, der sich bei allen Kindern
als erste Äußerung ihres Bewegungsdranges zeigt mit der Neigung
zum Zerschlagen, Zerbrechen, Zerstören. Da es ihnen ein Bedürfnis ist, sich Verwendung für ihre Muskelthätigkeit zu verschaffen, und sie den Zweck der Gegenstände nicht kennen, so
finden sie nichts Besseres, als sie zu zerstören. Haben sie dies
erreicht, dann haben sie ein Gefühl der Befriedigung, welches

die von Erfolg gekrönte Anstrengung verleiht. Aber dieses
Thätigkeitsbedürfnis hört bald auf, sich im Zerstören zu äußern,
und es macht sich die Lust am Schaffen bemerkbar. Die Kinder
bauen im Sande und errichten aus Holzstücken, aus Steinen
einen Aufbau etc. Doch kaum haben sie es fertig, so reißen
sie es wieder ein; und sie haben anscheinend ein großes Vergnügen an dieser letzteren Beschäftigung, als ob sie sich nur
darum so viel Mühe mit dem Aufbauen gegeben hätten, um die
Befriedigung zu haben, es wieder zerstören zu können. Schließlich
zeigt sich der Wunsch, das, was sie zu stande gebracht haben,
zu erhalten und dieser gewinnt immer mehr die Oberhand. Nur
für Augenblicke noch, wenn sie ihren Trieben die Zügel schießen
lassen, haben sie das Bestreben, etwas zum bloßen Vergnügen
zu zerstören.

Bei den Idioten treten diese Neigungen viel mehr hervor.
Je tiefer der Idiot steht, desto weniger ist die Lust am Bauen,
am Erhalten entwickelt. Die meisten zerreißen aus purem Vergnügen. Nur ist es noch zweifelhaft, ob sie wirklich eine Freude
dabei empfinden. Sie begnügen sich nicht damit, die Gegenstände in ihrer Umgebung zu zerbrechen, sie verstümmeln sich
sogar selbst. Die Beispiele von Selbstverstümmelung bei den
Idioten sind wohl bekannt, sie kommen jedoch ebenso bei Imbecillen vor. Jedoch beobachtet man am häufigsten bei den letzteren eine Neigung zum Zerbrechen und Zerstören, was man
mit dem Namen der Klastomanie belegt hat; dieselbe findet sich
jedoch selten allein. Gewöhnlich bleiben die Idioten, selbst die
älteren, in Bezug auf den Zerstörungstrieb in dem Zustande,
worin sich alle kleinen Kinder befinden. Sie können weder
bauen, noch versuchen sie es, legen dagegen oft eine staunenswerte
Ausdauer und große Geschicklichkeit im Zerstören an den Tag.
So reißt ein Idiot in Bicêtre, der blind ist und kaum sprechen
kann, mit Hülfe eines Nagels alle Schlösser ab, die er finden kann.

Später, wenn die Sucht, zu zerreißen und zerstören, auf-
gehört hat, zeigen sie wiederum kaum Lust am Bauen. Aber sie
erweisen sich wenigstens nicht als Zerstörer; und es scheint mir
hierin ein Beweis zu liegen, daß sie, wenn sie nicht bauten,
hierzu unfähig sind, aber nicht, weil sie es nicht wollen. Bei
den Imbecillen verhält es sich anders. Ihr boshafter und heim-

tückischer Charakter treibt sie beständig zum Zerstören, aber
nicht mehr zu dem Zwecke, ihre Kräfte zu verwenden, sondern
in der Absicht, zu schaden. Es ist eine ungesunde Befriedigung,
die sie suchen. Natürlich sind sie nicht alle so, aber eine große
Anzahl, und unter gegebenen Verhältnissen fast alle, so z. B.
unter dem Einfluß eines Grolles. Man darf ihnen darum gar
nicht trauen. Neben der Klastomanie ist bei ihnen die Pyro-
manie häufig; ja selbst Mordtrieb wird beobachtet. Damit
kommen wir jedoch schon auf das pathologische Gebiet.

Dieser kurze Vergleich der Triebe bei den Idioten und den
Imbecillen zeigt uns wieder, daß, während die Idioten in sozialer
Beziehung zumeist gleichgültige Geschöpfe sind, es sich mit den
Imbecillen keineswegs ebenso verhält, sondern daß sie sehr häufig
schädlich und gefährlich sind, Antisoziale, wie wir sie nannten.

Sechstes Kapitel.

Die Gefühle.

*Verschiedene Arten der Gefühle. — Freude und Leid. — Affektive
Gefühle. — Weinen, Lachen. — Leidenschaften. — Zuneigung, Freundschaft,
Liebe. — Liebe zu den Tieren. — Mitleid. — Furcht. — Mut. — Zorn. —
Dankbarkeit. — Soziale Gefühle. — Gönnerschaft. — Gegenseitige Verpflich-
tung. — Eigentum. — Diebstahl. — Arbeit. — Faulheit. — Moralische
Gefühle. — Recht und Pflicht. — Gewissensbisse. — Belohnung und Be-
strafung. — Religiosität. — Liebe zur Familie. — Scham. — Zaghaftigkeit.
— Bescheidenheit. — Eitelkeit. — Gefallsucht. — Ästhetische Gefühle. —
Intellektuelle Gefühle. — Verwunderung. — Neugierde. — Leichtgläubigkeit.
Wahrhaftigkeit. — Lüge. — List. — Physiognomie. — Mikrocephale. —
Hydrocephale. — Myxoedematöse, ihr Charakter. — Imbecille, ihr Charakter.*

„Die Begierde ist das Wesen des Menschen selbst,“ sagt
SPINOZA, „und der Wunsch ist die Begierde mit Selbstbewußtsein“.
Die Erfüllung des Wunsches ruft eine freudige Stimmung hervor,

die Nichterfülluug eine schmerzliche. Lust oder Schmerz, das
sind die Grundstimmungen, welche sich mit allen seelischen Vorgängen verbinden; und alle Gefühle leiten sich für uns von affektiven Gefühlen ab.

Wir werden demnach diese primären Gefühle zugleich mit
den Gemütsbewegungen und Leidenschaften zu betrachten haben,
die sich damit verbinden. Die affektiven Gefühle führen uns
ganz naturgemäfs auf die sozialen Gefühle. Aber diese haben
andere Verbindungen; und wenn auch die affektiven Gefühle vor
allem ihr Entstehen bedingen, so sind doch die moralischen Gefühle die ebenso notwendige Bedingung ihrer Unterhaltung. Die
Gesellschaft beruht auf dem Eigentum, welcher Art es auch sei,
und um es zu erwerben, bedarf es der Entfaltung einer bestimmten Thätigkeit, einer Arbeit, welche je nach den Zeit-
abschnitten und der Civilisation sich verschieden gestaltet, die
aber stets und überall vorhanden ist. Alles, was in einer Gesellschaft dieses grundlegende Verhältnis zwischen Arbeit und erworbenem Besitz stören sollte, wird ein Übel und Unrecht sein;
alles, was es stärken wird, ist gut und recht. Die Familie und
die Gefühle, die sie erweckt, sind der Ausgangspunkt der Gesellschaft und verbinden sich ganz naturgemäfs mit der Pflege der
moralischen Gefühle. Aber die Menschen haben geglaubt, dafs
zu ihrer Unterhaltung die natürlichen Gefühle nicht genügten,
ebensowenig, als ihr wohlverstandenes Interesse; und je mehr
die Gesellschaft sich entwickelt hat, desto mehr hat das allgemeine Interesse dem Interesse des Einzelnen den Platz geräumt.
Um den Normalzustand zu erhalten, hat man seine Zuflucht zu
anderen Mitteln genommen, zur Belohnung und Bestrafung, und
da selbst diese Mittel nicht genügten, hat man zu übernatür-
lichen Mitteln oder zu solchen gegriffen, die man dafür ausgiebt.
Die Unwissenheit, in der man sich über die grofsen Naturerscheinungen befand, machte die Sache leicht, und so haben
sich allmählich die Religionen ausgebildet, welche auf ideale Auf-
fassungen hinzielten, deren Gehaltlosigkeit man heute kaum einzusehen beginnt. Die religiösen Gefühle, die nur eine Folge
menschlicher Erwägungen sind, stellen darnach keine natürlichen
Gefühle dar. Während sich daher mit dem Schwinden anderer
Gefühle besondere Krankheitszustände entwickeln können, hat

das Schwinden des religiösen Gefühles niemals zu einer pathologischen Erscheinung geführt. Nachdem die Gesellschaft einmal
gegründet war, ist das Interesse nicht mehr das einzige Ziel gewesen. Vielmehr machte sich das Bedürfnis nach Annehmlich-
keiten allgemeiner Art fühlbar; es entwickelten sich die ästhetischen Gefühle und endlich die intellektuellen Gefühle, welche
über allen stehen. Es braucht nicht hervorgehoben zu werden,
daß alle diese Gefühle sich mehr nebeneinander, als nacheinander
entwickelt haben. Aber wenn man die Entwickelung des Kindes
beobachtet, so sieht man, daß sie doch vorwiegend in der bezeichneten Reihenfolge entstanden sind. Es ist dies beim Idioten
noch auffallender, und wir werden es im Folgenden zu beweisen
suchen; zugleich wollen wir festzustellen versuchen, welches die
primären und welches die sekundären Gefühle der menschlichen
Seele sind. Möglicherweise trifft die Reihenfolge, die wir hier
angeben, im allgemeinen nicht zu; trotzdem scheint sie uns die
rationellste, und sie scheint auf der Entwickelung des kindlichen
Geistes selbst und der des Geschöpfes zu beruhen, das sein ganzes
Leben noch unter dem Kinde bleibt, des Idioten.

Das Gemütsleben besteht im Grunde nicht in der Lust und
Unlust. Das sind nur, wie ich sagte, Äußerungen, Zeichen, die
anzeigen, daß gewisse Begierden oder Neigungen befriedigt oder
unbefriedigt sind. Daher begreife ich auch, wie ich gestehen
muß, nicht ganz die Theorie von PAULHAN,[1] welcher in allen
Gemütsbewegungen die Folge der Hemmung eines Strebens sieht.
Doch übergehen wir dies!

Bei den tief idiotisch Blödsinnigen können die Gefühle, die
Gemütsbewegungen ganz fehlen, selbst die elementarsten, affektiven Gefühle. Und wenn man bedenkt, daß diese Geschöpfe
unfähig sind, zu erkennen, was um sie herum vorgeht, so wird
man es nicht auffallend finden. Indes selbst bei den niedrigst
stehenden kann man manchmal Äußerungen von Lust oder
Schmerz, von Freude oder Traurigkeit, selbst von Zorn beobachten, die durch körperliche Empfindungen wachgerufen werden.
Sie handeln darin, wie kleine Kinder. „Die lebhaftesten Empfindungen des Kindes,“ sagt PEREZ,[2] „bleiben lange Zeit die auf

---

[1] PAULHAN, Les phénomènes affectifs.
[2] PEREZ, loc. cit.

den Geschmack bezüglichen. Das Nahrungsbedürfnis überwiegt lange Zeit alle anderen, selbst das Bedürfnis nach Bewegung." Auf manchen tiefstehenden Idioten scheint fast nur die Nahrung einen Eindruck zu machen, wenn man nach der Unruhe, die er beim Vorsetzen derselben zeigt, urteilt. Zuweilen scheinen, wie GRIESINGER, DAGONET etc. betont haben, diese Gemütsbewegungen der Freude und des Schmerzes durch nichts motiviert, durch undurchschaubare Änderungen in den Zuständen des Gehirns- und Nervensystems überhaupt, unmittelbar zu entstehen (GRIESINGER [1]). Sie fangen manchmal plötzlich an zu lachen, häufiger noch Schreilaute auzustofsen, werden unruhig, schlagen, während ihr Gesicht zugleich ein kongestioniertes Aussehen bekommt. Ohne dafs man irgend welche Ursache auffinden kann, scheint dieser Zustand ebenso von selbst wieder zu vergehen, sie versinken darnach wieder in ihre alte Unbeweglichkeit und ihre automatischen Bewegungen. Das Gefühl der Lust und des Schmerzes ist bei den einfachen Idioten schon ein ziemlich unbestimmtes; bei den tiefer stehenden scheint der Schmerz kaum empfunden zu werden. Die Fälle von Selbstverstümmelung sprechen dafür. Man beobachtet, dafs Frauen entbunden worden sind, ohne dafs sie Schmerzen bei der Geburt zu haben schienen. Wir haben bei der Besprechung der Organgefühle gesehen, wie wenig empfindlich sie bei den krankhaften Veränderungen der Organe sind, wie sie mit schweren Krankheiten noch herumgehen, ohne etwas anderes als geringe Abgeschlagenheit zu zeigen.

Was den psychischen Schmerz anbetrifft, so kann er nur entsprechend der Entwickelung der affektiven Gefühle auftreten. Bei den idiotisch Blödsinnigen fehlt er und erscheint erst mit den weniger schweren Graden der Idiotie, erreicht jedoch niemals eine nur einigermafsen hohe Entwickelung.

Darum sieht man auch Idioten sehr selten weinen. Dazu kommt es nur, wenn sie in ihren körperlichen Empfindungen getroffen werden, oder ihre Neigungen nicht unmittelbar befriedigt werden. Es mufs schon hart zugehen, damit sie die äufseren Eindrücke etwas lebhafter empfinden. Die Sorge für die Zukunft beschäftigt sie ebensowenig, wie die Erinnerung an die

[1] GRIESINGER, loc. cit.

Vergangenheit; nur die Gegenwart existiert allein für sie. Unter diesen Umständen ist das Gemüt notgedrungen sehr abgestumpft.

Beim Imbecillen wird der körperliche Schmerz viel lebhafter empfunden, als der psychische Schmerz. Im hohen Grade egoistisch, wie sie sind, beschäftigen sich die Imbecillen vor allem mit ihrem eigenen Wohlergehen. Sie beunruhigen sich leicht über das geringste Übel, das sie haben, beanspruchen Pflege und sind sehr weichlich im Gegensatze zu den Idioten. Wenn es sich dagegen um seelische Schmerzen handelt, so zeigen sie eine auffallende Gleichgültigkeit Dingen gegenüber, die sie erregen müfsten.

Meldet man ihnen die schwere Erkrankung oder gar den Tod eines ihrer Angehörigen, so machen sie wohl im ersten Augenblicke eine traurige Miene. Kaum aber hat man es ihnen gesagt, so sieht man, dafs sie sich nach dem ersten Eindrucke wieder über irgend etwas unterhalten, was ihnen gerade durch den Kopf geht, und zwar besonders über Das, was sie interessiert, meist irgend etwas ganz Unbedeutendes. Das beste Mittel, sie sich zugethan zu machen, ist, ihnen Schmeicheleien zu sagen, die sie mit Selbstgefälligkeit aufnehmen, auch wenn sie noch so übertrieben wären.

Was das Lustgefühl im allgemeinen betrifft, so ist es bei niederen Idioten ebenso abgestumpft, wie das des Schmerzes. Gelingt es, ihre Aufmerksamkeit durch irgend etwas Unerwartetes, Glänzendes etc. zu fesseln, so kann man doch nicht sagen, was ihr eigentliches Gefühl dabei ist, ob das des einfachen Staunens oder das der Freude. Möglicherweise ist es weder das eine noch das andere, sondern nur eine unbewufste motorische Reaktion auf die Erregung. Das Lachen wie das Weinen kommt nur ausnahmsweise bei den tiefstehenden Idioten vor. Sie nähern sich in dieser Beziehung dem Tier und bleiben selbst weit unter diesem, denn das Tier hat allerhand Mittel, um seine Befriedigung auszudrücken. Die Idioten höheren Grades können dagegen ihre Freude durch Lachen, Schlagen mit den Händen oder Schreien äufsern. Unter allen Äufserungen ihrer Befriedigung ist jedoch das Lachen die seltenste, da sie die dem menschlichen Wesen eigentümlichste ist. Der Idiot mag nicht spielen, wie wir sagten, er ist solitarius, ἴδιος, und bleibt auf sich selbst beschränkt. Der Grund dafür ist der, dafs er kein Bewufstsein hat, nicht denkt und nicht überlegt.

Ganz anders ist der Charakter des Imbecillen. Sorglos, wie er ist, ist er nur auf Vergnügen bedacht, das allein seine Aufmerksamkeit fesseln kann, und das auch noch oft wechseln muſs. Er amüsiert sich viel lieber mit irgend etwas Gleichgültigem, als daſs er arbeitet. An Stelle der Konzentration tritt bei ihm die Expansion, wobei er stets im Mittelpunkt dieser Expansion steht. Seine ausschweifende Phantasie geht ins Abenteuerliche, und die unwahrscheinlichsten Dinge setzen ihn nicht in Erstaunen; so sehr fehlen ihm Urteil und Überlegung. Er lacht über die geringste Kleinigkeit, meist ohne Verständnis, weil er die anderen lachen sieht und manchmal Dinge für lächerlich hält, die es durchaus nicht sind. Er zeigt lärmend eine Freude, die dem Gegenstande, wodurch sie hervorgerufen ist, nicht entspricht, wird dabei immer erregter und weiss schlieſslich selbst nicht mehr, warum er gelacht hat. Der Idiot lacht über nichts, was er nicht versteht; auch lacht er selten, wofern er nicht beständig lächelt, wie man es bei gewissen, unheilbaren Idioten sieht, die unaufhörlich grinsen und sich hin und her wiegen. Das Lachen ist dann ein wahrer „Tik", wie die anderen, bei denen die Intelligenz absolut nicht in Betracht kommt. Der Imbecille glaubt, alles zu verstehen und lacht unmotiviert, vergiſst sogar die traurigen Umstände, in denen er sich gerade befindet, wenn eine Kleinigkeit seine Aufmerksamkeit anzieht, die ihm mit Recht oder Unrecht komisch erscheint. Mit dem Fortgange unserer Untersuchung sehen wir somit, wie die Kluft, welche den Idioten vom Imbecillen trennt, immer tiefer wird. In diesem vorliegenden Punkte beweist der Imbecille, indem er, ohne es zu verstehen, über etwas lacht, daſs er weniger Urteilsfähigkeit besitzt als der Idiot.

Da wir vom Lachen sprechen, so wollen wir noch die bei den Idioten und Imbecillen vorkommenden Lachkrämpfe erwähnen, die plötzlich ohne bekannte Ursache auftreten, wie dies auch bei nervösen Leuten der Fall ist. Sie werden oft genug als das erste den Eltern auffallende Symptom beobachtet.

Wenn sich auch ihr Entstehen in gewissen Fällen vollständig der Beurteilung entzieht, so kann man doch in anderen Fällen, besonders bei den Imbecillen, als Ursache das Vorhandensein gewisser deliranter Vorstellungen ansehen, und zwar namentlich

solcher erotischen Inhalts, oder man kann sie als Antwort auf
Gehörs- und Gesichtshallucinationen betrachten.

Neben dem Gefühl der Befriedigung, welches die Nahrungsaufnahme gewährt, ist das erste Gefühl, das man bei den niedrigsten
Idioten trifft, das der Anhänglichkeit an ihren Pfleger. Dieses
Gefühl ist oft sehr unbestimmt und flüchtig und geht rasch von
einer Person auf die andere über. Darum richtet sich auch
wahrscheinlich diese Zuneigung weniger gegen die Person, als
gegen die empfangenen Wohlthaten.

Bei den weniger tiefstehenden Idioten wird die Anhänglichkeit
an die sie pflegenden Personen deutlicher. Es hängt dies damit
zusammen, dafs sie die Fähigkeit zur Aufmerksamkeit besitzen
und infolgedessen beurteilen können, ob es immer dieselbe Person
ist, die sie pflegt, sowie im Falle eines Wechsels den Unterschied in
der Pflege empfinden. Je mehr die Aufmerksamkeit entwickelt ist,
desto mehr macht sich dann auch dieses Schätzungsvermögen
geltend, aus dem die Bevorzugung dieser oder jener Person und
die Anhänglichkeit an sie entsteht.

Der Idiot lächelt, wenn Diejenigen sich ihm nähern, die
sanft mit ihm umgehen und seinen Wünschen nachgeben. Ist
man grob gegen ihn, so richtet man nichts aus. Es ist übrigens
unmöglich, einen Idioten gründlich kennen zu lernen, wenn man
ihn unvermittelt irgend einer strengen Zucht zu unterwerfen
versucht. Er weifs die gute Behandlung und vor allem die
Freiheit in vollem Mafse zu schätzen.

Je mehr wir uns den leichteren Graden der Idiotie nähern,
finden wir, dafs die Zuneigung einen Charakter annimmt, der
mehr und mehr der beim normalen Menschen beobachteten gleich-
kommt. Und zwar ist das die Zuneigung, die sich nicht allein
auf die Sympathie, sondern auch noch auf die Auswahl zwischen
gewissen Personen gründet. Die Idioten sind, selbst mit Rücksicht
auf das von der Aufmerksamkeit Gesagte, der Anhänglichkeit
und Zuneigung viel fähiger, als man glauben sollte.

Wenn man von ihnen fortgegangen ist und später wieder
zu ihnen zurückkommt, laufen sie auf Einen zu, begrüssen Einen
vergnügt und geben Zeichen der Freude von sich.

Die Imbecillen dagegen haben keine oder nur wenig Anhänglichkeit. Sie vergessen leicht Die, welche ihnen am meisten

Liebe bewiesen haben. Sie lassen sich nur mit grofser Mühe dazu bewegen, an ihre Eltern zu schreiben. Sie wollen nur Besuch, um von ihnen die Erfüllung ihrer Wünsche zu verlangen, sich Zerstreuungen zu verschaffen, und machen ihnen Auftritte, sobald sie nicht erreichen, was sie begehren. Sie sagen ihnen allerhand Grobheiten, wenn sie einen Einwand erheben oder ihre Wünsche abschlagen. Sie ziehen jedes beliebige Vergnügen dem Besuche der Eltern vor. Kurz, sie zeigen sich auch hier wieder vorzugsweise antisozial; denn ohne die Gefühle der Anhänglichkeit an die Umgebung und die Familie kann man sich die Entwickelung des gesellschaftlichen Zusammenlebens kaum denken.

Wir müssen jetzt untersuchen, ob und bis zu welchem Grade ein Gefühl existiert, das eine rein psychische, moralische Grundlage hat. Hierbei dürfen die idiotisch Blödsinnigen gar nicht berücksichtigt werden, da sie nicht im stande sind, die verschiedenen Formen der Zuneigung, die Kindesliebe, Freundschaft, geschlechtliche Liebe etc., zu fassen und zu bethätigen. Wir lassen selbstverständlich die Vater- und Mutterliebe aufser Acht, die sie glücklicherweise nicht in der Lage sind zu bethätigen. Bei den Idioten einer höheren Intelligenzstufe ist die Kindesliebe wohl vorbanden, jedoch in sehr beschränktem Grade. Um sich davon zu überzeugen, braucht man nur beim Besuche der Eltern in einer Idiotenanstalt zugegen zu sein. Ihre Liebesbezeugungen richten sich oft nach den mitgebrachten Näschereien; manche jedoch sind erfreut, wenn sie ihre Eltern sehen und bezeigen ihnen dann schon uneigennützige Liebkosungen. Die Zuneigung zu den nahen Verwandten geht gewöhnlich Hand in Hand mit der Kindesliebe. Manche indessen scheinen keine Anhänglichkeit an ihre Eltern zu besitzen und zeigen sehr lebhafte Zuneigung zu ihren Brüdern oder Schwestern, denen gegenüber sie bisweilen eine wahre Eifersucht an den Tag legen.

Die Kindesliebe beim Imbecillen ist, wie alle anderen Gefühle, aufserordentlich unbeständig. Er ist zu sehr Egoist und zu sehr mit seiner eigenen Person beschäftigt, um seine Aufmerksamkeit längere Zeit darauf zu richten und die Zuneigung, die er seiner Familie schuldet, zu bethätigen. Wenn er sich im Kreise seiner Angehörigen befindet, so kann er, falls man ihn dazu drängt, zuweilen sich ihnen gegenüber von der zärtlichen Seite zeigen. Kaum aber ist er zu seiner Beschäftigung zurückgekehrt, so denkt er nicht mehr an sie. Es ist ihm kaum begreiflich zu machen, daß er in seiner Zuneigung zum ersten Besten die Vater und Mutter schuldige Liebe nicht vergessen darf. Teilt man den Imbecillen eine sie angehende Trauernachricht mit, so wirkt dieselbe kaum mehr als irgend ein Ereignis des täglichen Lebens; sie erkundigen sich in ruhiger Weise näher darnach, als ob sie der Sache als Fremde gegenüberständen.

Wie bei den Idioten sich der Mangel an gemütlichen Regungen offenbart, so trifft man bei den Imbecillen oft Perversitäten derselben. Nicht selten empfangen sie ihre Eltern, die sie besuchen und ihnen allerlei mitbringen, anstatt ihnen zu danken, auf sehr unangenehme Art, sagen ihnen Gemeinheiten, wiewohl sie alles nehmen, was sie bekommen, oder schimpfen sie, wenn sie ihnen nichts mitbringen. Wie oft antworten sie, wenn man sie fragt, ob sie Vater und Mutter lieben, mit Nein und geben ihnen die gemeinsten Bezeichnungen!

Die Freundschaft unter Idioten ist weniger häufig; aber manche gehen beim Spielen immer zusammen und helfen sich gegenseitig aus Sympathie für einander. Bei den Imbecillen ist sie öfter zu finden, doch mehr in der Form des eigennützigen Zusammenhaltens, als der der wahren Freundschaft. Die Verderbten vereinigen sich miteinander, um schlechte Streiche auszuführen, und verbinden sich manchmal mit Idioten, die gutmütig und charakterschwach genug sind, um ihnen zu helfen. So sieht man in den Anstalten kleine Gruppen, immer dieselben von 5 bis 6 Imbecillen, welche alle Bosheiten treiben, die es giebt, die alle die kleinen Zwistigkeiten nähren, zur Insubordination gegen die Lehrer aufstacheln, die Entweichungen planen. Ertappt man sie, so ist die Haltung der einen gegenüber den anderen sehr charakteristisch. Die in diesen Gruppen befindlichen Imbecillen, welche immer das Kommando führen und den Vorteil davontragen, zeigen sich trotzig, frech, schieben die Schuld auf die Kameraden. Die Idioten dagegen verstehen oft gar nicht, wozu man sie gebraucht hat, bitten um Verzeihung, versprechen, es nicht wieder thun zu wollen, nehmen sich die Vorwürfe, die man ihnen macht, zu Herzen und gestehen gewöhnlich ein, wer die wirklichen Anstifter waren, und durch welche Versprechungen oder öfters Drohungen sie selbst sich haben verleiten lassen.

„Die Genossen des Kindes," sagt PEREZ[1] „sind einmal die Tiere, dann die anderen Kinder, endlich die Erwachsenen, die sich mit ihnen belustigen. Daraus entstehen in der Folge vorzugsweise seine Zuneigungen." Wir haben die Anhänglichkeit unserer Individuen an ihre Eltern und ihre Kameraden betrachtet; gehen wir jetzt einen Schritt tiefer, zur Zuneigung zu den Tieren. Bei den unheilbaren Idioten fehlt sie vollständig. Sie ist bei den idiotisch Schwachsinnigen kaum in stärkerem Grade vorhanden. Wenn sie irgend ein Tier besitzen, so drücken, zerren, treten sie es. Fragt man, warum sie es thun, so grinsen sie und setzen es weiter fort. Sie scheinen zu glauben, daß das Tier kein Gefühl habe. Dieser Beweggrund ist übrigens auch beim normalen Kinde vorherrschend: „Dieses Alter hat kein Mitleid." Aber beim Idioten bleibt jener Zug viel länger bestehen. Ohne Zweifel versteht er nicht, was ein beseeltes Wesen ist.

Der Imbecille ist durchtrieben bei seinen Quälereien, und zwar wissentlich. Er weidet sich an den Schmerzen anderer. Er zieht einem lebenden Vogel die Haut ab und lacht, wenn er ihn schreien hört und ihn zappeln sieht. Er reißt einem Frosche die Beine aus, sieht einen Augenblick zu, wie er sich quält, dann zertritt er ihn in roher Weise oder tötet ihn auf andere Art, wie es einer der Imbecillen in Bicêtre thut. Andererseits zieht derselbe gern kleine Tiere auf. — Zur Brutzeit halten sich fast alle Kinder der Abteilung in Bicêtre Sperlinge, die sie vollständig aufziehen; selbst Mäuse und Ratten ziehen sie auf. — Dieses sonderbare Gemisch von Gefühlen besteht, wie man zugeben muß, ganz ebenso bei den normalen Kindern, nur mit dem Unterschiede, daß es bei jenen bestehen bleibt. In dieser Hinsicht kann der bildungsfähige Idiot in den Besitz normaler Gefühle gelangen, der Imbecille kaum, wofern er nicht stets durch seine Umgebung in bestimmten geistigen Gewohnheiten erhalten wird. Der Imbecille ist gegen seinesgleichen ebenso roh wie gegen die Tiere, und das selbst in seinen Spässen. So lacht er auch in boshafter Weise einen verkrüppelten Genossen aus und macht

---

[1] PEREZ, loc. cit.

sich über ihn lustig. Kurz, beim Idioten rührt die Grausamkeit von dem vollständigen Fehlen gemütlicher Regungen und der Intelligenz her, beim Imbecillen von einer Perversität des moralischen Gefühles; und es ist viel schwerer, dieses zu bessern, als es zu entwickeln, wenn es nur in geringem Grade vorhanden ist.

Existiert die Liebe beim Idioten? Beim idiotisch Blödsinnigen offenbar nicht, selbst beim idiotisch Schwachsinnigen, glaube ich, nicht. Aber sie existiert wohl beim Imbecillen, bei dem sie stets auf einer hauptsächlich physiologischen Grundlage beruht. Die platonische Liebe existiert nicht. Der Imbecille ist sehr geil; er ergeht sich mit Vorliebe in Zoten, besonders in Gegenwart von Damen; er hat die Neigung, als Flüche nur Worte zu gebrauchen, die sich auf die Geschlechtsorgane und ihre Funktionen beziehen.

Ich habe oft gesehen, daß sie Päderastie treiben. Ein Mann, der eine große Erfahrung in Bezug auf diese Kranken hat, sagte mir, daß alle Imbecillen, die er kannte, Päderastie trieben. Sie bilden zu dem Zwecke wirkliche Haushaltungen, und Der, welcher den Mann vorstellt, beschützt seinen Freund wie eine Frau. Übrigens sind sie sehr wenig beständig in diesen widernatürlichen Liebesbezeugungen.

Wie dem auch sei, trotz ihrer Perversität ist die Liebe sicher bei ihnen vorhanden. Bei den weiblichen Idioten ist es ebenso, und da ihr Geschlechtstrieb ebenso entwickelt ist, so sprechen sie sehr gern von Liebe und machen Ernst damit. Ein Gefühl, welches zur Freundschaft und besonders zur Liebe in Beziehung steht, ist die Eifersucht. Es ist auffallend, daß man sie bei Imbecillen nie beobachtet; es ist das ein Beweis dafür, daß ihre gemütlichen Regungen nicht sehr entwickelt oder pervers sind. Bei den Idioten hingegen sehen wir, daß die Eifersucht sich oft Brüdern und Schwestern gegenüber kundgiebt.

Das Gefühl des Mitleids hat eine große Bedeutung für das gesellschaftliche Zusammenleben. Es beweist, daß der Mensch den Wert seines Nebenmenschen zu schätzen weiß; denn um den Wert eines Menschen und den Nutzen, der darin liegt, ihm zu helfen, ihn zu trösten und zu pflegen, verstehen zu können, muß man über sich selbst nachdenken, sich selbst erkennen und wissen, daß die anderen Menschen unseresgleichen und uns wert sind.

Beruht das Mitleid auf einem zusammengesezten oder einem einfachen Gefühle? Ist es ein primäres, spontan entstehendes, dem Menschen natürliches Gefühl? Oder leitet es sich von dem Bedürfnis nach gegenseitigen Beziehungen her? Von dem wohlverstandenen Interesse als eine höhere Form des Egoismus? Die Vorgänge bei den tiefstehenden Individuen, mit denen wir uns beschäftigen, können uns hierüber vielleicht etwas aufklären.

Der idiotisch Blödsinnige hat kein Mitgefühl mit jemandem, der leidet. Er versteht es nicht. Der Idiot höheren Grades ist verwundert; er betrachtet die Geberden des Leidenden und ahmt sie instinktmäfsig nach. Der idiotisch Schwachsinnige scheint sich zu freuen, wenn er einen seiner Genossen leiden sieht. Die beiden letzteren Kategorien liefern uns ein sehr lehrreiches Bild. Man kennt heutzutage die wichtige Beziehung, die zwischen dem Mienenspiel, den leidenschaftlichen Stellungen und den seelischen Regungen besteht.

Die Idioten drücken den Schmerz im wesentlichen automatisch durch das Mienenspiel aus, aber es werden bei ihnen die entsprechenden Gefühle wegen mangelnder geistiger Entwickelung und Fähigkeiten nicht wachgerufen. Man kann annehmen, dafs das Mitleid, welches bei uns analoge Gefühle wie bei den Leidenden hervorruft, sich unserem Geiste durch eine sehr einfache, egoistische Überlegung einprägt. Dieselbe beruht darauf, dafs man sich sagt, man würde, wenn man die Empfindungen hätte, die das Individuum vor uns zeigt, selbst leiden und den Wunsch hegen, getröstet zu werden. Bei dem Idioten nun findet diese Überlegung nicht statt; er bleibt indifferent. Er kann nur zu einer viel einfacheren, aber viel egoistischeren Erwägung gelangen, dafs er nämlich von dem Leiden eines anderen selber nicht berührt wird. Und darum freut er sich darüber. Beim Imbecillen kann man ganz ähnliche Beobachtungen machen, wiewohl mit einigem Unterschiede. Wenn der Imbecille beispielsweise seinen Kameraden in einem leidenden Zustande sieht, so ist sein Gesichtsausdruck der des Schreckens, aber nicht der des Mitleids. Wird sein Kamerad bestraft, so nimmt er Partei für ihn, wirft dem Strafenden wütende Blicke zu. Es liegt darin ein gewisses Zeichen für das gegenseitige Zusammenhalten, dem Ursprung der sozialen Triebe. — Schlagen sich zwei Kameraden

in roher Weise, so sieht er dem Kampfe mit Interesse zu, ist
sogar froh, reibt sich die Hände und scheint sich glücklich
zu schätzen, daſs er vor den ausgeteilten Hieben sicher ist.
Man sieht dergleichen gewöhnlich auf den einzelnen Anstalts-
abteilungen.

Welche Lehre können wir aus diesen verschiedenen Umständen ziehen? Im ersten Falle, beim Idioten, sehen wir, wie
der Schmerz des anderen nur Erstaunen und Furcht hervorruft.
Der Imbecille denkt nicht daran, daſs ihm das auch passieren
kann: er hat kein Mitleid. Nimmt er, wie im zweiten Falle,
Partei für seinen Kameraden, geschieht dies dann wohl aus Mitleid für ihn? Nicht vielmehr aus moralischer Perversität? Denn
er verteidigt dabei nicht das Recht, sondern er lehnt sich im
Gegenteil gegen dasselbe, gegen den Lehrer, der es ausübt, auf.
Sein Trieb zum gegenseitigen Zusammenhalten ist nur für das
Schlechte, das Schädliche rege. Und der Beweis, daſs er seinen
Freund nicht deshalb verteidigt, weil dieser Schläge bekommt,
sondern weil er weiſs, daſs er sie selbst auch besehen könnte,
liegt darin, daſs er sich über die Schmerzen der Kameraden
freut, wenn er sieht, wie sie sich schlagen, und weiſs, daſs er den
Schlägen nur dann ausgesetzt ist, falls er selbst sich ihnen aus-
setzte. Das Mitleid ist also kein natürliches Gefühl. Man trifft
nämlich jede Art von natürlichem Gefühl, und mag es noch so
schwach sein, bei den niederen Individuen. Trifft man es nicht,
so kann man sagen, daſs es ein sekundäres, durch den Zwang
des sozialen Lebens entwickeltes Gefühl sei. Hervorgerufen
durch eine gleichviel ob bewuſste oder unbewuſste Überlegung,
gehört es in der Folge mehr zur intellektuellen, als zur Gemütssphäre. Das Gefühl des Erbarmens, des Mitleids ist ein der-
artiges. Es ist also nicht auffallend, daſs man es bei den Idioten
und Imbecillen auſserordentlich schwach und pervers findet.

Die Gönnerschaft beruht auf einem sehr ähnlichen Gefühle;
und man könnte darüber dieselben Bemerkungen machen, obgleich es noch schwächer ausgeprägt ist, als das vorhergehende.
Eine Ausnahme bilden die kleinen Mädchen, selbst in sehr
frühem Alter, eine Beobachtung, die sich übrigens auch auf die
normal entwickelten anwenden läſst.

Der Idiot ist im Grunde furchtsam. Alles verursacht ihm

Furcht, weil er nichts versteht. Nähert sich eine fremde Person einem Idioten, so scheint er eine Verteidigungsstellung einzunehmen. Spricht man mit ihm, so grinst er und kommt dann, wenn man sich weiter mit ihm unterhält, oder wenn man ihn in zärtlichem und schmeichelndem Tone anredet, nahe heran. Die Furcht vor Bestrafungen kann man bis zu einem gewissen Grade bei der Erziehung der Idioten benutzen. Der Imbecille jedoch fürchtet sich in gewöhnlichem Zustande nur vor Schlägen; ist er erregt, so fürchtet er sich vor nichts.

Das führt uns zu der Frage nach dem Mut bei unseren Individuen. Was die Idioten angeht, so kennen wir von ihnen keine mutigen Handlungen, die glaubwürdig wären. Die Imbecillen sind im allgemeinen feige, oder wenn sie sich irgendwie mutig zeigen, geschieht es aus zwei Gründen: aus Unkenntnis der Gefahr oder aus zwangsmäfsigem Antriebe. Es läfst sich auch oft die Beobachtung machen, dafs der Mut nur die Folge des Mangels an Gefühl für den Wert des menschlichen Lebens, des eigenen sowohl, als des fremden ist. Hierdurch erklärt sich, wie gewisse Schnapphähne, die immer das Messer zu ziehen bereit sind, im Kriege glänzende Thaten ausführen, wie andere, wenn sie einen Fremden, der ihnen im Wege ist, nicht töten können, sich selbst durch Selbstmord um's Leben bringen. Das menschliche Leben hat keinen Wert für sie; sie spielen mit dem ihrigen, wie mit dem fremden. Betrachten wir, welch' unvollkommene Kenntnis der Imbecille von dem Wert seiner Nebenmenschen und von seiner eigenen Persönlichkeit hat, so werden wir es nicht auffallend finden, wenn er etwas Mutiges vollführt, noch ihm grofsen Dank zollen dürfen. Der Mut ist bei den niederen Rassen sehr entwickelt, was zu beweisen scheint, dafs er nicht sowohl das Resultat einer Überlegung, als eines natürlichen zwangsmäfsigen Triebes ist, und dafs dagegen der Mensch um so weniger Mut zeigt, je mehr er geistig entwickelt und fähig ist, die Gefahr abzumessen. Ein weiterer Beweis ist der, dafs man im Feuer des Gefechtes, wenn man am wenigsten Herr über sich ist, am wenigsten Bewufstsein von seiner Lage und am meisten Mut hat. Wiewohl sehr viele zusammengesetzte Gefühle noch in Frage kämen, so ist doch die Entwickelung des Mutes gerade von solchem Nutzen, dafs es im allgemeinen Interesse

besser ist, ihm seinen Glanz zu lassen, als ihn als Das hinzustellen, was er zweifelsohne in Wirklichkeit ist.

Der moralische Mut, der vielleicht seltener ist, als man annimmt, ist der Ausdruck einer starken Intelligenz, welche die
Gefahr kennt, aber auf ihre Energie vertraut, um sie zu überwinden, oder höheren Gefühlen gehorcht, um sie zu verachten.
Er kann auch mit einer sehr grofsen Zaghaftigkeit verbunden
sein. Die wirklich mutigen Menschen rühmen sich dessen kaum.
Die Imbecillen dagegen, die den Wert ihrer Handlungen nur
nach den Anerkennungen und Ermutigungen, welche sie empfangen,
bemessen, prahlen um so mehr damit, je weniger Bewufstsein sie
von Dem haben, was sie thun. Ebenso verhält es sich übrigens
sehr oft bei manchen Leuten, die man jedoch in keiner Beziehung zu den Imbecillen rechnen kann.

Ungestüm und Jähzorn sind die Erbteile niederer Rassen
und finden sich bei dem Kinde wieder. Auch die Idioten
zeigen sie gewöhnlich. Entweder sind sie aufserordentlich
apathisch, oder aber sie haben ein impulsives Wesen. Der Zorn hat
bei einem Kinde seine Berechtigung, wenn er ein Motiv zeigt,
aber bei den Idioten ist er meist grundlos und äufserst heftig.
Sie wälzen sich am Boden und schreien, zerreifsen alles, werden
blau. Manchmal führen diese Zornausbrüche bei den jugendlichen Individuen zu Konvulsionen und Erstickungsanfällen.

Die Zornausbrüche sind bei den Idioten und Imbecillen
etwas ganz Gewöhnliches und werden oft schon in sehr frühem
Alter beobachtet. Das kann fast als ein Zeichen der geistigen
Unbeständigkeit gelten. Sie finden sich übrigens auch bei vielen
Kindern mit nervöser Schwäche, die später in irgend einer Art
neuropathisch oder psychopathisch werden.

Doch machen sich zwischen Idioten und Imbecillen immer diejenigen Unterschiede bemerkbar, auf die man vom sozialen Standpunkte nicht genug Wert legen kann. Der Idiot fügt bei seinen
Zornausbrüchen sich selber Schmerzen zu: er trampelt, schneidet
Grimassen, bewegt heftig den Kopf und beifst sich oft in die
Finger der linken Hand, während er mit der rechten um sich
schlägt und sich Faustschläge versetzt. Er zerbricht Fenster-
scheiben und bringt sich oft schwere Wunden bei. Er vergreift
sich besonders an leblosen Gegenständen.

Der Imbecille aber greift besonders die ihn umgebenden Personen an. Er ist bösartig bei seinem Zorn. Er sucht anderen Unheil zuzufügen, vermeidet aber, sich selbst etwas anzuthun. Er schlägt heimtückisch auf seine Gegner los. Wenn er in eine Lage gebracht ist, in der er keinen Schaden anrichten kann, so schäumt er vor Wut, das Gesicht wird dunkelblau; er bekommt manchmal wirkliche Konvulsionen. Wie GRIESINGER hervorhebt, und wie wir selbst mehrmals zu beobachten Gelegenheit hatten, können diese Zornausbrüche einen wirklich maniakalischen Anfall herbeiführen.

Die Gesellschaft beruht auf dem Bewußtsein des Besitzes, ohne das die Befriedigung der natürlichen Bedürfnisse nicht gesichert ist. Der Schutz der zu diesem Zwecke gemachten Erwerbungen ist also die erste Bedingung für das Zusammenleben. Hierbei hat man sich gegen die Naturereignisse und die Tiere auf der einen Seite, gegen den Menschen auf der anderen zu verteidigen. Jedes natürlichen Schutzes entbehrend, bleibt dem Menschen nur übrig, sich mit seinem Nebenmenschen zum gemeinsamen Kampf zu verbinden. Um hierin jedoch zusammenzuhalten, bedarf es der gegenseitigen Verpflichtung, d. h. eines Vertrages, eines formellen oder stillschweigenden. Jeder muß wissen, daß er nicht nur, wenn es seine Verteidigung gilt, auf den anderen rechnen kann, sondern auch, um seinerseits von anderen nicht angegriffen zu werden. Hier tritt das Interesse ins Mittel. Der eine steht dem anderen nur bei, weil er weiß, daß er eines Tages auch die Hülfe seiner Nebenmenschen nötig haben könnte. Dieses Gefühl der gegenseitigen Beziehungen bei der Verteidigung ist, scheint mir, die Grundlage für das Recht und die Pflicht; und man braucht ihre Erklärung nicht erst auf den erhabenen Gebieten der Moral und des Intellekts zu suchen. Es genügt, wenn man den Menschen mit seinen physiologischen Bedürfnissen und seinem Interesse, alles zu deren Befriedigung zu thun, betrachtet. Der beste Beweis, daß man in diesen sozialen Gefühlen nichts anderes als eine Art von Interessen erblicken darf, ist der, daß der Mensch, wenn er allein oder in Gemeinschaft mit anderen sich stark genug fühlt, den angreift, der im Besitze des von ihm Gewünschten ist. Dieser Kampf zwischen den Einzelnen ist heutzutage nicht mehr zulässig und wird als Dieb-

stahl oder Verbrechen bestraft. Aber er existiert trotzdem, Klasse
gegen Klasse, sei es in der Form finanzieller Gesellschaften oder
des Bürger- oder des internationalen Krieges.

Ich habe geglaubt, kurz die Entstehung der sozialen Gefühle, die, wie ich meine, am einfachsten die Entwickelung der
menschlichen Gesellschaft erklärt, auseinandersetzen zu müssen, da
wir beim Idioten und Imbecillen, die für uns die niedrigsten
Typen der Menschen darstellen, zweifellos einige soziale Gefühle
in primitivem Zustande und in ihren Anfängen wiederfinden, wie
sie unsere ersten Vorfahren empfunden haben dürften. Denn
gewöhnlich betrachtet man in der spiritualistischen Moral den
Menschen der Gegenwart und nicht den der Vergangenheit, und
man vergifst, wie viele psychologische Umwandlungen, die einerseits durch die Zeitereignisse bedingt waren, andererseits durch die
Heredität herbeigeführt wurden, er seit seinem Ursprunge hat
durchmachen müssen, seit einer Zeit, wo er mit einer primitiven,
jetzt noch bei gewissen Völkerstämmen zu findenden Sprache
dem Affen näher kam, als dem Menschen der Jetztzeit.

Die Gesellschaft hat sich in Wirklichkeit erst fest begründet,
als es Industrie und Handel gab, als das Nomadenleben aufhörte,
und die Städtebildung begann. Für Industrie und Handel ist
die erste Bedingung Arbeit. Jedes Individuum, das nicht arbeiten
will oder kann, wird in einer Gesellschaft ein unnützes und in
der Folge schädliches Mitglied, denn es verbraucht zu seinem
Fortkommen Kräfte, die es nicht umsetzt und die für Diejenigen
verloren gehen, welche ihrer am meisten bedürfen.

Wir werden also damit zur Betrachtung des Gefühles der
Solidarität und des Eigentums, der Lust zur Arbeit und der
Faulheit, geführt. Wir werden ferner sehen, welche Vorstellung
unsere Individuen von Recht und Pflicht haben, von Belohnung
und Bestrafung, und welches ihre Gefühle für die Familie sind.

Was das Gefühl der gegenseitigen Verpflichtung betrifft, so
brauchen wir bei den unheilbaren Idioten nicht nach ihrem Vorhandensein zu forschen: es fehlt vollkommen. Bei den aufmerksamen, bildungsfähigen Idioten scheint, wie wir bei der Besprechung der Anhänglichkeit an Personen sahen, kein Verständnis
für die Leiden der Nebenmenschen vorhanden. Um sich aber
nun dem anderen zu verpflichten, gehört offenbar als erste Be-

dingung, sich bewußt zu werden, daß die anderen Menschen in geistiger und körperlicher Hinsicht unseresgleichen sind. Wir sahen auch, daß sich im allgemeinen ein Idiot freut, wenn einer von den Genossen Schläge erhält. Die gegenseitige Verpflichtung, das Gefühl für die Unterstützung anderer, um selbst unterstützt zu werden, scheint also sehr verkümmert zu sein. Es wäre noch hinzuzufügen, daß der Kreis, in dem sie leben, die bequemen Lebensbedingungen, unter die sie gestellt sind, in Anbetracht ihrer Unfähigkeit, für sich selbst zu sorgen, nicht dazu angethan sind, jene Neigungen, wenn sie vorhanden sind, zu entwickeln.

Erst beim Imbecillen erscheint das Gefühl der gegenseitigen Verpflichtung. Aber er zeigt dasselbe dadurch, daß er sich gegen die gesellschaftliche Ordnung auflehnt, nicht um einen Kameraden zu einem guten und nützlichen Zwecke zu unterstützen, sondern um sich für die seinen schlechten Trieben und schädlichen Handlungen entgegengestellten Hindernisse zu rächen. Gegen den Lehrer, der sie straft, verbünden sich die Imbecillen; um einen schlechten Streich zu vollführen, unterstützen sie sich gegenseitig. Auch zum Schutze des unnatürlichen Freundes zeigen sie den Geist des Zusammenhaltens. Immer wieder sehen wir den Imbecillen als antisozial, der das bißchen Intelligenz, das er besitzt, in den Dienst einer schlechten Sache stellt, weil die nur unvollkommen entwickelten sozialen Gefühle von Anfang an in verkehrte Bahnen gelangen.

Die Liebe zum Eigentum muß sich, um ehrenhaft zu bleiben, mit einer ebenso großen Achtung vor dem fremden Eigentum verbinden. Den Idioten niederen Grades — die tief blödsinnigen kommen nicht in Betracht — scheint dieses Gefühl ganz abzugehen. Sie laufen unstät hin und her, nehmen alles, was ihnen unter ihre Hände kommt, stecken es in die Tasche und werden bös, wenn man es ihnen wieder abnehmen will. Sie handeln in einem viel späteren Alter noch wie Kinder von zwei Jahren, mit dem Unterschiede indessen, daß ein Kind mit 20 Monaten schon weiß, was ihm und was anderen gehört. — Bei den Idioten höherer Stufe erreicht dieses Gefühl oft eine bedeutende Entwickelung. Sie haben immer die Taschen voll Holzstückchen, voll Bindfaden, die sie nie gebrauchen, trotzdem aber aufheben wollen. Die augenblickliche Befriedigung ihres Wunsches unter-

drückt jede andere Rücksicht; auch wenn sie irgend einen
Gegenstand finden, der ihnen gefällt, enthalten sie sich nicht,
sich ihn anzueignen. Am meisten haben sie es auf das Essen
und gewöhnlich auf die Efswaren und den Wein abgesehen, die
ihren Kameraden gehören. Manche zeigen einen ganz besonderen
Hang zum Stehlen. Derselbe ist, wie wir sahen, nirgends mehr
entwickelt, als bei den Imbecillen und nimmt sogar den Charakter
des Impulsiven an, der ihm den Namen Kleptomanie eingebracht
hat. Doch begegnet man selten einer wahren Kleptomanie, denn
es ist zu bemerken, dafs Das, was man als psychische Zeichen
der hereditär Degenerierten bezeichnet hat, viel seltener bei den
schwer Degenerierten vorkommt, als bei Denen, die in leichterem
Grade betroffen sind. Bei ihnen gehört der wiederholte, gewohnheits-
mäfsige, unbewufste oder beabsichtigte, aber nicht der impulsiv
begangene Diebstahl zu den häufigeren Vorkommnissen. Manche
stehlen bei jeder Gelegenheit: Kuchen bei Festen, Messer und
Gabeln aus dem Speisesaal, Hefte aus dem Schulzimmer, Stücke
Leder, Holz, Eisen aus den Werkstätten, mit einem Worte, alles,
was ihnen in den Wurf kommt, ohne Zweck und Ziel, aber auch
nicht triebartig. Andere wieder, und zwar ist dies die Mehrzahl,
stehlen, um sich etwas zu verschaffen, was sie reizt. Das bewegende
Moment bei ihrem Diebstahl ist dasselbe, wie bei den gewöhnlichen
Verbrechern, mit denen sie übrigens eine grofse Familie bilden;
sie sind die in Bezug auf die Intelligenz, nicht aber in Bezug
auf die schlechten Triebe am wenigsten gut bedachten Repräsen-
tanten derselben. Aber obwohl sie keine Achtung vor dem
fremden Eigentum haben, so haben sie doch ein Gefühl für Das,
was ihnen eigen ist, und sie verteidigen dies mit Energie und
Heftigkeit. Sie besitzen die Liebe für das Eigentum, und vielleicht
mufs man in der Stärke derselben die Ursache ihrer schwachen
Widerstandsfähigkeit gegenüber fremdem Besitz erblicken. Sie
wenden überall die Theorie an, die man fälschlich Proudhon
zuschreibt: „Eigentum ist Diebstahl." Wir sehen in jedem Falle,
dafs bei ihnen das Gefühl für das Eigentum, wie alle anderen
Gefühle, sich verkehrt äufsert, und die Achtung vor dem fremden
Besitz in ungekehrtem Verhältnis steht zur Liebe für den eigenen.

Neben dem Gefühl für das Eigentum und der Achtung vor
dem fremden Besitz ist eine weitere Bedingung für eine gesell-

schaftliche Ordnung die Erwerbung des Eigentums, d. h. die Arbeit. Wir brauchen uns mit den unheilbaren Idioten hier weiter nicht zu beschäftigen. Bei den heilbaren ist die Faulheit die Regel, und man muß fortwährend schelten. „Die äußerste Faulheit", sagt MOREL, „ist vielleicht der geringste Fehler dieser Kranken; sich selbst überlassen, haben sie keinen Trieb, etwas zu thun, sie liegen ausgestreckt in der Sonne, wälzen sich im Schmutze und stehen erst zum Essen auf". Man wird sich darüber nicht wundern können. Durch den Mangel an Aufmerksamkeit sind diese Kranken nicht im stande, sich für irgend etwas zu interessieren und bleiben auf das vegetative Leben beschränkt; ohne Gedanken, ohne Sorge für die Zukunft, ohne Erinnerung an die Vergangenheit fehlt ihnen das Bedürfnis nach Thätigkeit. Ist das aber wirkliche Faulheit? Nein. Faul ist im eigentlichen Sinne nicht Der, welcher nichts thut, weil er nichts thun kann und nichts zu thun versteht, sondern der, obwohl er dazu im stande ist und es versteht, sich weigert, es zu thun.

Der Idiot ist also nicht faul im gewöhnlichen Sinne des Wortes. Man braucht ihm nur zu befehlen, so arbeitet er so viel, wie man ihm befiehlt. Er thut selbst unangenehme Arbeit gern und scheint auf das Vertrauen, das man ihm dadurch schenkt, sehr stolz zu sein.

Ganz anders der Imbecille, der im wahren Sinne faul ist. Mit aller Mühe bewegt man ihn kaum zur Arbeit und auch dann nur durch die Aussicht auf Gewinn oder die Furcht vor der Entziehung eines Vergnügens oder vor Strafe. Diese Abneigung gegen die Arbeit ist die Ursache aller schlechten Streiche, die sie in der Gesellschaft begehen; daher auch das treffende Sprichwort: „Müßiggang ist aller Laster Anfang."

Es läßt sich dieser Unterschied zwischen Idioten und Imbecillen am besten in den Werkstätten, z. B. in Bicêtre, wo sie nebeneinander arbeiten, beurteilen. Sind die Idioten einmal zu einer Arbeit dressiert, — das Arbeiten bedeutet bei ihnen eine große Besserung — so führen sie sie gewissenhaft, mehr oder weniger geschickt aus, selbstverständlich ohne sich dabei als selbständig und besonders geübt zu zeigen. Haben sie einmal eine gewisse Fertigkeit erreicht, so machen sie keine weiteren Fortschritte mehr, sie bleiben auf derselben Höhe stehen. Wenn sie sich irren, so liegt das an mangelnder Aufmerksamkeit oder an mangelndem Gedächtnis.

Abgesehen davon, dafs der Imbecille überall, wo er ist, die Zuchtlosigkeit nährt, glaubt er in seiner Anmafsung, Vorzügliches zu leisten. Mit Widerwillen fängt er an, wird der Arbeit aber bald wieder überdrüssig und möchte stets die Arbeit thun, die sein Nachbar vorhat. Manchmal sieht es aus, als ob er Das, was er ausführen soll, ziemlich schnell begriffe. Über diesem trügerischen Schein überläfst man ihn sich selbst, überzeugt sich aber bald von den Dummheiten, die er mit unerschütterlicher Beharrlichkeit begeht. Er hat eben gar keine Lust zur Arbeit.

Bei seiner charakteristischen geistigen Unbeständigkeit will er beständig seine Beschäftigung wechseln und ist niemals mit Dem, was er gerade zu thun hat, zufrieden.

Hier zeigt sich der Imbecille mehr denn je als antisozial und dadurch eben als gefährlich. Der Idiot bleibt sich selbst überlassen, ohne Leitung, ohne den Zwang zur Arbeit, harmlos und gleichgültig gegen seine Umgebung; der Imbecille hat eine Einbildungskraft, die arbeitet und überdies noch schlechte Triebe in ihren Dienst nimmt. Das Ergebnis davon ist früher oder später ein Vergehen gegen die gesellschaftliche Ordnung. Es ist zweifellos nicht am Platze, ihnen dafür etwas anhaben zu wollen, aber es ist am Platze, sie als gefährliche und schädliche Individuen zu behandeln.

Die Arbeit ist thatsächlich das beste Mittel zur inneren Befriedigung und für diese Degenerierten vom sozialen Standpunkt aus von grofsem Nutzen, namentlich für die in Anstalten Untergebrachten, die wenigstens nach Möglichkeit die durch ihre Unterhaltung entstehenden Kosten ersetzen sollen. Darum wird man über die Kritiken erstaunt sein, die sich gegen die von meinem Lehrer BOURNEVILLE in jener Hinsicht eingeführten Neueinrichtungen in der Anstaltsbehandlung der Idioten und Imbecillen richten. Man hat, heifst es, Paläste für die tief degenerierten Geschöpfe erbaut, wogegen die Geisteskranken und oft auch die gewöhnlichen Kranken sich in weniger gut hygienischen Verhältnissen befinden.[1]

---

[1] Zunächst scheint mir der Ausdruck Paläste für gewöhnliche, massive Gebäude, deren einziger Aufwand in dem Reichtum an Sauberkeit, Luft

Wie weit ist ihr Rechts- und Pflichtgefühl entwickelt? Das Rechtsgefühl steht in Beziehung zu dem fürs Eigentum; es entspringt aus demselben. Wie bei den Kindern ist dieses Gefühl bei den Idioten sehr wenig entwickelt, oder besser gesagt, es fehlt vollständig. Der Idiot kennt nur aus Erfahrung das Recht, das der Lehrer über ihn hat, wie es ein Tier auch von seinem Herrn weiſs. Aber was die Vorstellung von seinen Rechten gegen ihn als Menschen anbetrifft, so können wir ihr Vorhandensein kaum feststellen. Um diese Vorstellung zu bekommen, muſs man das Recht üben und verteidigen. Übrigens ist das Recht nach den Zeiten und dem sozialen Zustande verschieden. Diejenigen, welche auſserhalb jeder Gesellschaft leben, haben kein Bedürfnis nach Recht, da sie keine Forderungen zu stellen haben. Das Leben flieſst für sie mit einer solch geringen Zahl von

---

und Licht besteht, übertrieben. Wenn die Abteilungen für Geisteskranke in den Krankenhäusern in kläglichem Zustande sind, so müssen sie geändert werden. Was die neuen Anstalten betrifft, wie die an der Seine, so zeigen sie einen noch gröſseren Komfort, als die Idiotenabteilungen in Bicêtre oder die englischen oder amerikanischen. Bezüglich der entstehenden Kosten ferner sind Zahlen am besten beweisend. Bei der Einrichtung der Werkstätten für Tischlerei, Schlosserei, Schusterei, Korbflechterei etc. brachten die von den Kindern ausgeführten Arbeiten nach den Listen der Stadt Paris oder der Armenverwaltung im Jahre 1889 die Summe von 26000 Francs ein, und diese Zahl hat sich mit jedem Jahre vermehrt und wird sicher noch steigen. Rechnet man die Gehälter für die Lehrer ab, so bleibt eine Einnahme von ungefähr 10500 Francs. (*Compte rendu du service des enfants idiots, épileptiques et arriérés de Bicêtre*. 1890.) Welche Anstalt für Geisteskranke oder für arbeitsfähige Epileptiker bringt so viel auf? Aber das ist es nicht allein. Wenn man nämlich berechnet, was dieselbe Anzahl Kinder kosten würde, wenn sie sich, wie früher, selbst überlassen blieben, wo sie sich verletzten, alles um sich herum verdarben, wegen der Unreinlichkeit groſse Mengen Wäsche gebrauchten etc., und was sie heute kosten, wo man ihre Unreinlichkeit behandelt, sie zur Arbeit anhält, anstatt ihre Fähigkeiten zu Grunde gehen zu lassen, so wird man zugeben, daſs dies die beste Auffassung und Bethätigung der Anstaltsbehandlung ist. Würde dieses Mittel allgemeine Anwendung finden, so würden die Hospitäler weniger Ansprüche an den Etat machen oder würden, wenn sie ebensoviel kosteten, den Kranken mehr gewähren können. Wunderbarerweise nehmen wir, die wir doch sonst so für alle Einrichtungen im Auslande schwärmen, uns kein Beispiel an demselben. Viele wissen nicht oder wollen nicht wissen, daſs sich die Anstalten dieser Art in Amerika vermehren, wo sie thatsächlich nicht so in Ansehen ständen, wenn sie nicht einen praktischen Nutzen zeigten.

Handlungen dahin, dafs die Ausdehnung ihrer Rechte notgedrungen dazu im direkten Verhältnisse steht. Je mehr sich dagegen die Thätigkeit entfaltet, um so vielseitigere Beziehungen
knüpfen die Menschen untereinander an, und um so mehr macht
sich das Bedürfnis geltend, den widerrechtlichen Eingriffen der
Nachbarn andere Schranken wie die rohe Gewalt entgegenzusetzen,
da durch die Entfaltung der physischen Kraft ein grofser Teil
der intellektuellen Kraft verloren geht. Je mehr die Intelligenz
der Menschen sich hebt, desto mehr entwickelt sich ihre Thätigkeit, und desto mehr verwickeln und dehnen sich zugleich ihre
Rechte aus. Je mehr dagegen, wie bei den Idioten, die Intelligenz auf einer niederen Stufe stehen bleibt, desto weniger ausgedehnt sind naturgemäfs ihre Rechte, und desto schwächer ist
das Gefühl für diese Rechte. Bei den Imbecillen beobachtet
man im Gegensatze dazu eine starke Neigung, Rechte geltend zu
machen, mit denen ihre Intelligenz nicht gleichen Schritt hält.

Da sie im stande sind, sich selbst als Mensch zu fühlen,
dünken sie sich mit ihren Nebenmenschen gleich, zweifeln bei
ihrer natürlichen Unverschämtheit keinen Augenblick an ihren
Rechten, obgleich sie in den meisten Fällen nicht im stande sind,
zu entscheiden, wo sie sie geltend zu machen haben. Sie halten
aber umsomehr daran fest, je weniger sie davon begreifen.
Da sie nur auf den Vorteil, den sie ihnen bringen, bedacht sind,
so schreien sie sehr oft über Ungerechtigkeit, bestehen mit Hartnäckigkeit und im allgemeinen mit Unrecht darauf und lehnen
sich im Notfalle auf, wenn sie keine Genugthuung erhalten.
„Gewalt geht über Recht“, oder „das Recht des Stärkeren ist immer
das bessere“, sind für sie zwei unumstöfsliche Grundsätze. Sie
machen kaum einen Unterschied zwischen töten, stehlen, schlafen
oder essen. Jeder Wunsch wird zur Begierde, und jede Begierde
fordert ihre augenblickliche Befriedigung. Wenn sie sagen „ich
habe das Recht, dies zu thun“, so soll das heifsen, „wer kann
mich hindern, das zu thun?“ Darum ist auch der Imbecille ohne
Disziplin und nicht disziplinierbar, wie es der Idiot in geringem
Grade ist.

Die Vorstellung von der Pflicht, ohne die Vorstellung vom
Rechte nicht denkbar, ist, wie diese, bei den tiefstehenden Idioten
oder idiotisch Blödsinnigen nicht vorhanden oder nur angedeutet.

Das Pflichtgefühl ist übrigens in seiner Entstehung sehr kompliziert, und zwar ist es vielleicht mehr von der Erziehung, der
Gewohnheit und der Furcht abhängig, als von Erwägungen über
die Notwendigkeit gegenseitiger Beziehungen und über das wohl-
verstandene Interesse, das man an der Erfüllung der Pflicht zur
Wahrung der Rechte nimmt, deren Ergänzung sie bildet. Da die
egoistischen Gefühle dem Menschen von Natur aus innewohnen,
während die altruistischen Gefühle ein Ergebnis der bewußten
oder unbewußten Überlegung sind, so ergiebt sich, daß das
Gefühl des Rechtes, das als egoistisches obenan steht, viel leichter
und früher zu finden ist, als das der Pflicht, welches ein altrui-
stisches Gefühl darstellt. Das erstere macht sich schon bei
den niederen menschlichen Geschöpfen bemerkbar, während das
letztere erst bei den in moralischer und intellektueller Beziehung höher Entwickelten vorhanden ist. Auch hier besteht
jedoch ein Unterschied zwischen dem Idioten und Imbecillen, der
zeigt, daß die Pflicht mehr in die Gemütssphäre, als in die
intellektuelle Sphäre gehört. Der Idiot ist bis zu einem gewissen
Grade zur Erfüllung seiner Pflicht zu dressieren, der Imbecille
nur mit Mühe. Das moralische Gefühl, das bei dem Idioten nur
andeutungsweise vorhanden, ist beim Imbecillen in falsche Bahnen
gelenkt, und das ist viel schlimmer. Man sieht übrigens leicht
ein, daß sich dies so verhält, wenn man sich vergegenwärtigt,
welche Vorstellung sie sich vom Recht machen, das für sie nur
in der Möglichkeit besteht, etwas zu thun, ohne durch äußere
Mittel daran gehindert zu werden.

Dieser Mangel an moralischen Gefühlen kann einen solchen
Grad erreichen, oder vielmehr ihre Perversität eine derartige werden,
daß sie eine unter dem Namen „moralisches Irresein" bekannte
Form der Geistesstörung darstellt. Obwohl sie zuweilen ohne
eigentliche Imbecillität vorkommen kann, so ist sie doch stets
mit einer gewissen geistigen Schwäche verbunden; und die Perversität, die man in den Trieben und Gefühlen beobachtet, findet
sich auch stets im Bereich der Verstandeskräfte ausgeprägt. Man
darf dieses moralische Irresein vielleicht nicht als wirkliche Geistesstörung auffassen, sondern einfach als eine hochgradige Steigerung
Dessen, was noch in das Bereich des Normalen fällt. Da wir
indes hier die normale Psychologie des Idioten und Imbecillen

behandeln, so können wir auf diesen gewöhnlich in der Pathologie
erörterten Punkt nicht näher eingehen.

Zu den notwendigen Bedingungen des sozialen Lebens gehört
der Befehl und der Gehorsam. Die Idioten wissen ebenso wie viele
Kinder sehr gut, wie weit sie notgedrungen der Gewalt unterworfen sind. Ich spreche selbstverständlich nicht von den idiotisch
Blödsinnigen, die unfähig sind, einen Befehl zu verstehen. Aber
die auf einer etwas höheren Entwickelungsstufe stehenden entnehmen ganz gut aus dem Tone des Befehls, ob ein Widerstand
möglich sei oder nicht. Auch unterwerfen sich viele Kinder, die
sich in ihrer Familie nicht leiten lassen, sehr leicht der Leitung
der Lehrer. Und so verhält es sich mit allen willensschwachen
Individuen. Wenn sie eine unwiderstehliche Gewalt über sich
merken, so unterwerfen sie sich derselben um so eher, als sie
dadurch der Mühe enthoben sind, für sich selbst zu sorgen.

Diese Beobachtung trifft nicht allein für den Einzelnen,
sondern auch für die Gesellschaft zu; es suchen die Völker das
Joch einer auf wenige Personen beschränkten Gewalt abzu-
schütteln, sobald sie sich willensstark genug fühlen, sich selbst
zu leiten.

Die Idioten sind im allgemeinen ziemlich gehorsam, weil
sie anscheinend ihre Willensschwäche fühlen und ihr Ankämpfen
dagegen nicht stark genug ist, um dem Einwirken der Gewalt
das Gegengewicht zu halten. Die Imbecillen jedoch sind ganz
und gar zuchtlos und ungehorsam, was im allgemeinen damit
zusammenhängt, daß sie höhere oder doch wenigstens gleiche
Fähigkeiten, wie ihre Leiter, zu besitzen glauben. Darin zeigt
sich der Mangel an Urteil. In jugendlichem Alter können sie
gehorsam sein, doch ist es meist die Furcht, die rohe Gewalt,
die sie willfährig macht. Aber je weniger sie zum Gehorsam
geneigt sind, umsomehr haben sie die Neigung, andere zu beherrschen, eine durchaus antisoziale Neigung.

Welche Belohnungen und Strafen führen nun am besten bei
Individuen mit solchen Empfindungen zur Ermutigung, zur
Entwickelung und Entfaltung der guten und zur Unterdrückung
der schlechten Neigungen? Darüber lassen sich bekanntlich schon
bei normalen Kindern schwer Regeln aufstellen, um so schwerer
daher bei den in Frage stehenden Individuen. Früher gab es

kaum ein Mittelding zwischen Loben und Schlagen für die Kinder. Heutzutage sucht man mit Recht, andere Mittel anzuwenden.

So hat z. B. die Beobachtung gezeigt, dafs das Versetzen auf die Kinder viel mehr Eindruck macht, als die Preise, auf die nur die besten Schüler Anspruch machen können. Ebenso uud noch mehr ist dies bei den Idioten und Imbecillen der Fall. Die Ersteren sind für die Belohnungen, die sich nur an den Verstand wenden und einfach ihre Auszeichnung vor den Kameraden anerkennen, sehr wenig empfänglich. Im allgemeinen sind sie empfänglicher für Züchtigung als für Belohnung, für Strafe mehr als für Vergnügungen, für Tadel mehr, als für Lob. Allerdiugs setzt die Freude über Belobigung voraus, dafs eine Reihe höherer Gefühle wachgerufen wird, deren sie jedoch kaum fähig sind, während die Strafe, welcher Art sie auch sei, immer ein physisches Element einschliefst, die Verweigerung eines Wunsches, eines Bedürfnisses, die man tiefer empfindet, als das Vergnügen, das man durch seine Befriedigung haben würde. Ferner ist das Feld der Belohnungen und Strafen bei ihnen viel beschränkter, als beim normalen Kinde, bei dem man sich an alle Arten der Empfindungen wenden kann. Aufserdem macht der Mangel an Aufmerksamkeit bei den Idioten die Erfolge der Belohnung und Bestrafung sehr mifslich; und sie halten in jedem Falle nur sehr kurze Zeit an. Die Furcht vor Strafe besteht beim Idioten uur in geringem Grade oder gar nicht. Die Furcht steht in Beziehung zur Erfahrung; diese aber gerade erwerben jene schwer, da weder ihre Aufmerksamkeit genügend angespannt wird, noch ihre Überlegung genügend entwickelt wird, um auf alle Umstände zu achten, in denen sie bereits das eine oder das andere Mal getadelt wurden, und um den Zusammenhang zwischen der begangenen Handlung und der sie treffenden Strafe zu be- greifen, es müfste denn sein, dafs dies mit der Länge der Zeit käme.

Man mufs übrigens anerkennen, dafs es bei den Idioten im allgemeinen selten des Anfeuerns und Zurechtweisens bedarf. Bosheit besitzen sie kaum; und es genügt, ihnen, wenn sie etwas Ungehöriges thun, dies zu untersagen, da sie meist ohne böse Absicht handeln. Freilich ist grofse Aufsicht über sie nötig.

Bei den Imbecillen könnte man viel mehr Ausbeute erwarten,

denn sie sind in hohem Grade für Lob und Tadel empfänglich,
mehr noch vielleicht für Lob als für Tadel, da sie gewöhnlich
so eingenommen von sich sind, daſs der Tadel sie nicht berührt,
und sie bei der Überschätzung ihres eigenen Wertes stets von
der Ungerechtigkeit des Tadels überzeugt sind. Bei ihnen wirken
im Gegensatze zu den Idioten die Belohnungen, und zwar besonders dann, wenn sie sich an ihre von Natur aus so übertriebene Eigenliebe wenden. So haben die Versetzung, die ihre
Überlegenheit den Kameraden gegenüber beweist, die in feier-
licher Versammlung ausgeteilten Preise, die öffentlichen Belobi-
gungen einen sichtbaren Einfluſs. Leider freilich nur vorübergehend, da sie oft nach den ihnen gehaltenen Lobreden meinen,
sie könnten sich alles erlauben und ihren schlechten Neigungen
freien Lauf lassen. Man sieht sich so vor die Wahl gestellt,
entweder sie zu belohnen und so ihre Eigenliebe und Anmaſsungen
zu steigern oder ihnen, wenn sie sich gut geführt haben, keine
Anerkennung auszudrücken und ihnen dadurch die Lust zu be-
benehmen, so daſs sie sich oft aus Zorn ihren schlechten Neigungen
wieder hinzugeben beginnen.

Man muſs daher sehr vorsichtig mit der Erteilung von Be-
lobigungen zu Werke gehen, sie nur mit gutem Vorbedacht spenden
und eher zu wenig als zu viel darin thun.

Die Wirkung der Strafen ist ebenfalls von sehr kurzer Dauer,
und die Auswahl ist auch hier, wie bei den Belohnungen, eine
miſsliche. Instinktmäſsig lehnt man sich immer gegen eine Be
strafung auf; man ist ferner stets geneigt, sie unverhältnismäſsig
streng im Vergleich zum Vergehen zu finden, für das man vor-
treffliche Gründe vorzubringen weiſs. Den Imbecillen, die eine
so falsche und zugleich eine so hohe Vorstellung von ihren
Rechten haben, erscheint natürlich jede Strafe als ein Miſsbrauch
der Gewalt, wofür sie Widervergeltung zu üben trachten. Sie
beugen sich, weil sie nicht anders können, weil sie eine Gewalt
über sich fühlen, aber in ihrem Inneren bewahren sie den Groll
und die Hoffnung auf Rache.

Je mehr sie sich überlegen dünken, desto mehr fühlen sie
sich gedemütigt. Daſs sie Einsicht oder aufrichtige Reue zeigen
werden, darf man nicht hoffen. Sie haben nur einen Wunsch:
wieder dasselbe zu thun, ohne sich ertappen zu lassen. Der

Mangel des moralischen Sinnes oder vielmehr seine Verkehrung läfst sie an keine Pflicht gegen irgend jemand, gegen ihre Eltern, ihre Lehrer, ihre Pfleger glauben. Ihr eigenes Wohlbefinden und ihr Vorrecht vor den anderen, das ist ihr einziges Ziel. Wenn sie gezwungen werden nachzugeben, so lehnen sie sich auf. Darum sind auch die moralischen Strafen wenig wirksam auf sie; sie lassen sie gleichgültig und machen sie nur erregt. Die Imbecillen nehmen ihren Lehrern gegenüber eine herausfordernde Miene an, um sich bei den Kameraden ein Ansehen zu geben. Obgleich im Grunde sehr feige, so sprechen sie doch grofs, um die anderen in Erstaunen zu setzen. Die Befriedigung, die sie im Falle einer Bestrafung in diesem Gebahren finden, hebt natürlich viel von der Wirkung der Strafe auf. Es ist daher das beste Mittel, ihnen diese Genugthuung zu versagen und sie dem Anblicke ihrer Kameraden zu entziehen. Einige Stunden Isolierung in der Zelle ist ein wirksames Mittel. Man mufs sich noch mehr als beim Kinde vor leidenschaftlichem und rohem Vorgehen hüten und darf sich niemals mit ihnen auf Unterhandlungen einlassen.

Wir können hier nicht näher auf Einzelheiten eingehen, da diese Art, sich mit den Imbecillen abzufinden, zur Frage der moralischen Behandlung, der Pädagogik, gehört. Was wir festhalten müssen, ist der geringe Einflufs, den sowohl die Belohnungen als die Strafen auf sie ausüben. Alles gleitet an ihnen ab oder wird ganz zur Entwickelung ihrer schlechten, antisozialen Neigungen verwandt. Es sind die zuchtlosesten Individuen, die es giebt.

Die Unbeständigkeit ihrer Aufmerksamkeit läfst sie, sobald Lob und Tadel, Belohnung oder Bestrafung vorüber sind, dieselben schnell vergessen, und ihre Neigungen gewinnen die Oberhand. Dieser Übelstand, der schon in den Anstalten sehr hervortritt und übrigens oft die Aufnahme dieser Kranken veranlafst, macht ihre Existenz aufserhalb der Anstalt unmöglich. Leben sie bei ihren Eltern, so machen sie alle erdenklichen schlechten Streiche, mifshandeln ihre Geschwister, quälen die Tiere, spielen den Nachbarn Schabernacks, laufen von Hause fort, um sich aufs Geratewohl mit allen Taugenichtsen der Umgegend herumzutreiben, die sie übrigens meist dazu benutzen, um Streiche auszuführen, zu deren Ausführung ihnen selber der Mut fehlt. Kurz, es ist auf die Dauer nicht möglich, mit ihnen zusammenzuleben, ohne darauf gefaſst zu sein, daſs ihre schlechten Neigungen sie zur Begehung gefährlicher Handlungen drängen können, wie zur Brandstiftung, Verwundungen anderer etc. Sie müssen mehr noch als die Idioten fortwährend beaufsichtigt werden. Diese Anlagen werden, wenn sie nicht beizeiten unterdrückt werden — was in der Familie sehr schwer ist — mit zunehmendem Alter gröſser; und man darf sich nicht wundern, wenn diese Kinder später, nachdem sie erwachsen sind, vor dem Schwurgericht wegen Diebstahls oder eines anderen Verbrechens enden. Sie liefern ein groſses Kontingent zur Klasse der aus der Gesellschaft Ausgestoſsenen, der Halbverrückten jeder Schattierung und sind halb unbewuſste Werkzeuge von Individuen, die intelligenter und lasterhafter sind als sie.

Wir haben vorhin den geringen Einfluſs der Belohnungen und Bestrafungen auf das Verhalten der Idioten, und namentlich der Imbecillen betrachtet. Bedenkt man, daſs dies die Triebfedern sind, die von Eltern ihren Kindern gegenüber, von der Gesellschaft den Individuen gegenüber am natürlichsten angewendet werden, so wird man sich nicht wundern dürfen, daſs die religiösen Mittel keine Wirkung haben und nicht einmal verstanden werden. Bei den Idioten fehlt die Vorstellung von einer höheren Macht in der Welt vollständig. Sogar die Vorstellung von Macht an sich scheint ihnen abzugehen, und die Begriffe: unendlich, ewig, vollkommen, für uns rein rationelle Begriffe, reichen an ihre schwache Intelligenz nicht heran. Niemals findet sich bei ihnen eine, selbst unklare Vorstellung von der Gottheit. Sie sind sogar unfähig, sich zu Vorstellungen zu erheben, wie sie dem Aberglauben oder dem Fetischismus eigentümlich sind; denn sie wundern sich über nichts, wie wir sehen werden, nicht einmal über die groſsen Naturerscheinungen und weichen in dieser Beziehung sogar von den Urmenschen ab. —

Wenn man nach der spiritualistischen Auffassung beim Menschen eine Seele annehmen müſste, die für ihn charakteristisch und durch ihre höheren Eigenschaften von der Tierseele ganz verschieden ist, so würde man in ziemliche Verlegenheit kommen, wollte man sich über eine solche Seele beim Idioten verständigen, der nicht sprechen kann, was doch als das wahre Charakteristikum des Menschen gilt. Die Seele ist kein Ding, das für sich existiert, gesondert, aufserhalb der Gehirnfunktionen; die sämtlichen Fähigkeiten, Funktionen, oder besser gesagt, das gesamte Gehirn macht die Seele aus. Nun sehen wir in dieser Seele, um diesen üblichen Ausdruck, der nichts weiter besagt, zu gebrauchen, die religiösen Gefühle vollständig fehlen. Keine Spur davon ist auch nur in irgend einer Form vorhanden. Wenn demnach das Gehirn nicht so weit entwickelt ist, dafs die Intelligenz die normale Höhe erreicht, dann findet sich jenes Gefühl nicht, das man als angeboren bezeichnet hat. Da die Seele also ihrem Wesen nach an dies Denkorgan gebunden ist, so mufs man annehmen, entweder, dafs die Idioten keine Seele besitzen und trotzdem Menschen sind, oder dafs die Seele keine göttliche Eingebung, unabhängig vom Funktionieren des Gehirnes ist. Es liegt daher unter allen Umständen die Befürchtung nahe, dafs die am Geiste Armen, nachdem sie das Königtum auf Erden verloren, es auch im Himmel nicht erlangen werden, eine Befürchtung, die im stande wäre, auch intelligente Menschen zu entmutigen. Sind die Imbecillen, die auf einer höheren Stufe der Intelligenz stehen, wenigstens fähig, diese Vorstellung von einer höheren Macht in der Welt zu erfassen? Man kann sich leicht überzeugen, dafs sie sich in dieser Beziehung wenig von den Idioten unterscheiden. Die Vorstellungen von der Gottheit, die man bei ihnen beobachtet, sind ihnen, wie den meisten Kindern, als Glaubenssätze eingeschärft. Ihre Neugierde für die Dinge in der Aufsenwelt geht nicht so weit, dafs sie nach dem Warum und Wie des Lebens forschen. Alles scheint ihnen ganz einfach und leicht verständlich. Zuweilen zeigen sie sich ganz überzeugt, aber man sieht gar bald, dafs sie etwas auswendig gelernt und nicht verstanden haben. Nie kommt ihnen jene Vorstellung spontan, durch logische Schlufsfolgerungen entstanden. Kurz, man kann sagen, dafs das religiöse Gefühl beim Idioten nicht besteht und beim Imbecillen kein Verständnis findet, wofern es vorhanden ist — was fast auf dasselbe hinausläuft.

Es ist ein künstlich hervorgerufenes Gefühl, geschaffen zuerst durch die Furcht, unterhalten durch das Bedürfnis nach der Erklärung der Erscheinungen und von den Intelligenteren benutzt, um die Leichtgläubigen zu führen und zu lenken. Es ist kein

natürliches Gefühl; darum finden wir es auch bei den Idioten
nicht geschwächt oder pervers, während sie alle anderen Arten
der Gefühle, in welchem Grade es auch sei, aufweisen. —
Billigerweise wird man einen Grund für diesen Ausfall annehmen
können, zumal man zu seiner Erklärung nicht das Fehlen der
erblichen Übertragung anführen kann. Die anderen instinktiven
Gefühle übertragen sich ja; warum sollte sich das religiöse Gefühl,
wenn es wirklich ein instinktives wäre, nicht übertragen?

Wir sehen also, daß bei den Idioten und Imbecillen nicht
allein die sozialen Gefühle geschwächt oder verkehrt sind, sondern
daß auch alles, was zu ihrer Entwickelung und Erhaltung dienen
kann, keine Wirkung auf sie ausübt, sei es wegen des Mangels
an Aufmerksamkeit, sei es wegen ihrer verkümmerten Intelligenz,
die sie nicht zu idealen Begriffen führt, durch welche viele
Menschen in einem gewissen Zwange gehalten werden.

Bevor wir zu den ästhetischen Gefühlen übergehen, müssen
wir noch ein Wort über ein aus mannigfachen Elementen zu-
sammengesetztes Gefühl sagen, das dem Menschen ganz besonders
zukommt: das Schamgefühl. Daß es sich bald auf die eine,
bald auf die andere Art äußert, verschlägt wenig und hängt
einzig und allein von den Sitten und dem Klima, der Religion,
der sozialen Übereinkunft etc., ab. Aber es ist bei allen Völkern
zu finden. Es ist mehr entwickelt und kompliziert bei der Frau,
als bei dem Manne, und zwar aus verschiedenen Gründen, die
hier nicht erörtert werden können. Beim kleinen Kinde ist es
nicht vorhanden; es erscheint erst mit dem Alter, und namentlich
mit der Pubertät.

Beim Idioten fehlt es im eigentlichen Sinne, und zwar vielleicht wegen des verspäteten Eintrittes der Pubertät, die zuweilen
sogar ganz ausbleibt. Manche Idioten sind indessen sehr scham-
haft; wir erwähnen im besonderen in dieser Beziehung die kretinartigen Idioten. Die Imbecillen haben wohl Schamgefühl; denn
sie verstehen es zu verletzen, und ergehen sich mit Vorliebe in
unzüchtigen Reden und in auf die Geschlechtsorgane bezüglichen
Gemeinheiten, worauf wir bereits näher eingegangen sind. Sehr
oft geht ihnen auch jedes Schamgefühl ab. SÉGUIN[1] meint, daß

---

[1] SÉGUIN, loc. cit.

bei vielen die Schamlosigkeit nur darin bestehe, daſs sie sich vollkommen gleichgültig dagegen zeigen, ob sie bedeckt seien oder nicht. Manche masturbieren ruhig vor den Augen anderer, ohne sich im geringsten zu genieren. Im allgemeinen jedoch leugnen sie die Onanie und schämen sich, dieselbe einzugestehen. Fast nur die Idioten oder gewisse Triebmenschen geben sich offen der Onanie hin. Die Mädchen sind bei gleicher Intelligenz viel weniger schamlos als die Knaben.

Die Schüchternheit ist ein Gefühl, das dem Schamgefühl nahesteht. Die Idioten sind im ganzen ziemlich schüchtern. Dagegen besitzen die Imbecillen einen Dünkel, eine Anmaſsung, eine Zuversicht, die von ihrer Selbstgefälligkeit und ihrer Intelligenzschwäche herrührt, so daſs sie ihrer Umgebung gegenüber von ihrer geistigen Inferiorität, und von den Dummheiten, die sie vollkommen unbewuſst begehen, keine Rechenschaft geben können.

Die Bescheidenheit ist keineswegs eine Eigenschaft der Imbecillen, und ihre Prahlsucht ist derartig, daſs sie oft ganze Geschichten erfinden, die ihnen meist durchaus keine Ehre machen. Anders verhält es sich mit den Idioten, deren Einbildungskraft nicht lebhaft genug ist, um solche unwahre Geschichten zu erfinden; sie sind im ganzen bescheiden.

Die Eitelkeit und Gefallsucht, die man bei den weiblichen Idioten beobachtet, können wirksam bei ihrem Unterricht und ihrer Ausbildung verwendet werden. „Fast alle", sagt Séguin,[1] — „und ich kenne keine Ausnahme — sind, wenn man in geschickter Weise jene Saiten in ihnen berührt, zur Aufmerksamkeit, Thätigkeit, Geduld fähig; aber während die Gefallsucht in Bezug auf ihr Äuſseres keine groſsen Gefahren hat und sich fast ohne Nachteil benutzen läſst, bringt die persönliche Eitelkeit Neigungen mit sich, die man nur mit äuſserster Vorsicht begünstigen darf".

Wir haben bei der Besprechung der Triebe gesehen, daſs gewisse Idioten oder Imbecillen künstlerische Neigungen zeigen, besonders für die Musik, weniger oft für die Zeichenkunst und Skulptur. Wir brauchen hier also nicht noch einmal darauf

---

[1] Séguin, loc. cit.

zurückzukommen. Wir wollen nur sehen, ob es neben Denjenigen, welche diesen künstlerischen Trieb auch äußern, sei es dadurch, daß sie Melodien leicht behalten und erfinden, bestimmte Instrumente spielen, was sie sehen, durch Zeichnen, Modellieren oder anderswie nachmachen, noch Andere giebt, die gewisse ästhetische Gefühle besitzen, fähig sind, zu unterscheiden, was schön und häßlich ist, und eine wirkliche gemütliche Regung beim Hören und Sehen von schönen Sachen verspüren. In dieser Beziehung ist nichts lehrreicher, als einem Konzert vor Idioten und Imbecillen beizuwohnen. Man ist erstaunt über den Unterschied in dem Gesichtsausdruck dieser unglücklichen Geschöpfe je nach Dem, was sie anhören. Sie horchen oft mit einer ehrfurchtsvollen Aufmerksamkeit zu und äußern Beifall über die Maße, jedoch nicht unterschiedslos. Oft sind es nicht die lustigsten Sachen, die sie am meisten begeistern, vielmehr die getragenen und ernsten Stücke, die Orgelmusik und die Saiteninstrumente. Es scheint sie zu überraschen — und die Überraschung grenzt nahe an die Bewunderung —, daß man dergleichen Wirkungen hervorbringen kann, die sie selbst nicht vermuteten. Der Eindruck, den sie empfinden, ist seiner Natur nach entschieden ein sinnlicher; denn sie begeistert nicht allein die Musik, sondern auch die Deklamation. So hören sie schöne, gut vorgetragene Verse, von denen sie nichts verstehen, mit offenem Munde an. Sie folgen dem Tonfall, dem Rhythmus der Verse, was allerdings noch zur Musik gehört. Séguin[1] sagt: „Der Idiot liebt und empfindet im allgemeinen sehr gut die Rhythmen; ja noch mehr, die Fähigkeit, die man musikalische Begabung nennt, ist den ausgesprochenen Idioten eigentümlich. Ich habe keinen Idioten gesehen, es sei denn, daß er unbeweglich oder gelähmt gewesen, der nicht sein lebhaftes Vergnügen beim Anhören eines Musikstückes ausdrückte. Ich beobachtete eine große Anzahl, die richtig sangen, obwohl sie nur schlecht oder kaum sprechen konnten. Sie sind für kräftige, schnelle und lustige Weisen empfänglicher, als für langsame und getragene, wohl aus dem Grunde, weil, je zahlreicher die Schallschwingungen sind, desto kräftiger die Wirkung auf die Organe ist. Sie sind ebenfalls

---

[1] Séguin, loc. cit.

empfänglicher für Instrumentalmusik als für die menschliche Stimme."

WILDERMUTH [1] stellte vergleichende Untersuchungen bei normalen Kindern, Idioten und Imbecillen an und fand, daſs die Entwickelung des Musiksinnes bei den Idioten eine relativ hohe ist; übrigens ist dies auch die einzige Äuſserung künstlerischer Fähigkeiten bei ihnen. Er empfiehlt die Pflege des Gesanges bei den Idioten und besonders auch den Gesang mit rhythmischen Bewegungen, die sogenannten Reigenspiele, bei denen zugleich das Gefühl für koordinierte Bewegung geschärft wird. Bei der motorischen Aphasie, die im allgemeinen nicht angeboren, sondern im frühen Kindesalter erworben ist, besteht eine Störung oder ein Fehlen der Reproduktion und auch Beeinträchtigung oder Zerstörung der Apperception musikalischer Vorstellungen. Dagegen kann diese Wahrnehmung und Ausführung sehr wohl vorhanden sein, wenn nur Dysphrasie besteht, die Sprachstörung, welche durch mangelhafte Entwickelung der Intelligenz bedingt ist.

Die Ansicht SÉGUINS über die Bedeutung der Musik bei der Behandlung der Idiotie ist von der WILDERMUTHS verschieden. Er betrachtet sie mehr als eine Gefahr, denn als ein Hülfsmittel; und in allen Fällen dürfte sie nur in einer bestimmten Weise angewandt werden. „Die Wirkung der Musik", sagt er, „wie sie sich hauptsächlich beim agitierten Idioten äuſsert, soll eine schnelle, selbst plötzliche sein, aber nachdem einmal die Anregung hervorgerufen ist, muſs man sie schleunigst in nützlicher Weise verwerten." Ich für meinen Teil glaube, daſs die Musik, besonders bei der Erziehung und infolgedessen zur Entwickelung der Moral, gute Dienste leisten kann. Auf der anderen Seite meine ich im Gegensatz zu SÉGUIN, daſs man mehr die ernste Musik als die lustige anwenden sollte, da die erstere tiefere Gemüts-bewegungen verursacht, als die letztere.

Die Liebe, die sie für den Rhythmus haben, zeigt sich nicht nur für die Deklamation, sondern auch in der gewöhnlichen Unterhaltung, und zwar namentlich für Befehle. Der Ausdruck der Stimme ist besonders wichtig, und man kann beobachten,

[1] WILDERMUTH, *Versammlung der deutschen Irrenärzte* 1888.

dafs die Kinder den Sinn der Worte nicht zu verstehen brauchen,
um die Gesinnung des Sprechenden zu verstehen. Im zweiten
und dritten Monat ungefähr unterscheidet das Kind bereits den
zärtlichen oder drohenden Ton, ob man freundlich oder böse ist.
Der Idiot liebt auch die rhythmischen Geräusche, die nicht von
der Stimme hervorgebracht werden, wie das Geräusch eines
Hobels, einer Säge, eines taktmäfsig geschwungenen Hammers.

Wir haben bereits weiter oben den Nachahmungstrieb der
Idioten betrachtet. Das Bedürfnis, das Schöne zu reproduzieren,
ist auch eine Äufserungsart des ästhetischen Gefühles. Leider ist
der Sinn für das Schöne sehr selten bei ihnen. Die Liebe zum
Grofsen, Glänzenden, Neuen läfst sich nicht trennen von der zur
Harmonie der Formen, der Farben etc. etc. Für viele ist ein
Gegenstand schön, wenn er blinkt. Sie sammeln Glasstücke
Porzellanscherben, Holzstückchen, Metallknöpfe. Das thut nur
der Idiot leichteren Grades, der idiotisch Blödsinnige hebt nie
etwas auf, da ihn nichts anzieht.

Während der Idiot das Grofse liebt, das er von dem Schönen
nicht unterscheidet, liebt der Imbecille das Ungeheuerliche. In
Zeichnungen sieht er mit Vorliebe die phantastischen Figuren, die,
wie er weifs, nicht existieren. Ungeheuerliche und oft ab-
geschmackte Vergleiche gefallen ihnen gerade am besten. So sagen
sie zu einem Kameraden: „Du siehst aus, wie eine Amme aus
Gerstenzucker." Ebenso ist es mit ihrer Sprache; wollen sie zum
Beispiel sagen, sie müfsten so lachen, dafs sie den Speichel nicht
zurückhalten können, so sagen sie: „Du machst, dafs ich ganze
Hüte voll spucke." Dergleichen Beispiele könnte man noch eine
ganze Anzahl anführen.

Wenn sich, wie PEREZ sagt, das Ideal, nach dem wir jedesmal das Schöne bemessen, aus Wahrnehmungen zusammensetzt,
die uns den gröfsten Genufs verschafft haben, und wenn es diejenigen ausschliefst, die uns unangenehm gewesen sind, so sehen
wir, dafs das Ideal der Imbecillen in ästhetischer Beziehung kein
hohes ist.

Beim Anblicke von Malereien, Zeichnungen, Skulpturen
scheint das auf die Idioten und Imbecillen am meisten Eindruck
zu machen, worin sie eine Ähnlichkeit mit ihnen bekannten
Gegenständen sehen. Läfst man mit Hülfe der laterna magica

Ansichten von Landschaften, Tierbilder etc. an ihren Augen vorüberziehen, so begeistern sie sich besonders für das Bekannte, wenn die Abbildungen naturgetreu sind. Für sie ist die Kunst die Vertreterin der Natur, nicht ihre Vermittlerin. Übrigens haben viele Menschen eine solche Auffassung; der Schönheitssinn ist nichtsdestoweniger vorhanden. Er äußert sich nicht allein beim Anblicke von Kunstgegenständen oder der Natur, sondern auch beim Anblicke von Personen. Sie ziehen die Jungen den Alten vor, die Hübschen den Häßlichen. So waren in Bicêtre zwei Fechtmeister; dem einen, einem alten Unteroffizier, wollten sie nie folgen, der andere, ein junger Soldat, konnte alles mit ihnen machen.

Man kann wohl verstehen, wie großer Nutzen sich aus der Pflege dieser ästhetischen Neigungen ziehen läßt, mögen sie noch so unbestimmte und von den unsrigen abweichende sein in intellektueller und moralischer Hinsicht. Alles sind Eigenschaften des menschlichen Geistes, und jede Entwickelung eines Teiles dieses Geistes wirkt notgedrungen auf die Entwickelung des anderen. Darum haben auch alle Männer, die sich mit der Erziehung der Idioten beschäftigt haben, sich bestrebt, diese Neigungen zu verwerten. „Denn“, wie PEREZ richtig bemerkt, „der Schönheitssinn schafft, indem er alles erweckt, was im Grunde der Seele verborgen liegt, eine mehr oder weniger große Lust zur Thätigkeit“; und auf die Entwickelung dieser in jeglicher Form müssen alle Versuche hinzielen.

Wir kommen jetzt zur letzten Gruppe der Gefühle, den intellektuellen Gefühlen, dem Erstaunen und der Neugierde, die sich von der Aufmerksamkeit und der Leichtgläubigkeit herleiten, welcher wieder die Wahrheitsliebe und die Lüge nahestehen. Erstaunen zu erregen, ist eins der kräftigsten Mittel, um die Aufmerksamkeit anzuspannen; aber es ist ein Gefühl, das schnell vorübergeht und nicht genügt, um sie zu fesseln. — Es ist bei den Kindern von mächtiger Wirkung, leider nicht so bei den Idioten und Imbecillen. Sie sind in dieser Beziehung dem Urmenschen vergleichbar, von dem SPENCER sagt: „Er nimmt Das, was er sieht, auf, wie das Tier es thut; er paßt sich spontan der Außenwelt an; Erstaunen geht über sein Können.“ Der Idiot erstaunt indes mehr, als der Imbecille, und oft sogar sehr

lebhaft. Aber das Erstaunen hält nur kurze Zeit an, denn der
Idiot betrachtet den Gegenstand, der sein Erstaunen erregt, nicht
lange genug wegen Mangel an Aufmerksamkeit, der Imbecille
wegen der Unbeständigkeit seiner Aufmerksamkeit. Das durch
das Gehör verursachte Erstaunen scheint lebhafter zu sein als das
durch den Gesichtssinn hervorgerufene. Ebenso scheint es bei
dem kleinen Kinde zu sein, das mehr Furcht hat vor Dem, was
es hört, als was es sieht. Die Schalleindrücke bewirken gröfsere
Lust oder gröfsere Unruhe als die Gesichtseindrücke, was vielleicht damit zusammenhängt, dafs sie auf den ganzen Körper
wirken, die Gesichtseindrücke nur auf ein einzelnes Organ.

Die Neugierde ist bei dem normalen Individuum eine fast
notwendige Folge des Erstaunens, in das es beim Anblicke, beim
Hören oder Kennenlernen gewisser Dinge gerät. Beim Kinde
äufsert sich die Neugierde sehr frühzeitig, wenn es eine gewisse
Erfahrung erworben und eine gewisse Gewohnheit angenommen
hat. Sie ist ein natürlicher Trieb, der, von einem geschickten
Lehrer verständig benutzt, die Entwickelung der Intelligenz vorzüglich in Gang bringt, denn man behält viel leichter das, was man
zu wissen wünscht. Beim tiefstehenden Idioten besteht, wie wir
schon hervorgehoben haben, eine vollständige Gleichgültigkeit.
Der Idiot leichteren Grades möchte gern etwas wissen, wagt
aber nicht, zu fragen. Erklärt man ihm den Gebrauch dieses
oder jenes Gegenstandes, so horcht er zu und sucht es zu
behalten.

Der Imbecille stellt viele Fragen, wartet aber die Antwort
nicht ab. Mit seiner Unbeständigkeit vergifst er alles. Dieser
Mangel an Aufmerksamkeit stellt sich immer als Ursache heraus.
Wir sehen also auch hier wieder den Unterschied zwischen Idioten
und Imbecillen, der sich auf die Verschiedenheit ihrer Aufmerksamkeit gründet. Der Idiot, der einer gewissen, allerdings
schwachen Aufmerksamkeit fähig, dabei aber zaghaft und anspruchs-
los ist, bemüht sich, wenn man seinen Geist für etwas einzunehmen
verstanden hat, dies zu begreifen und sich angelegen sein zu lassen.
Der Imbecille dagegen, der seine Aufmerksamkeit auf die Dauer
nicht anspannen kann, springt von einem Gegenstande auf den
anderen über ohne Zusammenhang, ohne Bedenken, ohne einen
Zweck dabei zu haben, spricht nur, um zu sprechen, fragt, oft

nur, um sich bemerkbar zu machen, und kann gar nicht einmal abwarten, bis man ihm Auskunft giebt.

Um zu lernen, muſs man jedoch nicht bloſs auf die Dinge achtgeben, den Wunsch haben, sie zu verstehen, ihr Warum und Wie wissen, sondern auch Dem Glauben schenken, was man uns sagt. In der Leichtgläubigkeit sind sich Idioten und Imbecille sehr ähnlich. Der idiotisch Schwachsinnige ist leicht- gläubig, weiſs das Mögliche von dem Unmöglichen nicht zu unterscheiden. Darum darf man mit dieser Leichtgläubigkeit nicht scherzen oder sich darüber lustig machen, wenn man bei den Idioten etwas erreichen will. Man würde ihnen falsche Begriffe beibringen, die sich dann nur schwer wieder ausrotten lieſsen, und ihnen alles Vertrauen zu Dem nehmen, was man ihnen beibringen will. Man darf nicht vergessen, daſs die Idioten im allgemeinen leicht vertrauen, und darum sorgfältig alles zu vermeiden ist, was dieses Vertrauen gegen ihre Lehrer vermindern könnte. Die Imbecillen zeigen zuweilen eine so ins Unsinnige gehende Leichtgläubigkeit, daſs es unwahrscheinlich klingt. Daneben besteht oft für die Wirklichkeit ein ebenso unsinniger Unglaube. Ihre geistigen Fähigkeiten stehen eben in einem hochgradigen Miſsverhältnis zu einander. Man muſs, um Dem Glauben zu schenken, was Einem gesagt wird, sich den Begriff des Gehörten vergegen- wärtigen, sich erinnern, urteilen, vergleichen etc. Der Imbecille ist dieser Denkoperationen wenig oder gar nicht fähig. Alles, was ihm schmeichelt, ist für ihn gültig, er nimmt auch die über- triebensten Schmeicheleien an. Er glaubt es, daſs er zu den höchsten Stellen berufen sei, daſs er Minister, General etc. werden kann. Um diesen Individuen etwas weiſs zu machen, braucht man nur einen ernsten Ton anzuschlagen und eine ehrerbietige Miene aufzusetzen. Sie nehmen die schönsten Versprechungen für wahr an, obwohl sie sich bei nur geringer Überlegung sagen müſsten, daſs sie auf deren Erfüllung ebensowenig rechnen dürfen, als sie dieselben verdienen. Diese Leichtgläubigkeit geht so weit, daſs sie schlieſslich selbst glauben, was sie erfinden; und diese Neigung nimmt, wenn sie sich ihren Phantasien überlassen, ungeheure Dimensionen an. Es entwickelt sich oft bei ihnen thatsächlich eine Art Gröſsenwahn, der an die allgemeine Paralyse erinnert; dieselbe Jncohärenz, dieselben Widersprüche, dieselbe Unsinnigkeit und

Veränderlichkeit. Aber anstatt leicht davon abzugehen, wie die
Paralytiker, die sich immer in demselben Kreise bewegen oder
die Berechtigung ihrer Ansprüche nicht erklären können, kommen
die Imbecillen nicht so leicht in Verlegenheit. Sie bringen zur
Erklärung neue, noch unwahrscheinlichere Geschichten vor und
werden bös, wenn man sie nicht ernst nimmt. SEGLAS[1] hat in
der Dissertation eines seiner Schüler auf die Schwierigkeit hingewiesen, welche in gewissen Fällen die Differenzialdiagnose
zwischen allgemeiner Paralyse und den bei den Schwachsinnigen
vorkommenden Formen von Gröfsenwahn bietet.

Durch ihre Unfähigkeit, vermöge ihrer schwachen Intelligenz
die thatsächlichen Vorkommnisse zu verstehen, nähern sie sich
den kleinen Kindern, und lieben, wie diese, das Wunderbare,
das keinen ursächlichen Zusammenhang mit anderen Dingen hat
und keiner Erklärung bedarf. Feenmärchen, Zaubereien, alles
Derartige reizt sie. Sobald sie Das, was sie sehen, nachzumachen
versuchen, stofsen sie auf unüberwindliche Schwierigkeiten. Die
Leichtigkeit, mit der die Helden der Feenmärchen dieselben
Schwierigkeiten überwinden, übt auf sie einen verführerischen
Reiz aus. Diese Vorliebe für das Wunderbare ist bei den
Imbecillen sehr ausgesprochen; sie schwärmen für phantastische
Geschichten und erfinden solche manchmal, wie dies bei einem
unserer Mikrocephalen J . . . . der Fall war.

Diese Leichtgläubigkeit kann uns übrigens nicht wunder
nehmen, denn es ist leichter, etwas zu glauben, als es nicht zu
glauben. Zweifeln ist schon beginnende Kritik, die eine Erfahrung,
ein Urteil, eine Überlegung, einen Vergleich in sich schliefst.
Man mufs mit einem empfangenen Eindruck kämpfen. Alles das
setzt schon das Vorhandensein und die hinreichende Entwickelung
der Intelligenz voraus. Viel einfacher ist es für Individuen, deren
Intelligenz, wie bei den Idioten, schwer zu erwecken ist oder
beständig in Übung gehalten werden mufs, wie bei den Imbecillen,
den Eindruck ohne weiteres so aufzunehmen, wie sie ihn erhalten.
Die Leichtgläubigkeit ist demnach eine natürliche Folge ihres
Mangels an Aufmerksamkeit. Alles, was auf sie einen sinnlichen
Eindruck macht, erscheint ihnen wirklich. Beim Kinde steht die

---

[1] BOIRON, *Étude du diagnostic de la paralysie générale.* Thèse, Paris 1889.

Wahrheitsliebe in direktem Verhältnis zur Leichtgläubigkeit.
Nach PEREZ giebt es keinen Wahrheitstrieb, wie REID ihn
annahm, um den natürlichen Glauben der Menschen an die
Versicherungen und Beteuerungen anderer zu erklären. Dieser
entsteht aus dem natürlichen Glauben des Kindes an den Sinn
der Worte, d. h. an die Objektivität der Vorstellungen, die durch
die Worte ausgedrückt werden. Beim Idioten und Imbecillen
fehlt dieser Trieb; aber man muſs bei der Wahrheitsliebe den
Glauben an die Wahrhaftigkeit der Anderen unterscheiden und
das Bestreben, gegen sich selbst wahrhaft zu sein. Wir sahen,
daſs sie ohne weiteres an die Wahrhaftigkeit anderer glauben,
weil sie keine Beweggründe finden können, daran zu zweifeln.
Der Idiot leichten Grades hat wohl den Begriff des Wahren.
Wenn man ihm von etwas spricht, was er noch nicht gehört hat,
so blickt er Einen an, als erwarte er eine entschiedene Bestätigung.
Der Imbecille hat den Begriff ebenfalls, denn er weiſs recht gut,
wann er lügt.

In Bezug auf ihre Wahrheitsliebe folgen Idioten und Imbecille ihrem Interesse. Indessen lügt der Idiot im allgemeinen
weniger, als der Imbecille, er ist ja auch weniger erfinderisch.

Der Idiot begnügt sich, wenn er lügt, damit, daſs er leugnet,
wenn man ihn etwas fragt und ihm vorhält; der Imbecille erfindet eine
Ausrede, und sucht meist plumpe und unwahrscheinliche Beweise
für das Gegenteil zu bringen. Es giebt allerlei Veranlassung zur
Lüge; das normale Kind lügt aus Einbildung, aus Nachahmung,
aus Eigenliebe, Egoismus, Neid oder Faulheit. Alle diese Triebfedern der Lüge finden sich bei den Imbecillen wieder, aber in
gesteigertem Maſse. Der eigene Vorteil geht ihnen über alles.
Manche lügen aus reinem Vergnügen. Begehen sie keine Not-
lügen, so erfinden sie zum Vergnügen falsche Geschichten, meist,
um sich Verdienste — in gutem oder bösem Sinne — zuzuschreiben, die sie nicht besitzen. Es ist das ein wahres Bedürfnis für sie. Da sie sehr leicht zu beeinflussen sind, so
ahmen sie das Lügen anderer nach, und manchmal lügen sie
sogar, indem sie die Wahrheit zu sagen glauben, z. B. wenn
sie von etwas berichten, was sie nicht ordentlich gesehen haben.
Übrigens kommt dies auch sehr häufig bei normalen Kindern und
bei Erwachsenen vor, und berechtigt zu einem Zweifel in die

Zeugenaussagen der Kinder, ein Punkt, mit dem sich MOTET in
gerichtlich-medizinischer Beziehung eingehend beschäftigt hat.

Ein weiterer Anlaſs zur Lüge, vielleicht der allerwichtigste,
ist die Vermeidung von Strafe. Die Kinder leugnen dann nicht
nur ohne Bedenken, sondern schieben überdies die Schuld auf
ihre Kameraden, im allgemeinen vorzugsweise auf Diejenigen, die
sich an ihren Streichen nicht beteiligt hatten, und zeigen damit
in gewisser Art den Sinn für gegenseitiges Zusammenhalten.
Wenn einige Idioten an einem schlechten Streiche teilnehmen,
der von Imbecillen angeregt wurde, so kann man nur von ihnen
die Wahrheit erfahren; sie erzählen treuherzig, was sie gethan
haben, wozu sie, oft unter Androhung von Schlägen, veranlaſst
worden sind. Sie sagen die Wahrheit oder hüllen sich in Still-
schweigen.

Die Naschhaftigkeit verleitet sie auch oft zur Lüge. Sie
sagen, daſs sie noch nichts bekommen hätten, um zweimal von
ihrer Lieblingsspeise zu erhalten. — Häufige Veranlassung zur
Lüge giebt auch die Faulheit, indem sie sich krank stellen. Im
Gegensatze zu den Idioten, die nicht sagen können, wann sie
krank sind, achten die Imbecillen sehr auf sich und lügen oft
sogar, damit man sie für krank hält und sie von der Schule und
der Werkstattarbeit befreit. Allerdings unterscheiden sich alle
diese Lügen nicht von Dem, was man bei normalen Kindern
beobachtet; doch was hier das Besondere ist, ist die Häufigkeit der
Lüge bei den Imbecillen. Das zeigt uns, daſs die Lüge bei ihnen
die Folge der mangelhaften geistigen Thätigkeit ist.

Neben der Lüge ist auch noch die List zu erwähnen, die
ihr in gewisser Beziehung nahesteht. Sie tritt bei den Idioten,
und besonders den Imbecillen, sehr hervor. Bei letzteren können
durch sie klug ausgedachte und ausgeführte Handlungen vorgetäuscht
werden. Gewisse Imbecille zeigen eine auſserordentliche Geschicklichkeit darin, die Wärter zu täuschen, irgendwo herauszukommen
oder sich irgendwo einzuschleichen, zu entweichen etc. Wenn
man bedenkt, wie schwierig dies für sie ist, so muſs man sich
wundern, daſs es ihnen bei so schwacher Intelligenz doch glückt,
während sie sich für viel einfachere Dinge unfähig zeigen. In
dieser Hinsicht stehen sie den Urmenschen sehr nahe, die sich
durch List zu verschaffen suchen, was sie durch ihre Gewalt oder

Intelligenz nicht erreichen können. Die List ist die Waffe des
Schwachen, und das Recht die des Starken.

Wir müssen noch zum Schlusse dieses Abschnittes von den
Gefühlen bei den Idioten und Imbecillen den Ausdruck ihrer
Gemütsbewegungen durch Geste und Physiognomie und dann ihre
gewöhnliche Art, sich zu geben, d. h. ihre Gemütsart und ihren
Charakter betrachten.

Wir können hier nicht im einzelnen das Mienenspiel dieser
Degenerierten unter dem Einfluſs der verschiedenen Gefühle und
Gemütsbewegungen in Betracht ziehen. Hauptsächlich wollen
wir ihre Physiognomie und ebenso ihren äuſseren Habitus im
ganzen studieren; denn mit dem Mienenspiel sind immer besondere
Haltungen verbunden, die man beherrschen und verbergen lernt,
wie man auch die Bewegungen des Gesichtes nur durch den
Willen und den gesellschaftlichen Zwang unterdrücken lernt.

Was bei den Idioten, welchen Grades sie auch sind, vor
allem auffällt, ist der Mangel jeglicher Anmut in ihrer Haltung
und die Häſslichkeit des Gesichtes. Die unheilbaren Idioten sind
nicht immer die häſslichsten, denn die Häſslichkeit entsteht erst
mit dem Alter, wenn die Züge ausgesprochener und entschiedener
werden. Es ist nur selten, daſs die idiotisch Blödsinnigen ein
so hohes Alter erreichen, daſs man sie nach ihrem Typus beurteilen kann. Nichtsdestoweniger ist eine Anzahl trotz ihres
unheilbaren Zustandes widerstandsfähig und zeigt dann das
häſslichste und abstoſsendste Äuſsere, welches man sich denken kann;
auch trägt sie alle Zeichen tiefer Degenerescenz an sich. Die
Schädel- und Gesichtsbildung zeigt sehr viele Mängel, obwohl
man in dieser Beziehung keine allgemeiue Beschreibung geben
kann. Welchen Vergleich soll man z. B. aufstellen zwischen
einem Mikrocephalen und einem Hydrocephalen und einem
myxoedematösen Idioten? Das sind drei charakteristische Typen,
deren Träger alle eine Familienähnlichkeit haben. Aber der
konstanteste von diesen drei Typen ist zweifelsohne der myxoedematöse Typus, der von BOURNEVILLE trefflich beschrieben worden
ist. Ich halte mich besonders an die Beschreibung dieser drei
Typen, denn über die anderen läſst sich nichts Bestimmtes sagen.
Die Idiotie, welche zum Beispiele auf Grund einer Meningo-
Encephalitis, einer Sklerose des Gehirnes, einer Entwickelungs-

hemmung der Windungen etc. etc. entstanden ist, zeigt nichts
Besonderes, was auf den ersten Anblick angäbe, zu welcher
Klasse der Idiotie das Individuum gehört. Man kann in diesem
Falle oft nur Vermutungen aufstellen, die sich bei der Obduktion
mehr als einmal als falsch erweisen.

Einige englische Autoren, besonders LANGDON DOWN,[1] scheinen
in ihren Einteilungen der Typen eine grofse Vorliebe für den
Vergleich mit den Typen der menschlichen Rassen zu haben.
Ich mufs gestehen, dafs ich nichts Charakteristisches in dieser
Beziehung beobachtet habe. Ohne Zweifel giebt es Idioten, die
mehr oder weniger an den Mongolen- oder Eskimo-Typus oder
an andere Typen erinnern. Aber das trifft ganz ebenso häufig
auch bei dem gewöhnlichen Menschen zu, und die Häufigkeit
dieser Ähnlichkeit der Idioten mit den verschiedenen Rassen ist,
wenigstens bei uns, keine so gewöhnliche, dafs man auf dieser
Grundlage eine Klassifikation aufstellen könnte. Ich glaube, dafs
es auf einen durchaus falschen Weg führt, wenn man in den
Idioten-Typen Atavismus sehen will.

Zunächst ist kein Grund dafür vorhanden, dafs in unserer
Rasse ein Individuum auf den Mongolen- oder Lappländer-Typus
zurückkehren soll; ferner zeigen die Idioten, wie schon bemerkt,
einen abweichenden, schlecht gebildeten und schlecht entwickelten
Typus. Sie weisen niemals einen reinen Typus auf. Es ist kein
atavistischer Typus, sondern ein Degenerationstypus, was doch
keineswegs dasselbe ist.

Wir werden uns also an die drei oben bezeichneten Typen
halten. Alles, was man über die nicht zu diesen drei Kategorien
gehörigen Idioten sagen kann, ist, dafs sie eine mehr oder weniger
grofse Anzahl von Degenerationszeichen bieten. Der Schädel ist
sehr häufig asymmetrisch, plagiocephal etc. etc. Die verschiedenen
Durchmesser zeigen nicht die normalen Verhältnisse. Die Augen
stehen zu nahe, der häufigste Fall, oder zu weit von der Nasenwurzel entfernt; am auffallendsten ist ihre Ausdruckslosigkeit.
Wenn die Augen, wie man zu sagen pflegt, der Spiegel der
Seele sind, was spiegelt sich dann in den Augen dieser Individuen
wieder? Ich habe bei Besprechung der ersten Zeichen der Idiotie

---

[1] LANGDON DOWN, *Lettsomian Lectures*. 1887.

auf die Bedeutung des Blickes hingewiesen und gesagt, daſs es
der sonderbare Blick sei, der die Eltern oft zuerst aufmerksam
machte. Der Blick ist matt, leblos, umherirrend, unsicher, an
nichts haftend und die mangelnde Aufmerksamkeit des Individuums
verratend. Auch bei den bildungsfähigen Idioten ist er oft
unruhig und deutet auf ihre Zaghaftigkeit hin. Es scheint, als
ob sie sich ihrer Schwäche bewuſst wären. Pathologische Zustände
des Auges: Strabismus, Blindheit, Hornhauttrübungen, Kon-
junktivitis etc. kommen häufig noch dazu, um dem Blicke jeden
Ausdruck und jeden Reiz zu nehmen.

Die Nase ist verbogen, asymmetrisch, von abnormer Gestalt;
die Ohren sind mehr oder weniger schlecht gebildet, ihr Rand
ist abnorm, das Ohrläppchen angewachsen, oder sie stehen über-
mäſsig weit ab oder sind asymmetrisch, mit abnormen Leisten und
Falten etc. Doch tragen sie weniger zum Gesichtsausdruck bei
als der Mund. Dieser ist bei den meisten fast immer halb ge-
öffnet, und je tiefer die Idioten stehen, desto mehr ist dies der
Fall. Sie lassen beständig den Speichel aus dem Munde flieſsen.
Ihr Mund ist selten klein, die Lippen selten schmal. Durch die
Mundspalte werden die schlecht gebildeten Zähne sichtbar. Frau
SOLLIER[1] hat in ihrer Dissertation über die Zahnbildung bei den
idiotischen und zurückgebliebenen Kindern im Anschluſs an die
Arbeiten von BOURNEVILLE u. a. alle bei Idioten vorkommenden
Anomalien und ihre Häufigkeit geschildert. Alle Arten von Ano-
malien finden sich und zwar einzeln oder miteinander kombiniert
in 90% der Fälle. Prognathismus kommt sehr häufig vor, sowie
Verbreiterung der Unterkiefer, die bei der Schmalheit des Schädels,
und namentlich der Stirn noch auffallender erscheint. Es entsteht
dadurch ein tierisches Aussehen, wie man es auch bei vielen
Epileptischen beobachtet, die übrigens in betreff der körperlichen
Degeneration die Idioten nicht zu beneiden brauchen. Wenn
wir noch alle die möglichen automatischen Bewegungen erwähnen,
das Zukneifen der Augenlider, die beständigen Bewegungen der
Zunge und der Lippen, das Gesichterschneiden, das Grinsen, so

[1] A. SOLLIER, De l'état de la dentition chez les enfants idiots et arriérés.
Thèse, Paris 1887. — BOURNEVILLE, Journal des connaissances médicales
1862—1863. — TH. BALLARD in The Lancet 1862. — LANGDON DOWN in The
Lancet 1875.

haben wir ein vollständiges Bild von der Physiognomie eines unheilbaren Idioten.

Einige Autoren unterscheiden zwei Arten von Idioten: die
apathischen und die erregten. Die ersteren bleiben beständig
sitzen, sind unempfindlich, gleichgültig gegen alles, was um sie
herum vorgeht; sie lachen und weinen nie, stofsen manchmal einen
Schrei aus, ohne dafs man wüfste, warum, machen wiegende Bewegungen und halten die Hände auf die Kniee gestützt. Die
anderen dagegen sind fortwährend in Bewegung, gehen hin und
her, berühren alles, werfen alles, was sie finden, zu Boden, achten
auf nichts, was man ihnen sagt, haben keine Lust, zu sehen oder
zu hören, sind stets nur damit beschäftigt, umherzulaufen, und
richten auf nichts ihre Aufmerksamkeit.

Die unheilbaren Idioten bleiben an ihr Bett gebannt oder auf
ihren Sesseln sitzen, die wegen ihrer Unreinlichkeit und Unbeholfen-
heit mit Aushöhlungen versehen sind. Sie sind nicht im stande,
allein zu essen, oder sie essen mit den Fingern und können
weder Löffel noch Gabel benutzen. Sie sind im hohem Grade
ungeschickt, haben keinen Begriff von Richtung, was auch den
verkümmerten Zustand ihres Muskelsinnes beweist. Sie führen
nämlich beständig ihr Essen am Munde vorbei, beschmutzen sich
ihr Gesicht damit, verschütten ihr Getränk und essen mit einer
entsetzlichen Unsauberkeit. Sie haben eben keinen Begriff
von Sauberkeit; sie können sich die Nase nicht putzen, ihren
Speichel, ihren Urin und ihren Stuhlgang nicht zurückhalten.
Sie stellen die tiefste Stufe menschlichen Daseins dar und sind
thatsächlich wenig interessant. Das einzige Mienenspiel, das bei
ihnen auffallen kann, bringt die Freude am Essen mit sich.
Schüle[1] bemerkt, dafs der Gesichtsausdruck des Schlafenden oft
ein überraschend angenehmer und freundlicher ist, während die
wache Miene nur eine schlaffe Maske zustande bringt. Was
ihr Äufseres anbetrifft, so hat Griesinger[2] in folgendem dasselbe
trefflich beschrieben: „Die tiefstehenden Idioten zeigen oft schon
einen groben, plumpen, disproportionierten Körperbau und häfsliche,
trotz kindischer Unreife alte Züge; die Trägheit ihrer Bewegungen,
ihre Passivität, ihr stumpfes, immer gleiches, von nichts erregtes

---

[1] Schule, loc. cit. — [2] Griesinger, loc. cit.

Wesen nähern sich in vielen Fällen einem schlafartigen Zustande;
viele haben noch einen finsteren, melancholischen Zug, viele andere nur den Ausdruck absoluter Indifferenz und Geistesöde."

Die heilbaren Idioten sind schon nicht mehr unreinlich; sie
können die Gabel, den Löffel, das Glas, das Messer mit mehr
oder weniger Geschick benutzen und sind beim Essen schon
weniger unsauber. Ihr Verhalten läfst indessen trotz der beständigen Aufsicht viel zu wünschen übrig. Sie ziehen sich aus,
sind mit Schmutz bedeckt, wälzen sich, ohne sich in acht zu
nehmen, überall herum. Nur ausnahmsweise beobachtet man
einen Idioten, der etwas auf sich hält. Ihre Haltung ist im allgemeinen eine schlechte. Sie halten sich nicht gerade, ihr Kopf
ist geneigt, sie gehen lahm und schlenkern mit den Armen. In
ihrer ganzen Erscheinung tritt die Unsicherheit, die Gleichgültigkeit, die der Grundzug ihres Wesens ist, hervor. Es ist noch
das häufige Vorkommen von Mifsbildungen und Abnormitäten
zu erwähnen: genu valgum, Klumpfufs, Rhachitis, Hemiplegie,
Athetosis, Chorea etc.

Wir kommen jetzt zur Beschreibung der drei Hauptkategorien
der Idioten, deren Unterschiede schon auf den ersten Blick
deutlich sind.

Die Mikrocephalen zeigen ein sehr verschiedenartiges Aussehen; es herrscht über den Ausdruck „mikrocephal" noch keine
vollständige Uebereinstimmung, und man hat in vielen Fällen den
Zwergwuchs mit der Mikrocephalie verwechselt. Es ist jedoch
klar, dafs ein Kind von 6 Jahren, das seiner allgemeinen Entwickelung nach erst zwei Jahre alt zu sein scheint, kein so volu-
minöses Gehirn haben kann, wie ein normal entwickeltes, sechsjähriges
Kind. Ich glaube also, dafs man als Mikrocephale nur diejenigen
Individuen betrachten darf, deren Gehirn nicht das normale mitt-
lere Volumen erreicht im Verhältnis zu dem gegebenen Alter,
der Entwickelung im allgemeinen und der Gesichtsentwickelung
im besondern. Dieses Mifsverhältnis zwischen Gesicht und
Schädel fällt allerdings auf den ersten Blick auf. Die Mikrocephalen
können von grofser Statur und erheblicher Körperkraft sein und
sind es auch oft. Sie haben in ihrer ganzen Erscheinung ein tierisches
Aussehen, das begreiflicherweise dazu geführt hat, sie besonders
als Beweis dafür zu wählen, dafs in der Idiotie eine Rückkehr

zum atavistischen Typus stattfinde. Die Möglichkeit oder Unmöglichkeit, Menschen und Affen einen gemeinsamen Ursprung
zuzuschreiben, läfst sich am besten bei der Betrachtung des Schädels
und Gehirnes der Mikrocephalen erörtern. GRATIOLET kam durch
seine Untersuchungen über die Mikrocephalen zu dem Schlusse,
dafs sie sich dem menschlichen Typus nähern und dem Affentypus
nicht ähnlich sind. GADDI (Modena) schliefst sich dieser Meinung
an. C. VOGT[1] stellt sie nach seinen Untersuchungen an neun Mikrocephalen vom kraniologischen Standpunkt aus zwischen Orang-
Utang und Gorilla. Während sie dem Gesichte nach Menschen
sind, würden sie nach der Decke und den Seitenwänden der Gehirn-
kapsel Affen ähnlich sein. Die Nähte sind bei weitem nicht immer,
wie VIRCHOW meint, verwachsen. „Die Mikrocephalie", sagt VOGT,
„ist eine partielle atavistische Bildung, welche in den Gewölbteilen
des Gehirnes auftritt und als notwendige Folge einer Ablenkung
der embryonalen Entwickelung nach sich zieht, die in ihren wesentlichen Charakteren auf den Stamm zurückführt, von welchem aus
die Menschengattung sich entwickelt hat!" Was ihren Intelligenz-
Zustand betrifft, „so sind sie lebhaft, reizbar, sie lieben und hassen
ohne Grund, äufsern alle ihre Wahrnehmungen durch eine lebhafte Mimik, ahmen besonders alles, was sie sehen, nach; es fehlen
ihnen alle die Fähigkeiten der Abstraktion, die dem Menschen eigentümlich sind"; sie sollen nach VOGTS Auffassung in Bezug auf
Intelligenz noch unter den höheren Affen stehen, unterscheiden
sich nicht einmal von ihnen durch die Sprache, die bei allen
fehlen oder hochgradig verkümmert sein soll. Diese letztere Erscheinung würde von dem anatomischen Zustande, dem Fehlen
oder der rudimentären Entwickelung der linken Schläfenwindung
abhängen, eine Folge der übermäfsigen Vorwölbung des Augen-
daches.— SANDER teilt die Ansicht VOGTS nicht und schliefst
sich der WAGNERs an, welcher sagt: Während die Mikrocephalen-
Gehirne im vorderen Teile der Hemisphären sich den Gehirnen
der höheren Affen nähern, entfernen sie sich in ihrem hinteren
Teile davon umsomehr. (Als Stütze für diesen Schlufs dient
ihm die hochgradige Verkümmerung der Occipitallappen).

---

[1] C. VOGT, Über die Mikrocephalen oder Affenmenschen. *Archiv für
Anthropologie* II. 1867.

Kurz zusammengefafst, die Frage ist noch lange nicht gelöst. Zwischen dem Mikrocephalen und dem Affen besteht der Hauptunterschied, dafs beim Mikrocephalen die Gehirnbildung keine einfache Entwickelungshemmung, sondern die Folge einer später eingetretenen Veränderung ist. Diese Betrachtung allein verbietet es, in der Mikrocephalie eine Rückkehr zu einem früheren Typus zu erblicken. Überdies ist in Bezug auf die Intelligenz die VOGTsche Beschreibung in einigen Punkten, und namentlich betreffs der Sprache, unrichtig. Die Mikrocephalen sind oft sehr geschwätzig und reden von allen Idioten am meisten.

Wenn wir uns so lange bei den Mikrocephalen aufgehalten haben, so geschah dies, weil es ein gewisses Interesse hat, die verschiedenen Ansichten hinsichtlich ihrer Affenähnlichkeit, die sie in ihrer ganzen Erscheinung, in ihrem Äufseren und ihrer Haltung zeigen, in Erinnerung zu bringen.

Die Mikrocephalen haben, wie gesagt, eine Tier-Physiognomie. Der Schädel ist nach vorn sehr schmal, springt nach hinten nicht vor, ist oft akrocephal; die Ohren stehen vom Kopfe ab; es besteht Prognathismus; sie haben eine starke Nase, kleine, lebhafte, der Nasenwurzel sehr nahestehende Augen, starke Kinnbacken. Alles das trägt dazu bei, ihnen jenes Aussehen zu verleihen; und ihre ganze Haltung bestärkt diesen Eindruck. Sie halten gewöhnlich den Kopf etwas gezwungen vorgebeugt, den Körper leicht nach vorn geneigt, schlenkern mit den Armen. Mit anderen Worten, sie zeigen eine affenähnliche Haltung, die ganz von selbst die Beobachter darauf hinwies und sie zu vielleicht etwas übertriebenen Vergleichen veranlafst hat. Die Physiognomie ist gewöhnlich lebhaft, hat sogar zuweilen etwas Geistreiches durch ein cynisches und boshaftes Lächeln. Die Mikrocephalen sind oft ziemlich schalkhaft und verschmitzt, zugleich aber auch roh und bösartig. Sie sind sehr geschwätzig und reden fortwährend mafslos, zusammenhanglos und geben manchmal auch zum Erstaunen mehr oder weniger schlaue Antworten. Sie zeigen sehr häufig Anflug von Witz. J . . ., ein erwachsener Mikrocephale von der BOURNEVILLEschen Abteilung in Bicêtre, ist manchmal sehr artig und zärtlich, andere Male unzugänglich. Man darf ihm dann nicht trauen, denn er könnte boshaft werden. Den nämlichen Wechsel beobachtet man besonders bei den epi-

leptischen Idioten. Sie sind im allgemeinen starrköpfig und mifstrauisch, grob, unflätig, gehässig und nichtswürdig. Ein Kranker
in Bicêtre, Ch...., hatte eine ziemlich lebhafte Einbildungskraft
und leichte Ausdrucksweise; er war wunderlich in seiner Kleidung
und seinem Benehmen und sammelte die verschiedensten und
wertlosesten Gegenstände.

Bei einem Anderen, Ed..., verrieth alles: der starre Blick,
der Gang, die Gebärden, Plumpheit und Stumpfsinn. Seine
Sprache beschränkte sich auf die Worte: „nein", „Papa", „Mama",
„Kamel", „Schwein". Er hatte ruhige Zeiten, in denen sein
Gesichtsausdruck freundlich war und Zeiten mit heftigen Zornausbrüchen, in denen er schwer zu bändigen war. Er hatte eine
Art Bedürfnis, gelobt zu werden, und war für Schmeicheleien
empfänglich. Verweigerte man ihm etwas oder bevorzugte man
einen Anderen, so wurde er erzürnt und unfreundlich und
wies dann mit einer gereizten Verachtung die verführerischesten
Anerbietungen zurück. Der Anblick von glänzenden Gegenständen sowie die Musik machten einen tiefen Eindruck auf ihn
und entlockten ihm den begeisterten Ausruf: „Ach wie schön."
Ohne diese stärkeren Reize war seine Aufmerksamkeit schwer zu
fesseln.

Die Hydrocephalen bilden einen auffallenden Gegensatz zu
den Mikrocephalen. Sie sind untereinander sehr verschieden, je
nach dem Grade des Hydrocephalus. Die Individuen mit hoch-
gradigem Hydrocephalus können ihren Kopf des grofsen Gewichtes
wegen nicht gerade halten und bleiben immer liegen oder sitzen
und unterstützen den Kopf. Der Blick ist mürrisch, die Züge
sind ausdruckslos; das Mienenspiel ist, wenn es vorhanden,
aufserordentlich träge. Diese Apathie macht sich übrigens in
ihrer ganzen Haltung, in allen ihren Bewegungen bemerkbar.
Sie sind oft schläfrig, sprechen nur wenig oder gar nichts. Also
im ganzen sind sie weder freundlich noch boshaft, werden nie
zornig, sind nicht grob, wie die Mikrocephalen. Das Gesicht hat
nichts Tierisches, wie bei jenen. Sie können erstaunt und gerührt
sein entsprechend ihrer anscheinend trüben Gemütsstimmung und
ihrer Mattigkeit. Ich spreche hier nur von den Fällen von
Hydrocephalus, die so hochgradig sind, dafs sie auf den ersten
Blick dafür gehalten werden müssen, und nicht von jenen Idioten,

wo sich infolge von anderen bedeutenden Gehirnveränderungen
ein gewisser Grad von Hydrocephalus ausbilden kann.

Ihr Gesicht erscheint im Verhältnis zum Schädel klein, dessen
vorspringende Vorder- und Seitenpartien ganz über das Gesicht
hinweggehen. Die Augen stehen vor; die Augenbrauen sind
kaum angedeutet; die Nase ist klein, ebenso der Mund. Diese
verhältnismäfsige Kleinheit des Gesichtes bei den Hydrocephalen
ist also nicht eine scheinbare, durch das Mifsverhältnis zwischen
Gesicht und Schädel entstanden, sondern sie ist wirklich vorhanden.
Die Hydrocephalen sind gewöhnlich schüchtern, ängstlich und
freundlich, sehr wenig erregbar, wenig beweglich und wenig
neugierig. Sie spielen wenig, lachen kaum einmal und erscheinen
den verschiedenartigen Sinneserregungen gegenüber ziemlich gleichgültig. Sie sind eben das ganze Gegenteil der Mikrocephalen,
sowohl durch ihr Äufseres, als durch ihre Gemütsverfassung.

Geringer an Zahl, als die vorher besprochenen Kategorien,
sind die myxoedematösen oder kretinartigen Idioten, deren Aussehen noch viel charakteristischer ist. Sie zeigen alle eine
Familienähnlichkeit, über die man sich nicht täuschen kann,
wenn man sie nur einmal gesehen hat. Sie haben kleinen
Körperwuchs, kurze Arme, umfangreichen Thorax, vorgetriebenen
Leib, oft mit einer Nabelhermie. Der Kopf ist grofs, aufgetrieben,
der Hals kurz, durch lipomähnliche Anschwellungen, welche die
Supraklavikulargruben ausfüllen, verdickt, das Haar dicht und
struppig; an der behaarten Kopfhaut ist ein Ekzem vorhanden,
das jeder Behandlung trotzt. Die Augen stehen vor, sind schlitz-
förmig, die Nase ist breit, die Backen sind vorgetrieben, die
Lippen sind dick, der Mund ist oft halb geöffnet; sie sind ganz
glatt im Gesicht und sind einander so ähnlich, dafs es auf den
ersten Blick schwer ist, die männlichen von den weiblichen zu
unterscheiden. Die Stimme, womit sie die paar Worte, die sie
kennen, vorbringen, ist rauh und näselnd. Sie sehen aus wie
kleine Männer, und es ist schwer, ihr Alter zu bestimmen. In
ganz früher Jugend sehen sie ältlich aus, mit 20 Jahren erscheinen
sie wie Kinder. Sie zeigen oft eine Art von Wichtigthuerei und
Gemessenheit, eine Mischung von Ernst und Herablassung, die
ihnen gut zu Gesicht steht. Sie halten sich gerade, strecken sich,
so hoch sie können. Diese Haltung gab einem klassischen Fall

in Bicêtre, einem der schönsten Typen, den Beinamen PASCHA. Ihr Äußeres ist zuweilen abstoßend, wenn sie tief idiotisch sind, wie jener es auch war. Doch ist eine bestimmte Anzahl einer gewissen intellektuellen Entwickelung fähig. Sie tragen in ihrem Gesichte einen Zug der Befriedigung, der wohl damit in gewissem Grade zusammenhängen kann, daß sie oft Gegenstand der Neugierde sind und sich dadurch ein gewisses Ansehen beimessen. Viele dieser unglücklichen Individuen werden auf den Jahrmärkten als Zwerge, Eskimos etc. ausgestellt. In Bicêtre ist einer, der sich als König der Eskimos hatte sehen lassen und in seiner Haltung noch das Gepräge der verschwundenen Königswürde behalten hat. Sie sprechen im allgemeinen sehr schlecht oder gar nicht und sind stets sehr schwer zu verstehen. Sie sind freundlich, zärtlich, schüchtern, verschämt, besonders die Mädchen. Sie behalten lange die kindlichen Beschäftigungen als Zeitvertreib bei; Mädchen von 20 Jahren spielen mit der Puppe wie ein dreijähriges Kind. Gewöhnlich sind sie artig, wenig beweglich und wenig laut. Öfters sind sie unangenehm, heulen, wollen nicht gestört sein, werden ärgerlich, wenn man sich über sie lustig macht, sie nicht ernst nimmt und nicht wie Erwachsene behandelt. Sie haben im ganzen ein schroffes Wesen, das für sie gerade charakteristisch ist. BOURNEVILLE, dem wir die ganze Darstellung dieser Form von Idiotie, die vorher wenig oder gar nicht bekannt war, verdanken, hat gezeigt, was für besondere Eigentümlichkeiten sie sowohl in körperlicher, als in geistiger Beziehung aufweisen.

Nichts ist schwerer zu prüfen als der Charakter. Man kann sich davon bei normalen Kindern überzeugen. Sie sind in ihren Antworten wenig bestimmt, oft wenig aufrichtig, allerdings häufig unabsichtlich infolge der Unfähigkeit, sich selbst zu prüfen. Man kann sie nur durch ihre Handlungen kennen lernen. Ihre sehr unvollkommene Sprache und Mimik belehrt uns wenig über ihre innersten, übrigens sehr flüchtigen Empfindungen. Wie schwer wird es daher erst bei den Idioten sein! Man muß beständig mit ihnen zusammenleben und sie sehr aufmerksam beobachten, um sie ordentlich kennen zu lernen. Es lassen sich kaum allgemeine Angaben von einigem Werte über den Charakter der Idioten machen. Was man außerhalb der drei Kategorien, deren einzelne

Eigentümlichkeiten wir zu beschreiben versucht haben, hierüber
noch beobachtet, ist folgendes:

Zuweilen stellt sich bei den idiotisch Blödsinnigen ein
rascher, unmotivierter Stimmungswechsel ein. Ihr Aussehen
wird plötzlich ein ängstliches; sie werden widerstrebend. Bei den
leichteren Formen beobachtet man bizarre Handlungen, sonderbare,
unverständliche Bewegungen. Sie bekommen manchmal wirkliche
Tobsuchtsanfälle, wüten gegen sich, schlagen den Kopf gegen
die Wand, jagen sich bis zur Ermattung ab und schreien. Wahrscheinlich gehen diese Anfälle mit Störungen der Zirkulation im
Gehirne einher.

Die meisten Autoren (SCHÜLE, GRIESINGER u. a.) unterscheiden zwei Formen von Idiotie, die anergethische und die ere-
thische; die letztere soll die vorherrschende und oft von perio-
discher Erregung begleitet sein. „Die Idioten der zweiten Art",
sagt GRIESINGER, „sind beweglich, unruhig, rasch, reizbar, dem
Wechsel der Eindrücke hingegeben, aber äußerst zerstreut, in den
höheren Graden unfähig, auch nur das Geringste haften zu lassen.
Man ist oft ganz erstaunt, bei dem heiteren Aussehen und
scheinbar lebendigem Wesen dieser Kinder auch nicht eine Spur
von Sprache und Verständnis zu finden. In manchen Fällen
wird ihr Verhalten ein so aufgeregtes und turbulantes; zwecklose
Körperbewegungen, Herumspringen, Gestikulieren, Lachen, Weinen,
Schreien, gehen so ununterbrochen den ganzen Tag fort, daß
diese Fälle den Übergang zur wirklichen Tobsucht bilden."

Im Gegensatze zu diesen Autoren glaube ich, daß diese
erregte Form die weniger häufige ist, die nicht einmal die über-
wiegende Mehrzahl der idiotisch Blödsinnigen zeigt. Was die
Anderen betrifft, so entsprechen, wenn überhaupt diese beiden
Formen bestehen, dieselben keineswegs der größeren Zahl der
Fälle, bei denen man vielmehr einen Mittelzustand beobachtet,
wie man ihn übrigens ziemlich leicht durch Zucht und Erziehung
erreichen kann. Bei den höher stehenden Idioten ist der Grundzug des Charakters die Unbeständigkeit und Stumpfheit ihrer
Empfindungen und die Schwäche des Willens. Ihre Stimmung
hängt besonders von ihrem Umgange, von der Behandlung, die
sie haben, ab. Wenn man sich viel Mühe mit ihnen giebt, wie
in den Anstalten, so sind sie meist gelehrig, anhänglich, heiter

und gesellig. Sie sind dagegen nichtswürdig und boshaft, wenn
man sie schlecht behandelt. Zuweilen beobachtet man eine me-
lancholische Verstimmung, bei anderen wieder eine beständige
Gereiztheit.

Das Aussehen der Imbecillen ist ein ganz anderes wie das
der Idioten. Zunächst kann die Gesichts- und Schädelbildung,
sowie der ganze Körper vollständig normal sein. Im allgemeinen
sind sie sogar ziemlich gut gebaut. Die Züge sind regelmäßig;
der Schädel ist jedoch etwas klein, oft unsymmetrisch. Das
Gesicht ist zu breit; sie haben nichts Gefälliges; sie sind ungeschickt, außer zu gewissen Beschäftigungen. Sie tragen in
ihrer Erscheinung ein selbstgefälliges und zufriedenes Wesen zur
Schau, das ihren Vorstellungen entspricht. Zuchtlos, wie sie
sind, gehorchen sie nur aus Furcht, sind oft heftig, namentlich
gegen die Schwächeren, demütig und unterwürfig gegen Die, die
sie für stärker halten. Sie sind wenig anhänglich, in erster Linie
egoistisch, prahlerisch. Sie bekommen oft Zornausbrüche, sind
cynisch, geben sich allen geschlechtlichen Unarten hin. Manche
haben einen durchaus unbezähmbaren Charakter und zeigen eine
äußerst durchtriebene Bosheit. Sorglos, mit sich selbst zufrieden,
denken sie nur daran, wie sie sich Vergnügen verschaffen und
der Arbeit aus dem Wege gehen können.

Doch können wir uns nicht weiter dabei aufhalten. Im
Verlaufe dieser Arbeit, und besonders in diesem Kapitel über die
Gefühle, habe ich zu wiederholten Malen im einzelnen den
Charakter der Imbecillen beleuchtet. — Ihre Physiognomie ist
ausdruckslos, obwohl ziemlich lebhaft. Aber diese Lebhaftigkeit
entspricht keinen geordneten und koordinierten Gefühlen. Der
Stimmungswechsel vollzieht sich ohne Übergang, gerade wie sich
ihre Vorstellungen folgen, die durch irgend einen beliebigen
äußeren Einfluß bestimmt werden. Ihr Mienenspiel ist ein sehr
einfaches; es zeigt genau den augenblicklich hervorgerufenen
Eindruck an, ohne durch die vorhergehenden Seelenzustände
beeinflußt zu werden. Hört der Eindruck auf, so wird der
Gesichtsausdruck wieder gleichgültig, da die inneren Vorgänge
zu schwach sind, um eine Wirkung auf die Physiognomie
hervorzubringen. Darum bietet diese in der Ruhe sehr wenig
Interesse dar. Es mag — allerdings selten — eine schöne

Bildsäule sein; aber eben auch nur eine Bildsäule! Das psychische Leben fehlt. Der Blick verliert seinen vorübergehenden Glanz und wird wieder unstät und unsicher.

Manche sind ziemlich geistreich — freilich immer nur relativ. Aus ihnen wählte man einst die Narren und Spaſsmacher aus. Sie haben zuweilen ganz wunderliche Einfälle und geben ganz drollige Antworten, meist jedoch gemeiner Art. Sie machen Lieder auf ihre Ärzte und Lehrer, die oft nicht witzlos sind, aber stets bosbaft. Sie fassen, wie ich schon bemerkte, das Lächerliche und Unnatürliche sehr schnell auf und haben groſse Neigung, es zu übertreiben. So lange ihre Bosheit nicht weiter geht, braucht man sich noch nicht zu beklagen. Aber sehr oft verursachen sie durch ihre boshaften Streiche und Verleumdungen Uneinigkeit in der Familie; stets liegen sie auf der Lauer, um über andere die ungehörigsten Redensarten zu machen; sie sind geschwätzig und unfähig, Das, was sie wissen oder zu wissen glauben, für sich zu behalten, nur voller Freude über das Unheil, das sie anrichten, sei es in moralischer oder materieller Beziehung. Wenn man bedenkt, wie sehr sie bei ihrer Urteilsschwäche irre geführt werden können, so sieht man, mit welch' trauriger und gefährlicher Art von Individuen man es bei den Imbecillen zu thun hat, und welche Vorsichtsmaſsregeln man gegen sie in der Gesellschaft treffen muſs.

Siebentes Kapitel.

Die Sprache.

Beziehung der Sprache zur Entwickelung der Intelligenz. — Die Art der Entwickelung der Sprache beim Kinde. — Ansichten der Autoren über die Sprache bei den Idioten. — Verspätetes Sprechenlernen. — Unabhängigkeit der Vorstellung von der Wortbildung. — Entwickelungsphasen der Artikulation. — Idiotische Stummheit. — Sprachstörung bei den Idioten. — Lesen. — Schreiben. — Rechnen.

Obgleich man auf Grund der Entwickelung der Sprache eine Einteilung der Idiotie vorzunehmen versucht hat, so ist doch die

Sprache in allen ihren Erscheinungen noch lange nicht genügend bei den Idioten studiert im Vergleich zu den Beobachtungen bei normalen Kindern. Der Abschnitt, den KUSSMAUL in seinem berühmten Buche den Störungen der Sprache bei den Idioten widmet (er hat übrigens nur Mikrocephale untersucht), bringt durchaus Unvollständiges. Die verschiedenen Formen der Idiotie bieten, wie WILDERMUTH [1] im Jahre 1884 auf der Versammlung des südwestdeutschen neurologischen und psychiatrischen Vereins ausführte, für das Studium der Sprachstörungen kein so dankbares Feld, wie man vielleicht a priori annehmen sollte. Störungen der Intelligenz, sensorische und motorische Affektionen vereinigen sich hier vielfach zu einem sehr komplizierten Krankheitsbilde, dessen Analysierung bei dem psychischen Verhalten unserer Kranken noch seine ganz besondere Schwierigkeiten hat.

Wir wollen die zum Teil sich widersprechenden Ansichten einiger Autoren, die einzelne nähere Beobachtungen über die Sprache der Degenerierten mitgeteilt haben, durchgehen und uns Aufklärung in den Arbeiten über Aphasie, die den Mechanismus der Sprache behandeln, verschaffen.

Doch bevor wir näher in diese Untersuchung eingehen, scheint es mir zweckmäſsig, gewisse Punkte über die Beziehung der Sprache zur Entwickelung der Intelligenz festzustellen. Diejenigen, welche ihre Einteilung der Idioten auf der Entwickelung der Sprache aufbauen wollten, glaubten, daſs ein direkter Zusammenhang zwischen beiden bestände. Bei oberflächlicher Betrachtung der Dinge kann man möglicherweise einen gewissen Zusammenhang dieser Art zu erkennen glauben. Aber wenn man näher zusieht, merkt man bald, daſs, wie bei den normalen Menschen die Entwickelung der Sprache keineswegs dem Grade der Intelligenz entspricht, dies ebensowenig bei den Idioten der Fall ist. Männer von groſser Erfahrung, wie KUSSMAUL,[2] PREYER[3] u. a. leugnen ausdrücklich diesen Zusammenhang und führen zum Beweise Kinder an, die sehr intelligent waren, aber nicht sprechen konnten, ohne jedoch taubstumm zu sein. Ich will hier

---

[1] *Zeitschrift für Psychiatrie* 1885. Bd. 41.

[2] KUSSMAUL, *Die Störungen der Sprache.*

[3] PREYER, *Die Seele des Kindes.*

nur auf die häufige Ungleichmäfsigkeit zwischen dem Gedanken und seinem Ausdrucke bei den begabtesten Menschen hindeuten. Es giebt jedoch auch unter den Idioten Fälle, die, was die Sprache und die Geschwätzigkeit betrifft, ziemlich entwickelt sind, aber doch auf einer sehr niedrigen Stufe der Intelligenz stehen. Dies sind die Mikrocephalen. Die Sprache ist also kein charakteristisches Merkmal, und nur die Rolle, die sie bei der Entwickelung der Intelligenz und der Begriffe, deren Erwerbung sie erleichtert, spielt, hat ihr jene Bedeutung verschaffen können. Vor allem aber mufs der Grund und Boden vorhanden sein, der entwickelungs- und ausbildungsfähige Geist, der im stande ist, die Begriffe, die man ihm beibringen will, in sich aufzunehmen und zu verarbeiten. Unter diesen Umständen darf man nicht die Sprache der Individuen in Betracht ziehen, sondern ihre Fähigkeit, die Sprache der anderen zu verstehen. Während man sich nun ein Gehirn denken kann, das im stande ist, die Begriffe, die ihm durch die Sprache zugeführt werden, aufzunehmen und sich ihrer zu bedienen, und das auf der anderen Seite unfähig ist, sie durch denselben Vorgang zu reproduzieren (wie bei der motorischen Aphasie), so ist es nicht denkbar, wie ein Gehirn unfähig sein sollte, die ihm durch die verschiedenen Sinne gelieferten Begriffe zu verarbeiten, dagegen fähig wäre, die ihm durch die Sprache vermittelten aufzunehmen. Die Sprache vermag viel, aber nicht alles, und es mufs vor allem ein entwickelungsfähiges Gehirn vorhanden sein. Manche Idioten übrigens haben vermöge des Gedächtnisses für Gehörtes oder Gesehenes die Erinnerung an gehörte oder geschriebene Worte, können sie sogar wiederholen und besitzen so einen ziemlich ausgedehnten Wortschatz, ohne indessen die in den Worten enthaltenen Vorstellungen zu begreifen. Da sie nun denken, so wenig es auch ist, und dies weder in Wort-Gehörsbildern noch in Wort-Gesichtsbildern geschieht, so ist es sehr wahrscheinlich, dafs sie in Bildern, die Handlungen darstellen, denken, so dafs Diejenigen, die annehmen, man könne ohne Worte denken — und dazu gehöre ich auch —, Recht zu haben scheinen. Es steht übrigens wohl fest, dafs die Tiere Erinnerung haben, urteilen, Sinneswahrnehmungen verstehen ohne die Hülfe von Worten, nur allein durch Bilder. Je mehr Worte man zu seiner Verfügung hat, desto mehr schwinden die Bilder, je weniger

man hat, desto mehr denkt man mit Hülfe von Bildern. Dieser
Vorgang läfst dem Denken viel weniger Spielraum und steht
mehr im Einklang mit den Intelligenzen, wo alles direkt durch
die Sinne in der Form eines Eindrucks erworben wird.

Kurz, die Sprache scheint mir nicht im direkten Verhältnis
zur Intelligenz zu stehen, und zwar aus dreierlei Gründen: 1) weil
es sehr intelligente Menschen giebt, die eine sehr mangelhafte
Sprache haben, und Kinder, bei denen sie sich sogar niemals gebildet hat; 2) weil nicht der Ausdruck, sondern das Verständnis
der Sprache ein Zeichen von Intelligenz ist; 3) weil es fast vollständig geistlose Idioten giebt, bei denen die Sprache mehr entwickelt ist, als bei anderen intellektuell höher stehenden. Dies
ist beispielsweise auch die Ansicht von Séguin.

Die Autoren sind auch über die Art der Sprachentwickelung
beim normalen Kinde, sowie über den Anteil, der dem ererbten
Triebe, dem Nachahmungs- und Erfindungstriebe etc. zukommt,
nicht einer Meinung. Es liegt nicht in unserer Absicht, diese
verschiedenen Ansichten über die Entwickelung der Sprache beim
Kinde anzuführen. Sicher ist, dafs ihr Mechanismus heutzutage
gut gekannt ist dank den Arbeiten von Charcot über die Aphasie,
deren Ergebnis in anschaulicher Weise in der Balletschen Abhandlung[1] zusammengefafst ist. Die Kinder vom ersten bis zum
fünfzehnten Monat zeigen wirkliche motorische Aphasie. Die
ersten Wortbilder sind Gehörsbilder, dann kommen die Bewegungs-
bilder und endlich die Gesichtsbilder. Das sind die Phasen, die
jedes Kind bei der Erlernung der Sprache durchmacht. Man
könnte fragen, was die Kinder dazu drängt, die gehörten Laute
zu reproduzieren, welcher Art die Vorgänge sind, die sich vorzugsweise bei der Reproduktion vollziehen, welches die Bilder,
die am leichtesten in ihrem Geiste haften. Diese Punkte sind
auch bei den Idioten zu untersuchen und soweit als möglich mit
den Erscheinungen bei normalen Kindern zu vergleichen.

Bevor wir die in dieser Hinsicht bei den Idioten gemachten
Beobachtungen mitteilen, scheint es mir notwendig, den gegenwärtigen Stand der Frage ins Auge zu fassen. Man wird sehen,

---

[1] Ballet, *Die innerliche Sprache und die verschiedenen Formen der
Aphasie*, übersetzt von Dr. Bongers. 1890.

wie unsicher dieses Gebiet ist, das man doch zu einem Hauptstütz·
punkt zu machen versucht hat.

„Der Wortschatz der Idioten", sagt DAGONET,[1] „ist ein sehr
beschränkter. Sie artikulieren kaum und bringen nur einzelne
einsilbige Worte deutlich vor." Es scheint danach, als ob der
höchste Punkt der Entwickelung der Sprache bei den Idioten
in den Interjektionen und den einsilbigen Worten bestehe. Wie
KUSSMAUL[2] bemerkt, sind Interjektionen und nachahmende Geberden und Laute die frühesten Wurzeln der Pantomimen- und
Lautsprache, aber diese noch nicht selbst. Sprechen heißt verstehen, sowohl sich selbst, als andere.

Ein Hauptcharakter aller schweren Fälle, sagt GRIESINGER,[3] ist
der völlige Mangel der Sprache, so daß nie auch nur ein Versuch
dazu gemacht wird, oder doch ihre äußerste Unvollkommenheit, die
idiotische Stummheit (nicht zu verwechseln mit der Taubstummheit).
Die idiotische Stummheit geht entweder aus Mangel an Vorstellungen
(sie sagen nichts, weil sie nichts zu sagen haben) oder aus Mangel
an Reflexen von den Vorstellungen in dem motorischen Sprach-
mechanismus hervor (Anomalie der Sprachwerkzeuge). Meiner
Ansicht nach beruht diese Unfähigkeit nicht auf einer Anomalie
der Stimmwerkzeuge, sondern auf einer im Sprachzentrum selbst
gelegenen, das zu GRIESINGERS Zeit noch nicht bekannt war.
GRIESINGER bestätigt für Idioten leichteren Grades, daß sie eine
kleine Zahl fehlerhafter Sätze vorbringen können. Fast immer
wird der Infinitiv und einzelne Interjektionen gebraucht. Sie
wiederholen oft die Sätze oder Stücke von Sätzen, die sie aber nicht
verstehen. Sie setzen Worte dazwischen, die nichts mit der
Sache zu thun haben. Endlich haben sie eine sehr mangelhafte
Aussprache. Kein Beobachter hat untersucht, ob die Phasen in
der Entwickelung der Sprache bei normalen Kindern und Idioten
sich ähnlich oder gleich verhalten. SÉGUIN, welcher der Ausbildung der Sprache bei den Letzteren große Aufmerksamkeit
geschenkt hat, stellt keine aus seinen Beobachtungen sich ergebende
Regel auf. Er hat sich auf Vorschriften über die besten Methoden
für die Ausbildung der Sprache beschränkt: 1) Die Sprach-
übung soll mit den Konsonanten und nicht mit den Vokalen

---

[1] DAGONET, loc. cit. — [2] KUSSMAUL, loc. cit. — [3] GRIESINGER, loc. cit.

beginnen; 2) die Aussprache der aus einem Konsonanten und
einem Vokal zusammengesetzten Silben soll zuerst geübt werden;
3) die Lippenlaute darunter vor allen anderen; 4) die allein-
stehenden Silben sind weniger leicht zu artikulieran als die
wiederholten Silben. Aufserdem studiert er aufmerksam die Art,
auf welche die Kinder dieses oder jenes Wort besser aussprechen,
er schliefst daraus auf den Stand der Lippen und der Zunge und
gewinnt dadurch wertvolle Winke für die Sprachanleitung in den
besonderen Fällen. Ich kann jedoch hier nicht näher darauf
eingehen, da die Frage der Artikulation in die Physiologie
gehört.

Die übrigen Autoren haben sich mit der Angabe begnügt,
dafs die Sprache eine mehr oder weniger mangelhafte wäre.
Nach Esquirol ist im ersten Grade der Imbecillität die Sprache
frei und leicht, im zweiten weniger leicht, der Wortschatz ist
mehr eingeengt. Im ersten Grade der eigentlichen Idiotie hat
das Individuum nur einzelne Worte oder sehr kurze Sätze zu
seiner Verfügung. Die Idioten zweiten Grades bringen nur einsilbige Worte oder einige Schreilaute vor. Endlich im dritten
Grade sind weder Sätze, noch Redensarten, Worte oder Silben
vorhanden. Man sieht, wie sehr dergleichen Abgrenzungen zwischen
verschiedenen Kategorien der nötigen Bestimmtheit entbehren.

Das rasche Zunehmen der sprachlichen Fortschritte ist kein
Zeichen für eine frühzeitige Entwickelung der Intelligenz; „im
Gegenteil", sagt Perez [1], „die Kinder drücken sich erst später besser
aus, und dies hängt damit zusammen, dafs sie sich nicht mit dem
Klange der Worte begnügen, sondern eine Vorstellung von den
Dingen haben, von denen sie sprechen". Was das monotone
Wiederholen derselben Worte, derselben Silben bei den Kindern
betrifft, so meint er, dafs es ihnen angenehm, leicht und gewohn-
heitsmäfsig sei und sie von den ersten Sprachanstrengungen ausruhen lasse. So scheint es auch in der That zu sein, und nicht
die Kinder, die am frühesten sprechen, sind die intelligentesten,
sondern die, welche am frühesten verstehen. Darauf beruht alles.
Sie sind motorisch aphasisch, weil ihr Artikulations-Zentrum
nicht genügend entwickelt ist.

---

[1] Perez, loc. cit.

Beim Idioten beobachtet man gewöhnlich ein mehr oder weniger spätes Eintreten der Sprache, wie man es auch für den Gang, das Greifen, die Reinlichkeit etc. beobachtet. Aber im Gegensatz zu den normalen Kindern verstehen sie nicht eher, als sie sprechen. Das Zurückbleiben bezieht sich nicht nur auf ein Zentrum, sondern wohl auf das ganze Gehirn. Man muſs also bezüglich des verspäteten Eintretens der Sprache Unterschiede machen. Während das normale Kind Leitungsaphasie hat, hat der Idiot zugleich sensorische Aphasie, und da sein Gehirn in Hinsicht auf die Sprache noch tabula rasa ist, hat er kein Wortbild, durch das er sich verständlich machen kann, wie es der sensorisch Aphasische vermag.

Ebenso ist es mit dem Wiederholen derselben Worte, das in beiden Fällen keineswegs gleich ist. Im ersteren können wir zugeben, daſs es für das Kind, dessen Sprach-Zentrum in Thätigkeit ist, wie sein ganzes motorisches Zentrum und wohl nichts weiter als dieses, eine Zerstreuung und ein Ausruhen bedeutet. Aber indem zugleich sein Artikulations-Zentrum automatisch funktioniert, fährt das Kind fort zu denken und handelt seinen Gedanken gemäſs. Beim Idioten dagegen wird das Wiederholen der Worte zum wirklichen „Tik". Er wiederholt dasselbe Wort oder dieselbe Redensart nicht nur einige Augenblicke, sondern beständig, bei jeder Gelegenheit und ohne Ursache, ohne daſs man ihn daran hindern könnte. Oder man braucht vor ihm auch nur ein Wort, eine Redensart auszusprechen, um sie sogleich von ihm bis zum Überdruſs wiederholt zu hören. Das ist die wahre Echolalie. Ferner denkt der Idiot nicht, wenn er Laute in dieser Art vorbringt, und der beste Beweis dafür ist der, daſs er nicht nach Dem handelt, was er wiederholt.

Man streitet darüber, ob das begriffliche Denken an Worte gebunden ist (CONDILLAC, MAX MÜLLER, BASTIAN etc.) oder ob es unabhängig davon ist (LOCKE, HELMHOLTZ, MAUDSLEY, FINKELNBURG etc.). KUSSMAUL[1] nimmt an, daſs, obwohl wir durch die Sprache zu unseren Begriffen gelangen, diese doch, sobald sie einmal gebildet sind, eine Unabhängigkeit von den Worten besitzen. Die Gründe, die er für die vollständige Unabhängigkeit

---

[1] KUSSMAUL, loc. cit.

des Begriffes von dem Worte anführt, scheinen mir diesen Satz umzukehren. Allerdings scheinen die Begriffe niederer Art, wie sie bei den Tieren und dem Kinde weit vor dem Erscheinen der Sprache existieren, sehr primitive zu sein: die Worte dienen nur dazu, sie zu übersetzen und auszudrücken, und erst in späterer Zeit finden sich Begriff und Wort fast unzertrennlich verbunden. Wir denken nur noch in Worten. Auf der anderen Seite erwecken die Worte in uns Begriffe, aber erst später, und nicht das Wort an sich ist im stande, einen neuen Begriff zu erwecken, sondern eine Wortverbindung, die so zusammengesetzt ist, dafs neue Beziehungen zwischen den Vorstellungen und den Dingen, die wir kennen, dadurch entstehen.

Beim Idioten tritt uns diese Unabhängigkeit des Begriffes vom Worte deutlich entgegen. So kennen Idioten, die einen sehr beschränkten Wortschatz besitzen, doch eine ziemlich grofse Anzahl von Dingen und sind zu bestimmten Arbeiten fähig, die verstanden sein wollen und ein gewisses Nachdenken erfordern. Der beste Beweis, dafs ihre Intelligenz sich dazu eignet, ist der, dafs sie sich vervollkommnen. Für intelligente Handlungen ist dies charakteristisch, während dagegen die rein automatischen Handlungen nicht der Vervollkommnung fähig sind. Sie zeigen ein Verständnis für Das, was man thun will, und dies beweist eine gewisse Überlegung, über die sich klar zu werden ihnen übrigens schwer fallen würde. Sie sind darin dem Tiere vergleichbar, z. B. dem Hunde, der vermöge seiner früheren Erfahrungen im voraus weifs, was sein Herr thun will, wie es ein Mensch thun könnte, nur mit dem Unterschiede, dafs das Tier nicht in Worten, sondern in einfachen Bildern denkt. Wir sehen also, dafs, je mehr die Intelligenz zunimmt, desto mehr die Unabhängigkeit des Begriffes vom Worte zu verschwinden trachtet.

Unter welchem Einflufs entwickelt sich die Sprache? Egger[1] und Taine[2] schreiben dem Erfindungs- und Nachahmungstriebe des Menschen einen weitgehenden Anteil an der Entwickelung der Sprache zu. Aufser dem Lachen, Schreien, Gestikulieren, einer natürlichen Sprache, die den Anfang zur künstlichen Sprache

---

[1] Egger, *La parole intérieure.* — [2] Taine, *De l'intelligence.*

bildet, sobald sich mit ihr eine Absicht verknüpft, nehmen jene Autoren noch unwillkürliche Laute an, die vom sechsten Monat an bis ins Unbegrenzte wechseln und die ersten Ansätze zu den späteren Lauten und Worten bilden. Wir hätten damit eine instinktive Sprache, die allmählich durch das Fortschreiten einer anderen, vom Kinde erfundenen und vieler individuellen Veränderungen fähigen Sprache ersetzt würde. Sie haben indes vergessen, die Formen dieser nach ihnen aus innerem Antriebe hervorgegangenen Sprache anzugeben.

KUSSMAUL [1] unterscheidet bei der Artikulation drei Entwickelungsperioden: 1. Das Lallen, das vor Ablauf des ersten Vierteljahres sich zeigt, besteht hauptsächlich in Lippenlauten und Vokalen, aber auch Zungen- und Gaumenlauten. Diese allerersten Laute sind rein reflektorischer Natur und ein Erzeugnis desselben Muskeltriebes, der die Kinder antreibt, mit den Händen zu zappeln etc. Es sind besonders Zischlaute, Knurr- und Schnalzlaute und dergleichen elementare, „wilde" Laute, (wie sie die Hottentotten bewahrt haben), die ihm primäre zu sein scheinen. 2. Wenn der Nachahmungstrieb hervortritt, werden diese „wilden" Laute allmählich durch die gebräuchlichen der Volkssprache verdrängt. Diese Nachahmung hält nicht Schritt mit dem Verständnis der Worte. Diese ersten fest artikulierten Laute und Silben sind noch sehr einfacher Art. Es sind reine Gefühlsreflexe, a, au, ho, hu, da. Die Nachahmungsreflexe sind die bekannten baba, bebe, dodo, dudu etc. etc., die für andere, wie ihre Umgebung, unverständlich sind. Manche Kinder verraten erst in der zweiten Hälfte des zweiten Jahres und noch später Freude am artikulierten Sprechen. 3. Endlich lernt das Kind mit den eingeübten Wörtern bestimmte Objektbilder verbinden, die allmählich zu begrifflichen Vorstellungen verarbeitet werden. Nun erst wird die Sprache Gedankenausdruck. In dieser Periode schreitet das Werk der Ausbildung der Artikulation ununterbrochen neben dem anderen der Diktion fort.

Was beobachten wir nun bei den Idioten? Wir haben schon bemerkt, daſs meist, wenn nicht immer, ein verspätetes Erscheinen der Sprache statthat. Das entgeht auch den Eltern nicht. Das

---

[1] KUSSMAUL, loc. cit.

Geplapper und Lallen des Kindes ist thatsächlich ein Ansatz
zur Sprache. Beim Idioten wird es kaum beobachtet oder erst
sehr spät. — „Es plapperte das Kind", sagen die Eltern, „niemals
so, wie unsere anderen Kinder." Sie stofsen dagegen oft rauhe
Schreilaute aus, deren Ursache man häufig nicht angeben kann,
da sie weder Schmerz noch Furcht noch Zorn ausdrücken. Oft
äufsert sich dieses Schreien in der Form von Anfällen. „Bisher hat
das Kind noch nichts gethan, wie geschrieen," sagen uns die
Mütter, und nicht mit Unrecht. Es werden mehr als einmal
Kinder unseren Anstalten zugeführt, welche die Eltern wegen
der Klagen der Nachbarn wegbringen mufsten.

EGGER[1] meint, von der fünften Woche an vollziehe sich der
Übergang vom Schrei zur Stimme. Bei den Idioten, besonders den
unheilbaren, hat das Schreien, selbst wenn sie schon mehrere Jahre
alt sind, so zu sagen keinen Ausdruck und kann ihn auch nicht
haben, da dasselbe keinem bestimmbaren Gefühle entspricht. Diese
mangelnde Anlage für die Sprache macht sich schon sehr früh
durch das Fehlen des Lallens, durch das Fehlen des Ausdruckes
beim Schreien bemerkbar. Späterhin tritt die Nachahmung bei
der Reproduktion der gehörten Laute hervor. KUSSMAUL[2] betrachtet die Nachahmung als eine Grofshirn-Funktion. Aber sie
mufs eine unwillkürliche, eine Reflex-Funktion sein, denn EGGER
konnte bei neunmonatlichen Kindern neben verschiedenen Äufserungen der Nachahmung „kein merkbares Bestreben, die gehörten
Laute nachzuahmen", konstatieren. Ebensowenig konstatiert man
beim Idioten ein Bestreben zur Nachahmung, das noch zu einer
viel späteren Zeit und manchmal sogar das ganze Leben hindurch
fehlen kann. Würde bei der Entwickelung der Sprache die
Nachahmung eine so beträchtliche Rolle spielen, wie man ihr bei-
legen will, so müfste man über die Unvollkommenheit der Sprache
bei den Idioten immer erstaunt sein, von denen man doch gewöhnlich sagt, dafs bei ihnen der Nachahmungstrieb so entwickelt
sei, und man gerade durch ihn bei der Erziehung der Idioten viel
erreichen könne. Wir haben gesehen, dafs dieser Nachahmungstrieb lange nicht so stark ist. Zur Nachahmung gehört Aufmerksamkeit und die Fähigkeit, das Gesehene zu reproduzieren.

---

[1] EGGER, loc. cit. — [2] KUSSMAUL, loc. cit.

Nun ist beim nichterzogenen Idioten die Aufmerksamkeit kaum angedeutet oder gar nicht vorhanden. Wie sollte er also im stande sein, Laute, auf die er wegen der mangelnden Aufmerksamkeit nicht hört, nachzuahmen?

Durch diese Unfähigkeit, die Aufmerksamkeit auf etwas zu richten, entsteht oft sogar die Erscheinung, die GRIESINGER idiotische Stummheit nennt, bei der er zwei verschiedene Formen unterscheidet. Er sind deren wohl wenigstens vier aufzustellen: Stummheit durch das Fehlen von Begriffen; durch die zentral bedingte Unfähigkeit, sie auszudrücken; durch die mangelhafte Bildung der Stimmwerkzeuge; und schließlich Stummheit infolge von Taubheit oder Pseudo-Taubheit.

SÉGUIN[1] meint, daß die Stummheit aus zwei Ursachen entstehe, die fast immer zusammengeworfen werden, die jedoch jede für sich allein bekämpft werden müssen: dem physiologisch bedingten Unvermögen, die Sprachwerkzeuge zu beherrschen, und dem Mangel an Intelligenz. Er bekämpft die Ansicht von GRIESINGER und ESQUIROL, daß viele Idioten stumm seien, weil sie nichts zu sagen hätten. Es sind manche unfähig zu sprechen, können aber ihre Wünsche und Bedürfnisse durch Gebärden ausdrücken.

Meiner Meinung nach könnte man vielleicht diese Sprechstörungen mit der Aphasie in Beziehung bringen und motorische Aphasie und Worttaubheit unterscheiden, wenn man die Ursachen für die Sprachstörung, die in den Sprachwerkzeugen liegen, ausschalten kann.

Im ersten Falle haben wir es mit Idioten zu thun, die nicht sprechen können, aber doch fast alles, was man ihnen sagt, verstehen, was ihr Gehorsam beweist, womit sie einen Befehl ausführen.

Im zweiten Falle haben wir Idioten vor uns, die kein Wort von Dem, was man ihnen sagt, verstehen und zugleich unfähig sind, ein einziges Wort auszusprechen. Das sind die unheilbaren Idioten, die sich umdrehen, wenn man ein starkes Geräusch verursacht, und die darum nicht taub sein können. Andere erscheinen nicht nur taub für Worte, sondern

---

[1] SÉGUIN, loc. cit.

auch für jede Art von Lauten — und doch sind sie nicht taub.
Ihre Taubheit ist nur eine scheinbare und hängt einzig und allein
mit dem Fehlen der Aufmerksamkeit zusammen. Wir werden
weiterhin, sobald vom Schreiben die Rede sein wird, sehen, ob
auch Agraphie und Wortblindheit bestehen.

Im dritten Stadium lernt das Kind endlich, seine Vorstellungen
mit den Worten in Verbindung zu bringen. Dies ist beim Idioten
am schwersten zu erreichen. Beim Kinde geht die Nachahmung
des Wortes meist dem Verständnis voraus. Man hat den Beweis
dafür in der häufigen Wiederholung eines neu gelernten Wortes,
dessen sich das Kind bei jeder Gelegenheit bedient. Dies ist
namentlich bei den Kindern zu beobachten, die, bevor die
Intelligenz sich im allgemeinen entwickelt, schon ziemlich leicht
artikulieren können. Beim Idioten sieht man diesen Unterschied
noch viel deutlicher; und manche ahmen nicht allein Worte in
entsprechender Weise nach und wiederholen sie, sondern auch
ganze Sätze, deren Sinn sie niemals begreifen, wie ich das
wiederholt zu beobachten Gelegenheit hatte. Darin liegt wieder
ein Beweis, daß der Begriff und das Wort unabhängig voneinander sind, und daß, wenn jener dem Worte vorausgeht, dieses
jenen nicht hervorrufen kann. Gewisse Idioten bleiben auf diesem
Stadium stehen. Man bringt ihnen das Artikulieren bei, weiter
aber kommt man nicht mit ihnen; das Verständnis für die Beziehung zwischen Begriff und Wort fehlt ihnen. Bei anderen
höher stehenden macht man die Beobachtung, daß die Sprache
auf einer der kindlichen Entwickelungsperioden stehen bleibt, wo
das Kind sich ausdrücken kann durch Wiederholung einzelner,
einsilbiger Worte, durch Infinitive, oft überflüssige Silben ein-
schaltet und bestimmte Buchstaben schlecht ausspricht.

Kurz, die Entwickelung der Sprache beim Idioten scheint
mir dieselben Phasen durchzumachen, wie beim normalen Kinde.
Aber anstatt daß diese Phasen schnell aufeinander folgen, geschieht dies sehr langsam; meist bleibt sogar die Entwickelung auf
einem Punkte stehen, der einer der Etappen beim normalen Kinde
entspricht.

Wir sehen demnach, daß die Entwickelung der Sprache mit
der der Intelligenz nicht Hand in Hand geht. Man kann außer
in den bereits angeführten Gründen auch einen Beweis einerseits

in der pathologischen Anatomie und andererseits in den Unterschieden finden, welche die verschiedenen Kategorien von Idioten
in Bezug auf die Sprache zeigen.

Es kommen bei den Idioten sehr oft lokalisierte Sklerosen
des Gehirnes vor. Wenn die Sklerose besonders das Sprachzentrum
trifft, so wird sich, wie leicht verständlich, die Entwickelung der
Sprache gehemmt zeigen, wogegen die Entwickelung der Intelligenz
weiter fortschreiten kann, wenn auch in schwachem Grade, denn
meist sind die Veränderungen diffuse, aber an einzelnen Stellen
stärker ausgebildet. Auf der anderen Seite zeigt die Untersuchung
der Mikrocephalen-Gehirne — und fast alle Autoren stimmen
hierin überein —, daſs die Verminderung des Volumens besonders
auf Kosten der Hinterlappen stattfindet. Man begreift daher, daſs
bei dieser Kategorie von Idioten die Sprache oft weniger verkümmert, als bei anderen, da das Sprachzentrum in den relativ
am meisten entwickelten, vorderen Abschnitten liegt.

Bei den Idioten, die sprechen, ist bald die Bildung der
Kehllaute, bald die der Lippen- und Zungenlaute gehemmt, wie
KUSSMAUL sagt. Das heiſst, es ist ebenso unmöglich, einen
bestimmten Gang in der Entwickelung der verschiedenen Vokale,
Konsonanten und Diphthonge bei den Idioten festzustellen, wie bei
den gewöhnlichen Kindern.

Nach KIND [1] sind die Personen mit erworbenem Idiotismus
zuweilen „ewige Schwätzer"; und dies unter zweierlei Umständen:
1) bei Kranken, die schon eine gewisse Stufe der normalen
geistigen Entwickelung erreicht hatten, bevor sie erkrankten.
Die erlernten Wörter rollen sich nunmehr, ohne daſs sich damit
Vorstellungen verbinden, auf die verwirrteste Weise mechanisch
ab und gruppieren sich zum Unterschied von dem bei Geisteskranken Beobachteten nicht um eine Hauptvorstellung, die noch
durch die Verwirrtheit durchschaut; 2) bei solchen, bei denen die
durch die Sinnesreize hervorgerufenen Vorstellungen so wenig
intensiv sind, daſs jeden Augenblick der wechselnde Reiz eine
neue Vorstellung mit einem neuen Worte erzeugt. — Auch finden
sich beide Zustände gemischt. — Was die Dysphasien und
Lalopathien, die bei den Idioten vorkommen, anbetrifft, so beziehe

---

[1] *Schmidts Jahrbücher* 1862.

ich mich auf die Arbeit von WILDERMUTH[1]. Dieser Autor unterscheidet zwei Gruppen:

1) Fälle, in denen die Sprachstörung der direkte Ausdruck
der intellektuellen Störung des Idioten ist. Vom gänzlich sprach-
losen Blödsinnigen bis zum bildungsfähigen Schwachsinnigen
entspricht die Sprachstörung dem engen Kreis der Vorstellung
dieser Geschöpfe und besteht im Mangel eines reicheren Wortschatzes und an rascher, assoziativer Verbindung. Man stößt
zunächst auf eine große Anzahl von Beispielen, in denen die Stufe,
auf der das geistige Leben und dessen vorzüglichster Ausdruck,
die Sprache, stehen blieb, ihr Analogon findet in den einzelnen
Etappen, die das normale Kind bei seiner intellektuellen und
sprachlichen Entwickelung zurücklegen muß. Auf der untersten
Stufe gleicht hier der Idiot einem Kinde in den ersten Lebens-
wochen; er ist Automat mit vegetativen und Reflex-Funktionen.
— Auf einer höheren Stufe treffen wir Kranke, die einem
anderthalb- bis zweijährigen Kinde gleichen, das onomatopoëtische,
einsilbige Worte ausstößt. Gehen wir einen Schritt weiter, so
konstatiert man mehr einen Mangel in der Syntax und Grammatik,
ein Stadium, das bei Kindern von zwei bis drei Jahren beginnt.
Die Verba werden nur im Infinitiv gebraucht; von sich selbst
spricht das Individuum nur in der dritten Person, ist aber daneben
im stande, sämtliche Laute und Worte richtig nachzusprechen,
sucht in kindischer Weise nachzuahmen, was in der Umgebung
vorgeht; es ist nicht bildungsfähig, kann aber in prognostischer
Hinsicht täuschen (es handelt sich stets um angeborenen Schwachsinn). Bei dieser Gruppe sind noch die Defekte zu erwähnen,
die mehr an die Unsicherheit eines Erwachsenen erinnern, der
eine fremde Sprache mangelhaft beherrscht, als an kindliches
Sprechen (ein Idiot dieser Gattung z. B. spricht gut und artikuliert
richtig, aber gebraucht adverbiale Bestimmungen falsch oder
pleonastisch; außerdem finden sich einzelne Paraphrasen, Ver-
wechselung eines Wortes mit einem ähnlichen). Auch eine andere
Anomalie gehört hierher, die Unfähigkeit, richtig zu betonen.[2] —

---

[1] WILDERMUTH, loc. cit.

[2] Anmerkung des Übersetzers: WILDERMUTH führt dies noch weiter aus:
„In leichterem Grade findet sich diese Anomalie, häufig in Kombination

Von den Dysphasien, in welchen der gestörte Ablauf der Vorstellungen seinen Ausdruck findet, sind die verschiedenen Formen: das verlangsamte, zögernde Sprechen, das rasche, überstürzende Sprechen mit beständigem Abspringen, an die Ideenflucht des Maniacus und das Gefasel Verrückter erinnernd. Es fand sich diese Form vorzugsweise, aber nicht ausschliefslich, bei Mikrocephalen, die auch die letzten der vorgesprochenen Silben zu wiederholen pflegten. Prognostisch sind diese Fälle in hohem Grade ungünstig.

2) Fälle von Sprachstörungen, die nicht als direkte Folge und Ausdruck des gehemmten, krankhaften Vorstellungslebens der Idiotie, sondern als eine Komplikation derselben anzusehen sind. Von den mechanischen Dyslalien soll Abstand genommen werden. Zunächst treffen wir auf eine bei Idioten sehr verbreitete Art der Störung, das Stammeln, eine Störung, die zugleich den Übergang zu unserer ersten Gruppe bildet, denn Unvollkommenheiten in der Hervorbringung einzelner Laute ist ja ein unvermeidlicher Durchgangspunkt auch bei normaler Entwickelung der Sprache. Mogilalien in der verschiedensten Form, namentlich Sigmatismus, Rhotacismus und Grammacismus, finden sich neben sonstigen Störungen bei mindestens der Hälfte der Schwachsinnigen. — Von Störungen der Artikulation bei Bildung von Silben und Worten beobachtet man zwei Formen: erstens schon bei Bildung einzelner Laute hochgradiges Stammeln; namentlich die Konsonanten werden undeutlich ausgesprochen, so dafs in manchen Fällen e i n unbestimmter, schwer zu definierender Laut für alle dienen mufs. Auf Vorsagen einzelner Silben und Worte antworten die Kranken höchstens mit einigermafsen ähnlich klingendem Tongemenge, machen spontan keine Sprachversuche. Es ist in diesen Fällen stets eine hochgradige psychische Störung vorhanden. Zu der zweiten Gruppe gehören Idioten, welche undeutlich sprechen, sobald es im Zusammenhang geschehen soll. Es handelt

mit anderen Sprachstörungen sehr weit verbreitet bei Schwachsinnigen und giebt bei manchen der Sprache, die sonst nicht sehr weit vom Normalen abweicht, etwas krankhaft Bizarres". Als Beispiel führt W. eine Kranke an, bei der das Auffallendste die sonderbare Betonung ist, die häufig an den Accent eines radebrechenden Ausländers erinnert: „Abbe gut geslaffen" etc.

sich hier um eine für die mittleren und leichteren Grade des
Schwachsinns fast typische Störung, die man als verschwommenes
Sprechen bezeichnen kann, und welche durch nachlässige Aussprache der Konsonanten, Abwerfen einzelner Silben charakterisiert ist.

WILDERMUTH [1] beobachtete bei den Idioten selten Silbenstolpern
in reiner Form; und niemals Stottern. — Diese Ergebnisse
stimmen ganz mit meinen Untersuchungen überein; und ich war
erstaunt, wie selten bei den Idioten Anstoſsen, Stolpern, Stottern,
Echolalie etc. vorkommt, die man gewöhnlich als Stigmata der
Degeneration ansieht. Bei den Imbecillen aber finden sich diese
Störungen; sie bieten sonst in Bezug auf die Sprache nichts Besonderes auſser der geringen Ausdehnung ihres Wortschatzes.
Zu erwähnen ist nur, daſs sie im allgemeinen Schwätzer sind;
sie reden ohne Überlegung über alles, aus bloſsem Vergnügen,
zu reden. Manchmal werden auch bei ihnen Onomatomanie
ebenso wie verschiedene andere psychische Erscheinungen beobachtet, vorübergehende Delirien in der Form der maniakalischen
Erregung mit groſser Geschwätzigkeit; sie singen Lieder oder
früher gelernte Stücke und sind gewöhnlich unzusammenhängend
in ihren Handlungen und Reden.

Eine andere Form zu sprechen ist das Lesen. Hier kommen
die Wort-Gesichtsbilder in Anwendung. — Es bietet noch mehr
Schwierigkeiten als das Sprechenlernen. Selbstverständlich ist
bei den unheilbaren Idioten davon gar keine Rede. Auf einer
höheren Stufe lernen die Idioten wohl die Buchstaben, können
einige Silben vereinigen, aber nicht wirklich lesen, d. h. Das,
was sie lesen, verstehen. Sie machen nie den Anfang, sprechen
wohl einen Buchstaben, den man ihnen bezeichnet, aus, nennen
ihn aber nicht spontan.

Der bildungsfähige Idiot lernt sehr schwer die Buchstaben
zu unterscheiden, aber er bringt es doch so weit. Man muſs oft
mehrere Wochen für denselben Buchstaben verwenden; er läſst
sich immer wieder denselben Buchstaben zeigen, ohne ihn behalten
zu können. Schneller kommt man zum Ziele, wenn man sich
beweglicher Buchstaben aus Holz bedient. Er betrachtet dann

---

[1] WILDERMUTH, loc. cit.

den Buchstaben als ein greifbares Ding, — und dies paſst besser
für seine Fähigkeiten. Man muſs wissen, daſs der Idiot noch
mehr als das normale Kind stets Abstraktes in Konkretes umsetzt. Darum kennen auch manche alle Holzbuchstaben des
Alphabets gut und sogar die des gedruckten Alphabets, wenn sie
jenen genau entsprechen, sind aber nicht im stande, sie wieder-
zuerkennen, wenn sie nur irgendwie verändert sind. Sie erkennen
in ihren Buchstaben einen Gegenstand, den sie gewohnheitsmäſsig
mit einem bestimmten Namen bezeichnen; sie haben kein Verständnis für den Begriff „Buchstabe" und erkennen ihn nicht wieder,
wenn er nicht mehr genau so aussieht wie vorher.

Allmählich lernt der Idiot einige Buchstaben vereinigen und
leichte Silben bilden. Dabei lernt er die Silben schneller lesen
und bilden, die mit einem Konsonanten anfangen (ba, fi . . .).
Er besteht mit einem wahren Eigensinn trotz allem und allem
immer wieder darauf, den Konsonanten vor dem Vokale auszusprechen. Ist diese Schwierigkeit einmal überwunden, so geht
es weniger langsam vorwärts.

Man bringt den Idioten so weit, daſs er liest; doch das
Lesen ist stets ein stoſsweises. Er trennt in der Aussprache
alle Silben; sein Vortrag ist bald monoton, bald singend, nie
normal. Selten nur (ungefähr unter zehn einer) können sie
wirklich einigermaſsen ordentlich lesen. In der Mehrzahl kennen
sie ihre Buchstaben und bilden höchstens nur Silben. Sie wollen
oder vielmehr sie können nichts weiter.

Versteht der Idiot nun, was er liest? Aus den Schulbüchern,
deren Inhalt dem Geisteszustande, für den sie bestimmt sind, entspricht, behält er offenbar hin und wieder einzelne Gedanken.
Er versteht die Substantiva und Adjectiva gut, aber die Verba sehr
schwer. Wenn man einen Idioten mit einem Buche sich selbst
überläſst, so fängt er auf ein gegebenes Zeichen an zu lesen;
aber er thut dies ganz maschinenmäſsig und versteht nichts von
Dem, was er liest. Man muſs ihn beständig durch Fragen anspornen und ihn zwingen, bei diesem oder jenem Wort inne zu
halten und dessen Sinn zu erklären.

Ist der Idiot, der lesen kann, ohne auch alles zu verstehen,
was er liest, zwölf bis fünfzehn Jahre alt geworden, d. h. in ein
Alter gekommen, in welchem die normalen Kinder gern lesen,

so liest merkwürdigerweise auch er gern oder thut vielmehr so, als ob er gern läse. Wenn er ein Stück Papier findet, auf dem einige Zeichen oder Buchstaben stehen, so fängt er gleich an, es aufmerksam zu betrachten, so dafs ein Fremder, der ihn sähe, zweifellos glauben würde, er läse. Auf den Spaziergängen mufs man sie bei ihren Einkäufen beaufsichtigen. Sie gehen gern zu Zeitungshändlern und kaufen da irgend eine Zeitung, die sie auf dem Wege anscheinend lesen. Ein Idiot L . . . in Bicêtre, der lesen kann, kaufte sich beispielsweise eines Tages eine politische und eine medizinische Zeitschrift. Als man ihn fragte, was er damit machen wolle, gab er zur Antwort, er wolle sie lesen; und wenn man sie ihm genommen hätte, wäre er sicher sehr betrübt gewesen.

Der Imbecille lernt viel schneller lesen als der Idiot; aber man mufs namentlich gegen seine Unbeständigkeit und Un- aufmerksamkeit ankämpfen. Das normale Kind unterscheidet sich vom Imbecillen hinsichtlich des Lesens auch noch in anderer Weise denn durch die Aufmerksamkeit. Niemals lernt der Imbecille ganz richtig lesen. Bald stöfst er an, bald liest er stofsweise. Selbst die auf einer verhältnismäfsig hohen Stufe der geistigen Entwickelung stehenden können nicht in der gewöhnlichen Weise und mit der richtigen Betonung lesen.

Sie haben eine sonderbare Art, illustrierte Bücher, denen sie den Vorzug geben, zu lesen. Wenn sie ein auffallendes Bild finden, so fragen sie den anwesenden Lehrer gleich nach dem Gegenstande des Bildes, oder suchen sich, falls niemand in ihrer Nähe ist, der ihnen Aufklärung geben kann, den Absatz auf, der die Erklärung zu dem Bilde giebt. Finden sie ihn, so lesen sie gierig, suchen jedoch nicht lange darnach, wenn sie ihn nicht bald finden. Die Faulheit in ihrem Wesen zeigt sich hier wie überall. Sie wollen eine Befriedigung haben, sei es in körperlicher oder geistiger Beziehung, aber sie geben sich keine Mühe, sich dieselbe zu verschaffen.

Das Schreiben erfordert eine Menge feiner und bestimmter Arm- und Handbewegungen, zu deren Erlernung man wegen ihrer Genauigkeit viel Zeit braucht, und um so mehr noch, als man nicht mehr ermüden darf, wie es bei Denen, die kaum schreiben können, der Fall ist; man mufs vielmehr das Schreiben automa-

tisch verrichten, wie das Gehen, Tanzen oder eine andere Übung,
die zusammengesetzte Bewegungen erfordert. Nun sahen wir, wie
bei den Idioten die Koordination der Bewegungen sehr schwer
erreicht und manchmal sogar unmöglich wird. Idioten und
Imbecille sind immer ungeschickt, wenigstens im allgemeinen.
Die wenig intensiven und bestimmten Eindrücke bei den Ersteren,
der Mangel an Aufmerksamkeit bei den Letzteren erschweren die
Erlernung der etwas feineren, assoziierten Bewegungen. Man wird
demgemäfs bei ihnen noch mehr Mängel des Schreibens als des
Lesens erwarten müssen.

Andererseits verändert sich die Schrift bedeutend mit dem
Alter d. h. mit dem Charakter. Während die Schrift bei
jugendlichen Individuen und solchen, die des Schreibens wenig
mächtig sind, eine ziemlich gleiche ist, wird sie später bestimmter,
charakteristischer und gewinnt schliefslich eine solche Selb-
ständigkeit, dafs keine geläufige Schrift der anderen gleicht, und
hätte sie auch dieselben Grundformen. Die Veränderungen der
Schrift mit dem Charakter, und selbst den Neigungen des Augen-
blickes, haben die Grundlage für die Graphologie geschaffen, die,
wofern man nicht zu weit darin geht, nicht mehr verlangt, als
sie leisten kann, und sich nur an die allgemeinen Züge hält, höchst
interessant und verhältnismäfsig exakt ist. Auf Geisteskranke
angewandt, kann sie hinsichtlich der Prognose gewisse Dienste
leisten. Jedenfalls steht so viel fest, dafs zwischen dem Charakter
des Menschen, seinem Gefühle und seiner Schrift eine konstante
Beziehung statthat.

Da, wie wir sehen, der Charakter des Idioten sehr wenig
ausgesprochen ist, und seine Gefühle sehr verkümmerte sind, so
wird man ebensowenig Ausdruck und Sicherheit in der Schrift
erwarten dürfen, als sie beim Lesen vorhanden sind.

Für Schreiben und Lesen gilt dasselbe. Manche zeigen
Agraphie, andere Wortblindheit; manche lernen nie schreiben,
andere wieder, die schreiben können, sind unfähig, das Geschriebene
wieder zu lesen.

Der Idiot kommt im allgemeinen nur mit grofser Mühe dazu,
seine Buchstaben zu malen. Die ersten Zeichen, die er nieder-
schreibt, erinnern mehr oder weniger an die Form eines *C*
(Tafel I).

Der einfache Idiot macht beständig dasselbe Zeichen. Er achtet nicht einmal auf seine Vorlage. Weist man ihn auf diese hin, so schreibt er nach derselben, verliert sie aber bald aus den Augen und entfernt sich mehr und mehr von ihr, bis er wieder bei dem früheren Zeichen, das er vorzieht, angelangt ist. Er kann schreiben, giebt aber nur Vorgezeichnetes wieder, das für ihn keinen Sinn hat (Wortblindheit).

Manche schreiben ziemlich leserlich, sind indessen nicht im stande, Silben zu bilden.

Sie lieben es sehr, Gedrucktes nachzuzeichnen. Um sie zu zwingen, auf die gegebene Vorlage zu achten, muſs man ihnen erst lange Zeit die Hand führen, und nur dadurch bringen sie es fertig, das Vorgeschriebene nachzuschreiben. Wir finden hier dieselbe Schwierigkeit für das Erlernen der assoziierten Bewegungen, die wir weiter oben bereits hervorgehoben. Es liegt dies in unserm Falle nicht sowohl an dem Mangel an Aufmerksamkeit, als an der mangelnden Fähigkeit, Vergleiche zu ziehen. Der Idiot sieht den Fehler nicht, den er an dem eben geschriebenen Buchstaben gemacht hat. Den Buchstaben *o* schreibt er am liebsten und besten, und zwar, wenn dieser allein steht. Innerhalb einer Silbe schlieſst er nie das *o* nach oben.

BERKHAN[1] untersuchte die Schrift von 44 Kindern, weiblichen Halbidioten. Bei zwanzig zeigte die Schrift Veränderungen ein und derselben Art; und zwar werden in den leichteren Fällen dieser Schreibstörung nur einzelne Buchstaben weggelassen oder durch andere ersetzt, in den höheren Graden und bei der gröſseren Zahl waren die Worte entstellt bis zur vollständigen Unkenntlichkeit, mit Ausnahme der am häufigsten wiederkehrenden Worte.

Dieser Autor weist auf die Ähnlichkeit zwischer dieser Störung der Schriftsprache und der Sprache der Stammelnden hin. In beiden Fällen werden die Worte in derselben Art entstellt. Aber es besteht keine Beziehung zwischen dem Schreibstammeln und dem Sprachstammeln; wo sich bei den Idioten beide Störungen finden, sind die beim Sprechen und beim Schreiben gestammelten Worte nicht dieselben.

---

[1] BERKHAN, Über die Störung der Schriftsprache bei Halbidioten und ihre Ähnlichkeit mit dem Stammeln. *Archiv für Psychiatrie.* XVI.

Ich habe auch das häufige Weglassen von Buchstaben mitten in einem Worte oder von einem Worte mitten in einem Satze beobachtet, aber ich kann diese Fehler nicht mit dem Stammeln vergleichen, bei dem kein Weglassen, sondern im Gegenteil eine Wiederholung derselben Silbe oder desselben Wortes stattfindet (Tafel II.) Es ist das einfach ein Vergessen, die Folge ihrer mangelhaften Aufmerksamkeit.

Wie man leicht aus Tafel III ersieht, herrschen die krummen Linien überall vor. Man kann sagen, dafs der Idiot bei allen Buchstaben diese Linienart anzubringen sucht. Die in Tafel III wiedergegebene Schriftprobe stammt von einem Kinde, das seit zwei Jahren keine Fortschritte mehr gemacht hat. Es ist das alles, was es seit mehr als vier Jahren, seitdem es schreiben kann, gelernt hat. Niemals wird es so weit kommen, dafs es Silben bilden kann. Und doch kann es Silben und einfache Worte (Ca-fé, Mo-ca, Ma-ca-ro-ni) lesen, ebenso wie die gebräuchlichsten Worte (Brot, Wein, Jacke etc.). Aber auch im Lesen sind seine Fortschritte nicht weitergegangen. Man könnte noch viele andere derartige Fälle anführen, wo die Intelligenz so schnell ihren Höhepunkt erreicht hat.

Manche Idioten schreiben sogar leserlich. Ihre Buchstaben sind regelmäfsig gebildet und gleichen sich alle; sie machen nicht viel Fehler beim Abschreiben. Aber man ist immer darüber erstaunt, dafs das Kind nicht lesen kann, was es geschrieben. Es besteht Wortblindheit. Ein kretinartiger Idiot G . . . . in Bicêtre kann schreiben und das Geschriebene wieder lesen; er ist sogar im stande, einige sehr gebräuchliche Worte orthographisch richtig zu schreiben; das ist aber auch alles.

Ebenso wie der Idiot gern liest, obwohl er nicht versteht, was er liest, so schreibt er auch gern. Oft fragen die Idioten ihre Lehrer, ob sie an ihre Familie schreiben dürfen und fordern dazu Feder und Papier. Haben sie dies bekommen, so kritzeln sie unleserliche Zeichen aufs Papier, die keine Ähnlichkeit mit regelrechten Buchstaben haben. Gewöhnlich sagen sie sich mit lauter Stimme die Worte vor, die sie schreiben wollen.

Séguin[1] machte die auffallende Beobachtung, dafs fast alle Idioten den Bleistift zuerst in die linke Hand nehmen, und wenn

---

[1] Séguin, loc. cit.

man ihnen denselben in die rechte Hand giebt, immer wieder ihn aus der rechten in die linke bringen. Es liegt darin eine Andeutung der Spiegelschrift. Séguin bringt diese Schreibweise in Beziehung zu der der alten Völker und der modernen Orientalen, die auch von rechts nach links schreiben.

Wir sehen also, daſs die Schrift bei den Idioten, wenn überhaupt vorhanden, stets sehr mangelhaft ist. Man kann sie aber überhaupt keine Schrift nennen, da sie nichts anderes darstellt als eine nachgemalte Zeichnung. Sie können fast nur nachmalen und weder auf Diktat noch von selbst etwas schreiben.

Der Imbecille lernt viel schneller schreiben, aber er bildet niemals seine Buchstaben ordentlich; er kann sich nicht, wie der Idiot es thut, an eine Vorlage halten, weil dazu schon zu viel Aufmerksamkeit erforderlich ist. Er kommt immer schnell von der Vorlage ab. Auch wenn er eine ganze Seite voll immer dieselbe Zeile abschreiben soll, so sieht man, wie sehr die letzte Zeile von der ersten abweicht; fast stufenweise nimmt die Verschiedenartigkeit der Zeilen zu. Anstatt sich nach dem Vorgeschriebenen zu richten, schreibt er lieber die Zeile vorher ab, die er eben geschrieben hat, und so wiederholt er die Fehler seiner eigenen Schrift, indem er sie nur noch vergröſsert. Dadurch kommt es, daſs die Schrift des Imbecillen im Laufe der Zeit schlechter statt besser wird. Nicht selten kann man beim Vergleich von zwei Schreibheften desselben Schülers, die in einem Zwischenraum von mehreren Jahren geschrieben sind, von einem gewissen Zeitpunkt an nicht nur keinen Fortschritt, sondern vielmehr ein fortschreitendes Schlechterwerden der Schrift konstatieren. Die Schrift zeigt eine leichtere Hand, ist aber unleserlich (Tafel IV. und V.). Mit dem Schreiben geht es so, wie mit dem Lesen; niemals bringt es der Imbecille dahin, gleichmäſsig zu schreiben. Die Schrift ist innerhalb desselben Wortes oder derselben Zeile bald gerade, bald schief. Geschriebenes lesen sie noch schlechter, als Gedrucktes. Es gilt auch hier wieder, was wir schon wiederholt betont haben, wenn wir Imbecille und Idioten verglichen. Die Letzteren bleiben, wenn sie an einer bestimmten Entwickelungsstufe angelangt sind, stehen; die Ersteren dagegen bleiben nicht stehen, sondern nehmen mit einer über-

raschenden Schnelligkeit in ihren Leistungen ab. Überläfst man
einen Imbecillen, dem man eine Seite zum Abschreiben gegeben
hat, sich selbst, so sieht man, wie er oft mittendrin innehält
und einen Buchstaben oder eine Silbe so und so oft hinschreibt,
mit einem Worte, maschinenmäfsig, automatisch arbeitet und seine
Einbildungskraft umherschweifen läfst (Tafel VI); das Schreib-
zentrum allein fährt fort, automatisch zu funktionieren.

Der Imbecille verändert oft mehrmals auf derselben Seite
die Schrift. Wir sagten nun anfangs, dafs, je bestimmter ein
Charakter sei, eine desto gröfsere, selbständigere Eigenart seine
Schrift zeige. Diese Veränderlichkeit in der Schrift der Imbecillen
spiegelt vollkommen die Veränderlichkeit des Charakters wieder,
während die Idioten viel mehr Beständigkeit in ihrer Schreibart
zeigen. Man ist manchmal im Zweifel, ob die Schrift von ein
und demselben Schüler sei. Regelmäfsigkeit und Gleichmäfsigkeit
sind mit dem Imbecillen unvereinbar (Tafel VII).

Es giebt jedoch Ausnahmen. Ein jugendlicher Imbecille in
Bicêtre, B . . . . ., hat eine regelrechte Schrift. Seine Hefte sind
gut gehalten; er läfst rechts und links einen Rand, hebt alle
Haupt- und Nebenabschnitte hervor, umzieht die Seiten des Heftes
mit kleinen gradlinigen Zeichnungen, die er mit Hülfe des Lineals
oder mit Knöpfen für die Kreise ausführt (Tafel VIII). Es
besteht bei ihm im Gegensatz zu den anderen eine wahre Manie
der Gleichmäfsigkeit. Aber gerade diese Übertreibung ist das
Zeichen eines schlecht veranlagten Gehirnes. Nur ausnahmsweise
beobachtet man, dafs ein Imbeciller, in welcher Weise es auch
sei, sich normal verhalte. — Immerhin brachte es ein Imbeciller
in Bicêtre, G . . . ., der sich so weit gebessert hat, dafs er aus-
wärts bei einem Korbflechter arbeiten kann, bis zu einer leidlich
regelrechten Schrift. Im letzten Jahre erhielt er auf Grund
seiner Schrift eines der besten Zeugnisse. — Das ist selten. —

Wir haben davon gesprochen, wie verkümmert die ästhetischen
Gefühle bei den Idioten sind, und ebenso haben wir gesehen, dafs
für gewisse Idioten Schreiben nichts weiter als Zeichnen ist.
Darum wollen wir auch wegen der Beziehungen, durch diese beiden
Bethätigungen des graphischen Zentrums verbunden sind, hier
unsere Beobachtungen über das Zeichnen mitteilen. Für dasselbe
gilt Ähnliches wie für das Schreiben.

Der Idiot braucht lange Zeit zum Zeichnen; er hält sich an die Vorlage, die er teils gut, teils schlecht wiedergiebt; aber er setzt nichts dazu und läfst keine Einzelheit weg, so schlecht er sie auch darstellt. Er kann sich keinen Begriff von der Perspektive machen, was ihm mit fast allen orientalischen Völkern gemein ist. Dieser Begriff ist übrigens sehr schwer zu erlangen und kann auch durch die Erfahrung nicht gegeben werden. Man überzeugt sich leicht, dafs es beim ganz kleinen Kinde ebenso ist, das sich beim Greifen nach einem Gegenstande mehr nach dessen Umfang, seinem Glanze, als nach seiner relativen Lage richtet. Um über Perspektive zu urteilen, mufs man vergleichen und urteilen, zwei Eigenschaften, die beim Idioten kaum angedeutet sind. Er stellt die Schatten in der Vorlagezeichnung dar, so gut er kann, oder er versucht es wenigstens doch. Die auf Tafel IX. beigefügte Zeichnung stammt von einem Kinde, das sich verhältnismäfsig gut entwickelt hat, aber damit auch alles gegeben zu haben scheint, was es leisten konnte. Der Idiot erfindet nichts beim Zeichnen. Manche indessen belustigen sich damit, irgend eine mehr oder weniger unförmige Figur zu malen, der sie dann einen Personennamen geben. Darüber hinaus kommen sie aber nicht. Ein einziger, kretinartiger Idiot in Bicêtre, derselbe, bei dem wir auch eine ziemlich regelrechte Schrift konstatierten, hatte es dahin gebracht, einen Gegenstand ohne Vorlage zu zeichnen. Er wollte einmal eine Trommel zeichnen; dieselbe sieht aber weit eher wie ein entleerter Ballon aus,, mit zwei Schlegeln an der Seite, von denen der eine doppelt so lang ist, wie das Instrument, während der andere nicht den zehnten Teil so grofs ist.

Während man beim normalen Menschen nicht sagen kann, dafs eine schöne Schrift auf Befähigung zum Zeichnen hinweise, oder umgekehrt, gute Zeichner noch lange nicht immer gut schreiben, wird man beim Idioten die Beobachtung machen, dafs Schreiben bei ihm in Wirklichkeit nur Zeichnen ist. Da seine Intelligenz zu schwach ist, um mit den gebräuchlichen Zeichen einen Begriff zu verbinden, so ergiebt sich, dafs die Schrift für ihn nur ein Symbol ist. Er sieht nur eine Zusammenstellung von Strichen, die er zuweilen mit dem Begriffe eines Lautes verbinden kann, wenn die Striche einfache sind, deren Verbindung er aber nicht versteht, sobald sie in zu grofser Zahl vorhanden sind. Daher ist seine Schrift und sein Lesen ohne Ausdruck, weil er Laute von sich giebt, für die ihm das Verständnis fehlt, nicht nur für die ihnen entsprechenden Begriffe, sondern auch für Das, was ihnen vorausgeht, oder was ihnen nachfolgt·

Gleicherweise mufs bemerkt werden, dafs der Idiot nicht ohne Vorlage zeichnen kann, ebensowenig, wie er ohne Vorlage schreiben kann, und wir sehen hierin wiederum einen Beweis dafür, dafs die Schrift beim Idioten durchaus nur Zeichnen ist ohne jedes Wortverständnis.

Wie bei der Schrift, hält sich der Imbecille auch beim Zeichnen nicht gern an die Vorlagen. Zwingt man ihn dazu, so zeichnet er sie nur widerwillig und infolgedessen ungenau ab; er will vor allem schnell arbeiten, ohne dafs er sich Mühe giebt, gut zu arbeiten, und er läfst sich meist lieber von seiner Einbildungskraft leiten, welcher er dann freien Lauf läfst. Vor keiner Schwierigkeit schreckt er zurück, bringt aber nur selten eine Zeichnung zu Ende. Die Tafeln XI. und XII. geben die Zeichnungen eines Imbecillen von Bicêtre wieder, der den Versuch machte, eine Lokomotive mit ihrem Heizer, die er am Tage vorher auf dem Spaziergange gesehen hatte, darzustellen. Darüber hat er den Löwen von Belfort gezeichnet. Man sieht, dafs es ihnen nicht an Kühnheit und an Anmafsung fehlt. Andererseits kann man aus der Zeichnung, die absolut nichts vorstellt, auf den ungezügelten Lauf ihrer Einbildungskraft schliefsen, unter deren Einflufs sie eine Art höchst phantastischer Arabesken zu stande bringen.

Ein Blick auf diese Zeichnungen von Idioten und Imbecillen zeigt besser als alles, was wir darüber sagen können, die aufserordentliche Kluft, die sie trennt, und den Wert beider Arten von Individuen. Bei den Idioten sehen wir den Versuch zu einer richtigen, gewissenhaften, aufmerksamen Zeichnung; bei den Imbecillen finden wir eine regellose, phantastische, anspruchsvolle, absurde Zeichnung. Es unterliegt keinem Zweifel, dafs jene diesen weit vorzuziehen sind.

So kann man diesen grundlegenden Unterschied zwischen Idioten und Imbecillen bis in die kleinsten Dinge verfolgen, wodurch die Ersteren zu armen, in ihrer Entwickelung zurückgebliebenen Wesen werden, während die Letzteren nicht nur als zurückgeblieben (wenn auch in weit geringerem Grade), sondern

vor allem als vom Normalen abgewichen erscheinen. Wir werden
später auf die volle Bedeutung dieses Umstandes in sozialer
Hinsicht zurückkommen.

Achtes Kapitel.

Die Intelligenz im besondern.

*Verschiedene Ansichten. — Erwerbung der Begriffe. — Sinneseindrücke
und Sprache als ihre Grundlage. — Konkrete, allgemeine, abstrakte Be-
griffe. — Die Rolle der Nachahmung bei der Erwerbung der Begriffe. —
Erhaltung der Begriffe. — Ererbtes, organisches, erworbenes Gedächtnis. —
Gedächtnis für Gesichtsbilder. — Erinnerung an Gemütsbewegungen. —
Gedächtnis in besonderen Richtungen. — Vergleichen. — Verallgemeinern. —
Abstrakte Ideen. — Rechnen. — Begriff von Zeit und Ort. — Zwangsideen.
— Ideenassoziation. — Urteil. — Überlegung. — Eigensinn. — Delirium. —
Reproduzierende und schöpferische Einbildungskraft.*

Wir werden uns in diesem Kapitel vor allem mit der
Intelligenz des Idioten beschäftigen, und zwar wegen der Besonderheiten, die sie vom Gesichtspunkte der allgemeinen Psychologie
bietet. Die Intelligenz des Imbecillen kommt thatsächlich der
des normalen Menschen nahe mit Ausnahme von gewissen, noch
näher zu bezeichnenden Punkten. Sie ist in mancher Beziehung
so zu sagen eine atrophische, in anderer Beziehung eine hyper-
trophische, wieder in anderer eine regelrecht entwickelte Intelligenz,
alles ohne bestimmte Gesetzmäfsigkeit, ohne besondere Eigentümlichkeiten, wenn man nicht die Regellosigkeit, die Unbeständigkeit und die Entwickelungsschwäche im allgemeinen als solche
ansehen will.

Über die Intelligenz der Idioten sind sehr oberflächliche Urteile gefällt worden. So widerspricht sich zum Beispiel DAGONET,[1]
wenn er sagt: „Die intellektuellen Fähigkeiten befinden sich entsprechend der Unvollkommenheit der Sinne beim Idioten in

----

[1] DAGONET, loc. cit.

einem verkümmerten Zustande. Wir sagen mit ESQUIROL, daſs man den Grad der Intelligenz der Idioten nach der Ausdehnung ihres Wortschatzes beurteilen kann." Im ersten Satze nimmt er als Maſs für die Intelligenz die Entwickelung der Sinne, im zweiten die der Sprache. Das Richtige ist, daſs die Entwickelung der Sinne die Grundlage für die Intelligenz ist und die Sprache zu ihrer Erweiterung dient.

Ebenso erklärt GRIESINGER[1]: „Bei dem einen ist keine Produktion von Vorstellungen vorhanden, während bei dem anderen die eben gebildeten wieder zerstört werden. Bei dem einen fehlt es an dem sinnlichen, bei dem anderen ganz an dem abstraktiven Elemente etc."

Er scheint darnach vier Kategorien aufzustellen: 1) es fehlt die Fähigkeit, Vorstellungen zu bilden; 2) es fehlt die Aufmerksamkeit, um die einmal erzeugte Vorstellung zu erhalten; 3) es fehlt die sinnliche Wahrnehmung; 4) es fehlt die Fähigkeit, zu abstrakten Begriffen zu gelangen. Darauf ist zu erwidern, daſs man für den ersten Fall angeborene Vorstellungen annehmen müſste, die spontan entstehen könnten, unabhängig von den Sinnen und der Assoziation der durch die Sinne vermittelten Ideen, wofern er nicht damit die durch Assoziation bewirkte Bildung von Vorstellungen bezeichnen will. Dann hätte er recht. Es giebt nämlich Idioten, welche nicht verallgemeinern können, wie wir später sehen werden. Im zweiten Falle fehlt die Aufmerksamkeit. Das ist vollkommen richtig, und darin liegt sogar der Hauptpunkt. Ohne Aufmerksamkeit keine genaue Wahrnehmung, kein sicheres Gedächtnis. Im dritten Falle ist das Fehlen der sinnlichen Wahrnehmung zu beschuldigen; auf ihre Bedeutung für die Begriffsbildung habe ich ja gerade soeben hingewiesen. Im vierten Falle endlich kann der Idiot nicht zu abstrakten Begriffen fortschreiten. Dagegen läſst sich nichts einwenden; und GRIE-SINGER hat überhaupt auſser der Unklarheit betreffs der ersten Kategorie exakt beobachtet. Ich möchte mich aber gegen die von ihm angegebene Reihenfolge aussprechen, wenn anders er die Absicht hatte, damit auf eine charakteristische Reihenfolge hinzuweisen. Was meiner Ansicht nach zunächst zu betrachten

---

[1] GRIESINGER, loc. cit.

ist, ist die Unvollkommenheit der Sinne, die jede Begriffsbildung
stört. Dann kommt der Mangel an Aufmerksamkeit, der, trotz
der Vollkommenheit der Sinne, in gleicher Weise störend wirkt,
aber doch gebessert werden kann, schliefslich die Unfähigkeit, zu
generalisieren und zu abstrahieren.

Die eigentliche Intelligenz schliefst viererlei Denkthätigkeiten
in sich, die wir der Reihe nach durchgehen wollen: Erwerbung
von Vorstellungen, Erhaltung der Vorstellungen, Assoziation und
Produktion der Vorstellungen.

Wir erwerben Vorstellungen und Begriffe auf zweifache Art.
Die konkreten Begriffe oder Vorstellungen werden durch die
Sinne vermittelt, und zwar im Anfange und vor dem Erscheinen
der Sprache ausschliefslich durch sie. Die Sprache ihrerseits
liefert uns die Vorstellungen, und sie allein ist im stande, uns die
abstrakten Vorstellungen zu geben. Wenn sie uns konkrete
Vorstellungen von einem Gegenstande liefert, so geschieht dies
nur durch Inanspruchnahme des Gedächtnisses und der Fähigkeit
des Vergleichens.

Wir sahen bereits in dem Kapitel über die Sinneswahrnehmungen, in welchem Zustande die Sinne sich bei den Idioten
und Imbecillen befinden; dafs bei den niedrigsten Idioten keine
Sinneswahrnehmung vorhanden ist, dafs sie erst mit der Entwickelung der Aufmerksamkeit beginnt und zunimmt und bei
den Imbecillen fast die Norm erreicht. Diese letzteren sind in
viel höherem Grade, als die Idioten, fähig, die verschiedenen
Objekte zu erkennen. Um einen Gegenstand gut zu erkennen,
bedarf es in der That der Anwendung verschiedener Fähigkeiten,
wie des Vergleichens, Überlegens, Urteilens. Man mufs die
Ähnlichkeiten und Unterschiede herausfinden, die zwischen irgend
einem und einem diesem analogen Objekte bestehen. Nun können
die Idioten sehen und nicht immer verstehen, was sie sehen, oder
der vorhergehende Eindruck erlischt vor dem neuen lebhafteren
Eindruck. Die Übung des Gesichtssinnes, des Gehörs, aller
Sinne ist zur Idioten-Erziehung unerläfslich, und mit ihr mufs man
beginnen, um ihnen die ersten Begriffe beizubringen. Auf die
Idioten pafst das Wort des Psalmisten: sie haben Augen und
sehen nicht; sie haben Ohren und hören nicht. Die Erziehung
der Sinne ist also das erste. Séguin, der diesen Gegenstand

beherrschte, hat sich darin nicht getäuscht, und alle Diejenigen, welche ihm gefolgt sind, haben diesen Grundsatz angewandt. Die Belehrung durch die Thatsachen bildet die Grundlage, freilich unter der Bedingung, daſs die Aufmerksamkeit genügend entwickelt ist, um sie benützen und in der Folge aus ihr Vorteile ziehen zu können.

Es gehört nicht zu unserer Aufgabe, hier die zur Erreichung dieses Zieles angewandten Methoden zu untersuchen. Diese Frage schlieſst sich der von uns soeben angeregten eng an, denn man muſs den Boden gründlich kennen, den man bepflanzen will, bevor man sagen kann, wie er zu bepflanzen und was dazu förderlich ist.

Nächst der Erziehung der Sinne ist die Entwickelung der Sprache das wichtigste, ohne welche die abstrakten und ver- allgemeinerten Begriffe im Geiste sich kaum bilden können. Das auf die durch die Sinne gelieferten Begriffe allein beschränkte Individuum bleibt, so vollkommen diese auch sein mögen, auf der Stufe eines intelligenten Tieres stehen. Die Wieder- holung derselben Sinneseindrücke durch dieselben Objekte giebt ihm mit Hülfe des Gedächtnisses nach einer bestimmten Zeit eine gewisse Erfahrung, die es zu dem Urteil führt, daſs es Dinge giebt, die ähnliche Eigenschaften haben, obwohl sie mehr oder weniger verschieden aussehen; das ist wahrscheinlich alles. Mit Hülfe der Sprache dagegen können wir zu den abstrakten Begriffen von Zeit, Einheit, Ewigkeit, von relativ und absolut etc. gelangen, was die Spiritualisten die ersten Grundwahrheiten nennen. Ich will nur bemerken, daſs, wenn diese Prinzipien wirklich die ersten und für jede Intelligenz zur Entwickelung unerläſslich wären, man sie auch bei den verkümmerten Intelligenzen wiederfinden müſste. Aber Dem ist bei weitem nicht so. Diese ersten Prinzipien sind nur Ergebnisse der Überlegung, keineswegs der Erfahrung und noch weniger der natürlichen Anlagen des menschlichen Geistes. Man vergiſst, daſs es Abstufungen der menschlichen Intelligenz giebt, ganz wie bei den verschiedenen Tierarten, und daſs die Intelligenz der hier in Betracht kommenden Degenerierten viel eher der Intelligenz der Tiere als der hoch- stehender, menschlicher Individuen zu vergleichen ist. Die Vor- gänge bei der Erwerbung von Begriffen sind beim Idioten in

Wirklichkeit dieselben wie beim normalen Kinde. Sie erfolgt durch die Sinne und die Sprache. Der Unterschied liegt nur in der relativen Bedeutung beider Mittel und in dem Verhältnis der Länge der Dauer, während der sie nacheinander angewandt werden. Beim normalen Kinde wendet man sich naturgemäfs zuerst an seine Sinne, um ihm den Begriff von den Dingen in seiner Umgebung zu verschaffen. Vom fünfzehnten Monat ab jedoch oder noch früher sucht man ihm ein Bild eines konkreten Gegenstandes oder auch Eigenschaften dieses Gegenstandes durch das Wort einzuschärfen, welches man ihm beständig vorsagt. Bald ist es vor allem die Sprache, und sind es nicht mehr allein die Sinne, durch die man in dem kindlichen Geiste den neuen Begriff entstehen läfst.

Vom dritten Jahre an kann man ihm schon Begriffe bei-bringen, ohne auf die Sinne zu rekurrieren, und ohne dafs das Kind den Gegenstand, von dem man spricht, zu berühren, zu fühlen, zu sehen braucht, obwohl die Verbindung beider Methoden, die Anschauungslehre, immer vorzuziehen ist. Beim Idioten verhält es sich anders. Wie wir sahen, ist bei ihm die Sprache eine mangelhafte, nicht nur im Ausdruck, sondern auch im Verständnis. Zuweilen bleibt sie so rudimentär, dafs es — wenn man mit ihr allein rechnen müfste —, um die Erziehung der Idioten schlecht bestellt wäre. Auch bei ihm mufs man sich an Das halten, was am meisten entwickelt ist, die Sinne. Anstatt nur bis zum zweiten oder dritten Jahre durch sie einzuwirken, mufs man sie bei ihm zehn Jahre hindurch und länger, in manchen Fällen sogar immer benutzen. Die Sprache ist nur ein ungenügendes Hülfsmittel. In Bicêtre befinden sich in den Werkstätten Kinder, die nicht im stande sind, alle die Gegenstände, deren sie sich bedienen, zu benennen, die aber sehr wohl sie anzuwenden verstehen und ordentlich arbeiten. Wenn man sie arbeiten sieht, so sollte man glauben, dafs sie intellektuell sehr entwickelt seien, man ist aber überrascht, dafs sie Einen kaum verstehen, wenn man sie nach etwas fragt.

Die Erwerbung der Begriffe vollzieht sich beim normalen Kinde und Idioten somit durch die beiden genannten gewöhnlichen Vorgänge, aber in entgegengesetzter Art und Weise und mit einer ausgesprochen gröfseren Langsamkeit.

Wir haben drei Arten von Vorstellungen oder Begriffen zu betrachten, die konkreten, allgemeinen und abstrakten Begriffe. Auf die konkreten und durch die Sinne vermittelten Begriffe, die wir schon betrachtet haben, und die sich übrigens nach der Erziehung verschieden gestalten, würden wir nicht zurückkommen, wenn wir nicht noch auf einzelne Punkte aufmerksam machen und untersuchen wollten, wie die Idioten die verschiedenen Eigenschaften der Materie auffassen.

Die Formen, die am meisten Eindruck auf sie machen, sind das Quadrat und der Kreis. Auf diese beiden Formen kommen sie stets zurück, um eine Figur zu beschreiben. So wird das Rechteck zum ausgezogenen Quadrat und das Oval ein in die Länge gezogener Kreis. Sie begreifen recht wohl die Unvereinbarkeit dieser beiden Formen, denn für sie ist „rundes Viereck" der Ausdruck für etwas Unmögliches. „Eher lassen sich runde Vierecke machen", sagen sie, wenn sie etwas Undurchführbares bezeichnen wollen.

Sobald der Idiot einer geringen Aufmerksamkeit fähig ist, scheint er beim Anblick von Farben eine wirkliche Freude zu empfinden. Das Rot zieht ihn besonders an, und viele putzen sich gern mit scharlachroten Lappen. SÉGUIN beobachtete, daß die Mehrzahl der hiefür empfänglichen Mädchen und eine kleine Anzahl der Knaben mehr durch die Veränderungen der Farben als durch die Unterschiede in der Form beeinflußt werden. So unterscheiden die meisten Mädchen sehr gut Blau nach mehreren Nuancen, während die Knaben besser eine Raute von einem Rechteck und ein Sechseck von einem Achteck unterscheiden. Sie unterscheiden einen Gegenstand nicht nach seiner Form, sondern nach seiner Verwendung.

Der Idiot hat einen Begriff von der Oberfläche, denn er streicht gern mit der Hand auf einem glatten Gegenstande hin und her, wie auf Porzellan, Glas, abgehobeltem Holz; er weiß also das Rauhe und das Glatte wohl zu würdigen.

Der tiefstehende Idiot kann die Entfernungen nicht schätzen. Vielleicht ist dies eine der Ursachen, weshalb er immer auf seinem Platze sitzen bleibt. Er schreitet nur langsam vorwärts, wie aus Furcht, sich zu stoßen. Wenn er geht, bleibt er vor jedem Hindernis stehen. SÉGUIN meint, daß sie keinen Begriff von Flächen haben, die Entfernung nach dem Maßstabe ihrer Faul-

heit bemessen und daher stets zu weit schätzen. Die Menge schätzen
sie nach ihrer Naschhaftigkeit und finden sie stets ungenügend.

Die allgemeinen und abstrakten Begriffe sind das Ergebnis
des Vergleichens, des Verallgemeinerns, des Überlegens und des
Urteilens und werden besser dort ihren Platz finden, wo wir von
diesen verschiedenen Denkthätigkeiten sprechen werden. Noch
ein Punkt bleibt bezüglich der Erwerbung der Begriffe zu prüfen,
nämlich die Rolle der Nachahmung. Wir sehen bei der Besprechung dieses Triebes, der an der Entwickelung der Intelligenz
nur einen sehr schwachen Anteil nimmt, dafs es sich dabei um
eine automatische Handlung, um die Übung eines Naturtriebes
handelt. Aber ebenso wie man die Intelligenz eines Kindes an
der Art erkennt, mit der es mehr oder weniger getreu die
Handlungen und einzelnen geistigen Äufserungen nachahmt,
namentlich darnach, wie es seine Nachahmungen je nach den
Umständen verändert, — ebenso ist die Nachahmung auf der
anderen Seite eine Quelle von Kenntnissen für das Individuum.

Beim Idioten kann man leider in intellectueller Beziehung
daraus nicht denselben Nutzen ziehen, wie bei den normalen
Kindern. Man regt ihr Nachahmungsvermögen an, um sie einigermafsen für diese oder jene Arbeit zu dressieren, für diese oder
jene mehr weniger komplizierte Handlung, ohne dafs sie oft den
Zweck derselben begreifen. Man bringt es auf diese Weise bei
ihnen zu einer Verbindung von entsprechenden Bewegungen,
die denen des Gehens zum Beispiel analog sind und die sich
gewifsermafsen als Reflexe wiederholen, ohne dafs sich die Intelligenz
dabei beteiligt. Der Beweis dafür ist der, dafs, wenn man diese
assoziierten Bewegungen zu einem etwas anderen Zwecke abzu-
ändern versucht, die ganze Erziehung für diese neue Uebung von
neuem beginnen mufs. Die Anregung der Nachahmung bringt
somit beim Idioten keinen Nutzen für die Entwickelung der
Intelligenz, sondern eher für die Muskelthätigkeit und ihre bestimmte unabänderliche Anordnung. Man giebt ihm damit keinen
Begriff, sondern schafft nur einen Mechanismus. Der Imbecille
dagegen ahmt, was man ihm vormacht, grob und oft nur sehr
unvollkommen nach, aber er thut es doch. Will man ihm jedoch
die Art und Weise des Vorgehens, die man ihm angewöhnt hat,
wieder abgewöhnen, so erfolgt dies mit Leichtigkeit, gerade als

hätte man ihn etwas Neues oder verschiedene Arten der Ausführung gelehrt je nach den verschiedenen Umständen. Aber
leider verdrängt bei ihm eine Vorstellung die andere; und kommt
man auf Das zurück, was er zuerst gewöhnt war, so zeigt sich,
daſs er keinen Fortschritt gemacht hat. Man muſs ihm dann
wie beim ersten Male zeigen, was er zu thun hat, so daſs in gewisser Beziehung viel leichter aus der Arbeit des Idioten Nutzen zu
ziehen ist, wofern man ihn nur immer dasselbe in derselben Art verrichten läſst, als aus der des Imbecillen, der sich nur sehr wenig
vervollkommnet, dessen Aufmerksamkeit sehr schnell ermüdet und
dem man immer wieder von neuem dasselbe zeigen muſs, wenn
er sich eine Weile nicht damit beschäftigt hat. Beim Imbecillen
ruft daher die Nachahmung einen Begriff hervor, den die Intelligenz
verarbeitet, den sie aber nicht festhalten kann, was ebenso viel
heiſsen will, als ob sie ihn gar nicht verarbeitete.

Daraus, daſs die Intelligenz sich nicht immer äuſsert, darf
man nicht schlieſsen, daſs überhaupt kein intellektueller Eindruck
im Gehirn entsteht. Einmal kann dieser Eindruck nicht stark
genug sein, um wiederum nach auſsen kund gegeben zu werden,
oder die Aufmerksamkeit des Individuums ist nicht intensiv
genug, um ihn zum Bewuſstsein zu bringen. Dieser Satz beruht
nicht etwa auf einer einfachen Überlegung. Wie gewisse Geisteskranke unter dem Einflusse einer fieberhaften Erkrankung vollständig oder verhältnismäſsig klar werden, so kann man auch
beim Idioten sehen, worauf GRIESINGER und nach ihm FÉRÉ mit
Recht hingewiesen haben, wie die Aufregung durch einen Schmerz
oder ein akutes Leiden Seelenäuſserungen und Fähigkeiten wach-
rufen, die bis dahin verborgen geblieben waren oder nicht zu bestehen schienen. Dies läſst den Schluſs zu, daſs bei einzelnen
Idioten im gewöhnlichen Zustande weit mehr in die Seele aufgenommen wird, als es den Anschein hatte, was sich zwar nicht
äuſsern konnte, aber doch seine Residuen zurückließ.

GRIESINGER erzählt von einem Idioten, der nur fähig war,
einige Worte zu artikulieren, der aber, nachdem er hydrophobisch
geworden war, mit Geläufigkeit über Dinge sprach, die sich Jahre
zuvor zugetragen und an denen er damals nicht den geringsten
Anteil zu nehmen schien. Die Vorstellungen und Begriffe müssen,
nachdem durch sie einmal ein Eindruck im Gehirn hervor-

gerufen ist, mehr oder weniger lange darin haften, wenn sie verwertet werden sollen. Es wäre sonst das psychische Leben nur ein Aufeinanderfolgen von Eindrücken, die in keinem Zusammenhange untereinander stehen. Die Erziehung würde absolut unmöglich sein, Erfahrung würde es nicht geben. Das Gedächtnis d. h. die Fähigkeit des Gehirns, die sensiblen Eindrücke und die Bilder von Gegenständen und Worten aufzuspeichern, ist daher eine Hauptbedingung für die Entwickelung der Intelligenz und des Charakters, und wir wollen jetzt auf dasselbe zu sprechen kommen.

Man kann drei Arten des Gedächtnisses unterscheiden: das ererbte, das organische und das erworbene Gedächtnis. Das ererbte Gedächtnis kann die Erklärung für gewisse, eigenartige Neigungen abgeben, die sich bei manchem Idioten finden und im Gegensatze zu der übrigen Intelligenz des Individuums stehen. Ich erwähnte schon das Beispiel des Idioten, dessen Grofsvater, Vater und Bruder Tambour gewesen waren, und der die Trommel zu schlagen begann, ohne das Instrument vorher jemals gesehen zu haben. Dergleichen Beispiele könnte man noch mehr anführen. Jenes Gedächtnis könnte auch erklären, wie manche Idioten Dinge auszuführen vermögen, die ziemlich kompliziert sind und die Ausübung mehrerer Fähigkeiten erfordern, wie zum Beispiel das Kartenspiel. Es erscheint ziemlich wunderbar, wie PEREZ bei Erwähnung einiger Kinder, welche diese Eigentümlichkeit zeigten, hervorhebt, dafs eine Intelligenz, die sich nach einer bestimmten Richtung hin so bemerkbar macht, — einer Richtung, die einen Aufwand von Erinnerung, Phantasie, Vorbedacht, Erwägung, Berechnung Urteil und Überlegung verlangt, — dafs diese Intelligenz in jeder anderen Beziehung so gut wie nichtig ist. Durch die Annahme des ererbten Gedächtnisses erklärt sich dies meiner Meinung nach ziemlich rationell; leider habe ich selbst keine Erfahrungen in dieser Hinsicht machen können. Diese Frage nach dem ererbten Gedächtnis ist übrigens noch sehr dunkel, denn bis jetzt nimmt man an, dafs die erworbenen intellektuellen Erscheinungen nicht übertragen werden.

Das organische Gedächtnis, d. i. das unbewufste Gedächtnis für assoziierte, zu einem bestimmten Zwecke zusammengesetzte Bewegungen, wie es z. B., um das einfachste Beispiel zu wählen, der Gang ist, ist manchmal bei den Idioten gar nicht vorhanden. Es giebt dafür zwei Gründe, die in dem Zustande der nervösen Zentren oder in dem Zustande der Aufmerksamkeit liegen können oder auch in beiden zusammen. Einerseits wissen wir, dafs zur Ausführung einer Bewegung das Bewegungsbild in dem Zentrum erscheinen mufs. Je geringer die Erregung ist, die genügt, um dieses Bild hervorzurufen, um so schneller und leichter wird sich die Bewegung vollziehen, bis sie nach einer gewissen Zeit fast vollständig aus dem Bewufstsein schwindet. Bei den Idioten nun sind diese Zentren entweder in ihrer Entwickelung gehemmt oder mehr oder weniger destruktiv verändert. Es leuchtet ein, dafs in dem einen oder anderen Falle ihre Funktionierung eine sehr mangelhafte sein wird und die Bewegungseindrücke in denselben nicht haften. Andererseits kennen wir die schwache, unbeständige Aufmerksamkeit des Idioten. Wenn nun nicht die motorischen Zentren allein betroffen sind, sondern das ganze Gehirn in seiner Entwickelung gehemmt ist, dann wird die zur Fixierung des erhaltenen Eindruckes notwendige Aufmerksamkeit eine ungenügende sein, oder der Eindruck wird sehr lange Zeit gebrauchen, bis er haftet, oder endlich er wird nie haften. Ist er indessen einmal fixiert, so wird er längere oder kürzere Zeit bestehen bleiben. Das gilt für die assoziierten Bewegungen, wie die des Ganges. Aber wir werden sogleich bei Besprechung des erworbenen Gedächtnisses sehen, dafs die Beständigkeit des Eindruckes beim Idioten und Imbecillen nicht dieselbe ist.

Mehr noch als für das organische Gedächtnis ist die Aufmerksamkeit für das erworbene Gedächtnis unerläfslich. „Das Gedächtnis", sagt GRIESINGER [1] „ist die einzig recht zugängliche Seite für die Erziehung, die es höchstens dahin bringt, dafs das Individuum in einem ganz einfachen Lebenskreise mäfsige Anforderungen an ein vernünftiges Denken und Handeln befriedige und sich etwa noch durch eine mehr nachahmende, keiner Initiative bedürfende Thätigkeit nützlich mache." Ohne Aufmerksamkeit kein Gedächnis; nicht etwa, weil die Aufmerksamkeit nötig wäre zur Reproduktion der Eindrücke an der Oberfläche, sondern vielmehr, weil sie für ihre Fixierung unerläfslich ist. PEREZ [2] hat ebenfalls eine wesentliche Bedingung für das Gedächtnis in dem

[1] GRIESINGER, loc. cit. — [2] PEREZ, loc. cit.

Umstande gesehen, wie wir auch meinen, dafs es auch von diesen
Reizen, d.'h. von der Sensibilität in allen Formen abhängig ist.
Die Gemütsbewegung spielt eine grofse Rolle dabei, indem durch
sie das Bild fester haftet; und BAIN sagt, das Fehlen der sinnlichen Wahrnehmung bringt notgedrungen ein Fehlen des Gedächtnisses mit sich. Bei den intelligenten Kindern, die sich
rasch entwickeln, bei denen viele Fähigkeiten gewissermafsen zu
gleicher Zeit entstehen, ist es weniger leicht, die Bedeutung der
Aufmerksamkeit für das Gedächtnis wahrzunehmen, da die Aufmerksamkeit von früher Jugend an schon hervortritt. Dagegen läfst
sich beim Idioten öfters eine verspätete Entwickelung der Aufmerksamkeit beobachten, wenigstens betreffs gewisser Punkte und
besonders derjenigen, die am meisten zur Entwickelung der
Intelligenz beitragen. Beim normalen Kinde zum Beispiel lenkt
man die Aufmerksamkeit auf die Kenntnis von den Gegenständen, bevor man versucht, sie auf die organischen Bewegungen
zu richten, da sein körperlicher Zustand es noch nicht erlaubt.
Späterhin ist die Aufmerksamkeit auch noch vorzugsweise auf
das ganze intellektuelle Gebiet gerichtet: auf die Sprache, die
Überlegung, das Objektbild etc. Beim Idioten jedoch kann man
die Aufmerksamkeit oft auf keinen einzigen Gegenstand lenken,
und man beschäftigt sich dann — falls sein Zustand widerstandsfähig genug ist — mit der Entwickelung und Erziehung seiner
Organe. Die automatischen, ererbten Bewegungen erlernt
er am besten. Hat er es einmal gelernt, so kann er hin und
her, von einem Orte zum anderen gehen, ist aber nicht imstande,
seine Aufmersamkeit auf irgend etwas Intellektuelles zu richten.
Er erfafst die Gegenstände, scheint sie aber nicht zu kennen,
wenn sie nicht etwa zu einem dringenden Bedürfnisse dienen,
wie zur Ernährung. Weiterhin sucht man seine Sinne zu erziehen, um seine Aufmerksamkeit für das Intellektuelle durch
alle uns zu Gebote stehenden Mittel anzuregen. Erst von diesem
Momente an kann auffallenderweise ein bestimmter Eindruck in
dem Gehirn haften und zwar mit zunehmender Leichtigkeit, und
nach einer gewissen Zeit bemerkt man, dafs der Idiot beim Anblicke eines Gegenstandes sich erinnert, ihn schon einmal gesehen
zu haben. Der Eindruck ist also nicht allein fixiert, sondern er
kann auch jederzeit wachgerufen werden, — darauf beruht

das wirkliche Gedächtnis. Nachdem man es auf diese Weise durch den Gegenstand selbst zu wecken vermocht hat, verbindet man ein Wort mit dem Gegenstande, und alsdann genügt das Wort, um das Objektbild hervorzurufen. Das Gedächtnis ist dann vollständig vorhanden. Diese verschiedenen Phasen in der Entwickelung des Gedächtnisses, die das gesunde Kind durchmacht, verlaufen beim Idioten viel langsamer, und sie treten oft sogar nicht alle in Erscheinung. Diese Auflösung in einzelne Stadien ist interessant, denn sie ist bei normalen Kindern kaum zu beobachten. Auf der ersten Stufe sehen wir das Gedächtnis in latentem Zustande, sich nur unter dem Einflusse einer heftigen Erregung entwickeln, wie sie durch eine fieberhafte Krankheit oder durch eine starke Gemütsbewegung verursacht wird. Das Gedächtnis existiert in diesem ersten Stadium wohl insoweit, als die Vorstellung, das Bild festgehalten wird, existiert aber nicht in Hinsicht auf die Reproduktion dieses Bildes, wenigstens nicht unter normalen Verhältnissen.

Gehen wir einen Schritt weiter, so kommen wir zu einem Idioten, der neben diesem latenten Gedächtnisse (welches man nicht immer konstatieren kann) nur die zweite Stufe darstellt, die Erinnerung an das Bild nur durch das wirkliche Objekt. Dies ist oft genug zu beobachten, und zwar gilt dies namentlich für Objekte, die ihre Begierden reizen, und ebenso auch für die Orte (Ortsgedächtnis). Bei der Aufmerksamkeit hoben wir hervor, dafs das Erste, was die Aufmerksamkeit bei den unheilbaren Idioten anzieht, die Nahrung ist. Wenn sie beim Anblicke derselben vor Freude aufschreien, so erinnern sie sich doch offenbar der früheren durch dieselben Gegenstände hervorgerufenen Empfindungen. Ohne diesen Anblick ist nichts im stande, ihnen dieses Bild in die Erinnerung zu bringen. Das Wort, durch welches dasselbe ausgedrückt wird, verstehen sie nicht. Doch könnte man in diesem Falle an einen einfachen Reflexvorgang denken, der eine Gedächtniserscheinung vortäuscht, und könnte annehmen, dafs der Geschmack und Geruch, die zur gröfseren Befriedigung bei der Nahrungsaufnahme in Thätigkeit treten, zugleich die angenehme Empfindung bewirken, welche die Befriedigung eines solchen Bedürfnisses, wie es das Nahrungsbedürfnis ist, hervorruft. Sicherlich mufs dies in gewissem Mafse mitwirken, kommt aber nicht allein in Betracht, denn es genügt schon der bloſse Anblick der leeren Schüsseln und Teller, um diese Freude hervorzurufen, für die man hier doch nicht den Einfluſs der Erregung des Geschmacks- und Geruchssinnes geltend machen kann. Es besteht vielmehr sicher eine Assoziation der Bilder, ein Gedächtnis.

Ebenso verhält es sich auf einer höheren Stufe mit dem Ortsgedächtnisse, das nicht durch die Befriedigung eines dringenden Naturbedürfnisses erklärt werden kann. Dasselbe ist übrigens nur beim bildungsfähigen Idioten vorhanden, bei dem die Aufmerksamkeit sich zu entwickeln beginnt. Er erkennt den Speisesaal, das Schulzimmer, den Schlafsaal und sogar sein Bett sehr gut wieder. Hier ist es nicht die lebhafte Gemütsbewegung, die das Bild hervorruft, sondern dasselbe erscheint infolge seiner durch die Wiederholung des Sinneseindruckes erreichten stärkeren Fixierung. Er erkennt auch die Personen wieder, die er gewöhnlich sieht, und manchmal sogar dann noch, wenn er sie ziemlich lange nicht mehr gesehen hat.

Alle diese Gedächtnisvorgänge sind sehr einfacher Art. Sie deuten auf die Thätigkeit einer nur sehr kleinen Zahl von Zentren. Dieses Gedächtnis setzt nicht die Sprache voraus, was man auch bei den Tieren beobachten kann.

Sobald aber die Sprache vorhanden ist, eröffnet sich ein ganz neues Feld für das Gedächtnis: einerseits die Erinnerung an die durch Vermittelung der Sinne bekannten Dinge beim Hören des Wortes, durch das sie bezeichnet werden, und andererseits die Erinnerung an eine dem Geiste zugeführte Vorstellung ohne die Vermittelung der Sinne, einfach nur durch die Sprache. Diese beiden Entwickelungsgrade des Gedächtnisses lassen sich noch jeder für sich beim Idioten beobachten.

Es giebt, wie wir beim Kapitel über die Sprache sahen, Idioten, die ein leidliches Verständnis zeigen, ohne sprechen zu können, wie es bei normalen Kindern in einem gewissen Lebensalter der Fall ist. Bei ihnen genügt die Aussprache eines einfachen Wortes, des Namens eines ihnen wohlbekannten Gegenstandes, um ihre Aufmerksamkeit auf diesen Gegenstand, wenn er sich in der Nähe befindet, zu lenken, oder es genügt, ihnen denselben zu versprechen, um eine Vorstellung bei ihnen zu erwecken. Verspricht man ihnen z. B. einen Kuchen, so freuen sie sich;

und dies beweist, dafs bei ihnen das Wortgehörsbild das Gesichts-
und Geschmacksbild des Kuchens erweckt hat. Die Hervorrufung
der Bilder ist nichts anderes, als eine Erscheinung des noch sehr
einfachen Gedächtnisses. Trotzdem ist es ein nützliches Hülfsmittel für die Erziehung; denn nach BAIN[1] soll das Gedächtnis
dabei die gröfste Rolle spielen. Es gelingt so, die Aufmerksamkeit auf andere Punkte zu richten durch die Aussicht auf
einen begehrenswerten Gegenstand, den man nicht bei sich
hat, oder auf eine schon früher erhaltene Strafe. Mit einem
dressurfähigen Tiere verfährt man nicht anders; z. B. mit dem
Hunde, bei dem das Wort „Peitsche" die Vorstellung der
Züchtigung hervorruft. Viele Idioten bleiben auf diesem Punkte
stehen, wenn ihre Fähigkeit, die Sprache zu verstehen, wenig
entwickelt ist. Ist sie es in genügendem Grade, so hat man in
ihrer Erziehung viel leichteres Spiel.

Eine notwendige Bedingung für das Gedächtnis ist aber noch
die Ideen-Assoziation, die, wie wir sehen werden, bei den Idioten
und Imbecillen sehr schwach ist. Jeder Vorgang im Gedächtnisse
geht einher mit einem Begriff von Zeit und Ort, mit einem
Wachwerden von Gehörs-, Gesichts- oder anderen Bildern. Fehlt
eines dieser Elemente, so ist die Erinnerung eine unvollständige.
Da nun diese Bilder besondere Zentren zu haben scheinen, so
ist, wenn die Assoziationen zwischen diesen verschiedenen Zentren
sich gar nicht oder nur mangelhaft vollziehen, das Gedächtnis gestört, was bei den Idioten und Imbecillen meist der Fall ist. Wenn
wir noch hinzufügen, dafs oft das Grundbild in zu schwachem
Grade erweckt wird, so begreift man leicht, weshalb auch die
Assoziation eine mangelhafte sein wird.

Man mufs auch die früher entstandenen Gemütsbewegungen,
Gefühle und Vorstellungen hervorrufen können. Wir sahen
bereits in dem Kapitel über die Gefühle, wie schwach die
Gemütsbewegungen bei den Idioten und Imbecillen sind. Um
so schwächer müssen daher bei ihnen die durch die Erinnerung
wieder aufgefrischten Gemütsbewegungen sein. Um eine frühere
Gemütsbewegung wieder wachzurufen, kann man sich nur der
Sprache bedienen. Das Kind mufs also die Sprache in hin-

---

[1] BAIN, loc. cit.

reichender Weise verstehen. Unter den stärksten Gemütsbewegungen, deren der Idiot fähig ist, kommt in erster Linie die Furcht und daneben die Lust in Betracht. Sie bilden die beiden Erziehungs-mittel, die gewöhnlich angewendet werden. Ehe man aber zur Drohung und zum Versprechen durch die That selbst seine Zuflucht nimmt, indem man die Peitsche oder den Kuchen zeigt, um Das, was man befiehlt, durchzusetzen, versucht man erst, durch die schon bekannten Wortbegriffe Peitsche oder Kuchen einen Eindruck zu erzeugen. Wenn wir diese einfachen Beispiele wählen — es sind auch fast die einzigen Gemütsbewegungen, die man bei den niederen Idioten hervorrufen kann, — so sehen wir schon, daß es sehr schwer ist, ihre Erinnerung an eine Strafe oder an ein Stück Kuchen wachzurufen, das man ihnen gegeben hatte, um sie zu etwas zu bewegen. Die Gemütsbewegung läßt zu wenig Erinnerung in ihrem Gehirne zurück, andererseits verliert sie schnell an Intensität, wenn sie oft aufgefrischt wird, und so bemerkt man bald zu seinem Erstaunen, daß man sich in einem circulus vitiosus bewegt. Der Idiot ist ja allerdings furchtsam; aber sobald die Furcht vor der erwarteten Strafe vorüber ist, verschwindet sie fast vollständig aus seinem Geiste. Ebenso ist es mit der Lust, die man ihnen bereitet. Beim Imbecillen ist die Erinnerung an jene beiden Zustände vorhanden, aber durch seine geistige Unbeständigkeit erlischt die an und für sich schon geschwächte Erinnerung schnell und macht sich infolgedessen nur sehr wenig geltend. Das Gedächtnis für Gemütsbewegungen ist bei ihnen also sehr wenig entwickelt, aber entsprechend ihrer Gemütserregbarkeit, die in sehr geringem Grade vorhanden ist oder sich in perverser Weise äußert.

Diese Fähigkeit, die Gemütsbewegungen jeder Art zu reproduzieren, bildet eine sehr frühzeitige und dauernde Eigen-schaft des Charakters. Bei den Idioten ist der Charakter unbestimmt mangelhaft entwickelt. Man weiß wohl im allgemeinen, ob ein Kind sanft und furchtsam, ein anderes heftig und boshaft ist; aber das ist auch alles. Die Analyse des Charakters gehört übrigens zu den schwierigsten Aufgaben der normalen Psychologie, und man weiß nicht einmal recht, was man unter dem Ausdrucke „Charakter" verstehen soll. Wie dem auch sei, die Beobachtung über den Charakter der Idioten stimmt ganz überein mit der

Thatsache, dafs sie unfähig sind, diese oder jene Art von Gemütsbewegungen zu reproduzieren.

Dinge, die in das Bereich des Intellektes gehören, die man
bis zum Überdrusse wiederholen und beliebig oft dem Geiste wieder
einprägen kann, haften besser im Gehirn. Darum kann man es
mit der Länge der Zeit bis zur Erwerbung gewisser, elementarer
Kenntnisse bei den Idioten bringen.

Durch verschiedene Einflüsse wird das Gedächtnis angeregt,
und werden angenehme Gemütsbewegungen hervorgerufen; beispielsweise durch die Aufmerksamkeit. Doch alles dies ist bei den
Idioten geschwächt, und deswegen ist ihre Erziehung so schwer.

Noch ein Wort über das Gedächtnis für besondere Dinge,
das bei manchen Idioten und Imbecillen beobachtet wird. Die
meisten aufsergewöhnlichen Individuen, die öffentlich gezeigt
werden, gehören in diese Kategorie. FALRET führt den Fall
eines Imbecillen aus einer englischen Anstalt an, der die Geburts-
und Todestage aller berühmten Männer und das Datum vieler
historischer Fakta von Schlachten u. s. w. kannte. In jeder
anderen Beziehung waren seine Intelligenz und sein Gedächtnis
fast gleich Null. Ebenso verhält es sich mit dem Gedächtnisse für
Musikstücke, das so häufig bei Idioten bemerkbar ist. Ein fünf-
jähriger Idiot in Bicêtre, B . . . ., bringt jedesmal, wenn er von
seinen Eltern zurückkommt, eine ganze Reihe neuer Lieder mit,
die er übrigens nicht versteht. Auch die Imbecillen behalten
leicht Verse und Lieder, wobei der Rhythmus ihnen sehr zu Hülfe
kommt. CHARPENTIER [1] machte die interessante Beobachtung, dafs
ein Imbeciller, der zwanzig Jahre lang nicht gesprochen hatte,
eines Tages wieder geläufig zu sprechen begann. Trotzdem die
Übung so lange Zeit fehlte, war die Erinnerung an die zur
Artikulation notwendigen Bewegungen doch noch nicht verloren
gegangen.

Kurz, wir sehen, das Gedächtnis bei den Idioten und Imbecillen ist sehr unvollkommen. Besonders zeigt sich, wie schwer
das Bild behalten wird und namentlich, wie schwer die Reproduktion desselben von statten geht. Das Gedächtnis ist träge, wie
seine Aufmerksamkeit. Der Idiot unterscheidet sich jedoch von

---

[1] CHARPENTIER, *Annales méd.-psycholog.* 1885.

dem Imbecillen hierin insofern, als sein Gedächtnis häufiger von
Verständnis begleitet ist. Das Gedächtnis der Imbecillen ist zuweilen sehr entwickelt, aber wenn man genauer zusieht, so bemerkt
man, daſs sie alles stets in derselben Reihenfolge, wie sie es
gelernt haben, hersagen und nichts davon verstehen. Bei der
geringsten Umänderung oder Unterbrechung bleiben sie stecken. —
Wenn sie auch ein Gedächtnis besitzen, so fehlt es ihnen doch
an dem nötigen Verstande, obwohl man sie auf den ersten Eindruck günstiger beurteilt. Läſst man sie dasselbe alsdann noch
einmal erzählen, so tragen sie es in ganz derselben Art, mit
denselben, so zu sagen stereotypen Ausdrücken vor. Es geschieht
rein automatisch, und verlangt man von ihnen die geringste
Erklärung, so können sie dieselbe nicht geben. So oft man sie
auch wieder von vorn anfangen läſst, ebenso oft sagen sie alles
auf dieselbe Weise her. Wenn sie z. B. die Tage der Woche
gelernt haben, mit dem Donnerstag beginnend, und sie sollen
sie mit dem Montag anfangend aufzählen, so sind manche
nicht dazu im stande. Ihr nur sehr ungleichmäſsiges Gedächtnis
kann ihnen also nichts nützen. Wiewohl sie zuweilen verhältnismäſsig schnell lernen, so vergessen sie ebenso schnell.
Während daher die Idioten sich sehr lange auf derselben Höhe
der Entwickelung, die sie einmal erreicht haben, halten können,
vergessen die Imbecillen im allgemeinen alles mit einer auſser-
ordentlichen Geschwindigkeit, wenn man sie auch nur kurze
Zeit sich selbst überläſst. Die Erziehung der bildungsfähigen
Idioten ist also in gewisser Beziehung nutzbringender als die der
Imbecillen.

Dieses durch die Sinne und die Sprache erworbene, durch
das Gedächtnis aufgespeicherte und reproduzierte Material würde
wenig Wert haben, wenn es nicht zur Überlegung und Urteilsbildung, d. h. zu einer Arbeitsleistung der Intelligenz benutzt
würde. Aber diesen beiden geistigen Vorgängen müssen, damit
sie sich äuſsern können, noch andere Thätigkeiten vorausgehen,
nämlich das Vergleichen, wodurch wir die Ähnlichkeiten und
Unterschiede der Dinge kennen lernen und die durch den Kontrast,
die Ähnlichkeit, die Kontiguität der Vorstellungen gebildete
Ideen-Assoziation. Durch das Vergleichen kommen wir von dem
konkreten zum allgemeinen und abstrakten Begriffe, und durch

das Verknüpfen dieser Vorstellungen sind wir schliefslich im stande, zu überlegen und zu urteilen. Wie sich diese verschiedenen Denkoperationen beim Idioten vollziehen, müssen wir jetzt untersuchen.

BAIN[1] betrachtet als erste Bedingung für das Vergleichen und Urteilen die Fähigkeit, die verschiedenen Eigenschaften der Dinge unterscheiden zu können, d. i. das Unterscheidungsvermögen. „Der Verstand beginnt mit dem Unterscheidungsvermögen", sagt er. „Das Bewufstsein des Unterschiedes ist der Anfang jeder geistigen Thätigkeit." Er bemerkt übrigens auch, dafs das Vermögen, die Ähnlichkeiten festzustellen, gleichfalls unerläfslich ist. Die Psychologen sind in der Frage, ob man fähig ist, die Unterschiede eher herauszufinden als die Ähnlichkeiten, geteilter Ansicht. Wenn man bedenkt, dafs, je geübter und empfänglicher die Sinne werden, desto mehr man die kleinsten Unterschiede herausfindet, so werden begreiflicherweise sehr mangelhaft entwickelte Sinne, wie die des kleinen Kindes oder des Idioten, leicht irregeführt werden, und namentlich sind es die groben Ähnlichkeiten, die Eindruck auf sie machen. Auf der anderen Seite ist es klar, dafs ganz verschieden geformte Gegenstände nicht verwechselt werden. Aber nicht das Herausfinden der feineren Ähnlichkeiten, sondern der leichteren Unterschiede zeigt am besten die Höhe der Intelligenz, denn daraus bilden sich unsere Kenntnisse, und wir lernen so, dafs äufserlich ähnliche Gegenstände verschiedene Eigenschaften haben und verschiedene Verwendung finden.

Bei den Idioten herrscht offenbar die Beurteilung der Ähnlichkeiten vor. Der bildungsfähige Idiot kann vergleichen, aber er findet nur grobe und oberflächlich liegende Beziehungen heraus. Am meisten Eindruck machen auf ihn Farbe und Form, oft sogar nur die Farbe. Daher urteilen sie begreiflicherweise sehr mangelhaft, wenn sie sich bei der Vergleichung zweier Gegenstände zu allererst an diese, meist durchaus zufällige Eigenschaft halten. Sehr leicht verwechseln sie die Personen. Und doch lernen sie sie zuerst unterscheiden. An Gegenständen merken sie nur die groben Ähnlichkeiten und nennen z. B. alles Apfel, was einem solchen ähnlich ist. Ebenso verhält es sich mit den Unterschieden;

[1] BAIN, loc. cit.

in dieser Beziehung ist der Gesichtssinn am meisten entwickelt. Mit den anderen, weniger vollkommenen Sinnen, mit dem Geschmacke und namentlich dem Geruche können sie aufserordentlich schwer und stets nur sehr allgemeine Unterschiede, selbst sehr grober Art, herausfinden. Sie sind nicht im stande, genaue Angaben zu machen und widersprechen sich häufig, wenn man auf sie eindringt.

Die tiefstehenden, unheilbaren Idioten merken so zu sagen gar nicht den Unterschied zwischen den Gegenständen und sogar nicht einmal zwischen den Personen. Manche bleiben absolut gleichgültig, wenn sie eine andere Wärterin bekommen. Vielmehr sind es die Sinneseindrücke, die sie während der Pflege erhalten, wodurch sie den Unterschied der Personen bemerken.

Das Unterscheidungsvermögen, die wirkliche Grundlage für unsere intellektuellen Wahrnehmungen, ist beim Idioten also ein sehr mangelhaftes. Beim Imbecillen beobachtet man auch eine viel gröfsere Fähigkeit, die Ähnlichkeiten herauszufinden als die Unterschiede. So würdigen sie oft die komische Seite an den Personen, was sie manchmal zu [drolligen Vergleichen veranlafst, die sie intelligenter erscheinen lassen, als sie es in Wirklichkeit sind, oder meistens zu widersinnigen und überhaupt trivialen und gemeinen Vergleichen.

Die Verallgemeinerung ist das Ergebnis der Vergleichung und der Würdigung der Ähnlichkeiten. Sie ist eine Erscheinung der Induktion. Generalisieren die Idioten im wahren Sinne des Wortes? Dinge mit einem allgemeinen Ausdruck bezeichnen, weil man ihre Unterschiede nicht kennt, oder sie so zu bezeichnen, weil man ihre Ähnlichkeiten erkennt, das ist nicht dasselbe. Alle Blumen mit dem Ausdrucke Blume benennen, weil man nicht im stande ist, die ihnen gemeinsamen und die sie unterscheidenden Merkmale zwischen den einzelnen Blumen herauszufinden, heifst nicht, verallgemeinern. Dann würden ja alle Kinder verallgemeinern. Der Gelehrte dagegen, der, nachdem er die besonderen Eigentümlichkeiten mehrerer Blumen erkannt hat, sagt: „Alle Blumen, die so und so beschaffen sind, sind Rosen", zeigt damit, dafs er generalisiert. Die Idioten bedienen sich allgemeiner Ausdrücke, wie die Wilden, weil sie nur die Ähnlichkeiten herausfinden, und nicht infolge einer Induktion. Um zu verallgemeinern, um zu einer wissenschaftlichen oder wenigstens logischen Induktion zu kommen, muſs man ebensowohl die Unterschiede, wie die Ähnlichkeiten in Betracht ziehen. Weil die Idioten im allgemeinen nur die Ähnlichkeiten herausfinden, darum induzieren sie auch falsch. So wird für sie jede runde Frucht zum Apfel, wenn die erste Frucht, die sie in dieser Form gesehen haben, ein Apfel war. Sie sind jedoch einfacher Verallgemeinerungen fähig, wie sie auch einige Vergleiche ziehen können. Ein blinder Idiot R . . . erkennt Eisen und Holz sehr gut und versucht, das letztere zu schneiden. So unvollständig auch seine Vorstellung von den charakteristischen Eigenschaften des Eisens sein mag, so hat ihn doch die Erfahrung gelehrt, daſs das Eisen hart ist und sich nicht schneiden läſst, während das Holz weicher und schneidbar ist. Er verallgemeinert sicherlich zu sehr, aber schlieſslich er verallgemeinert doch, indem er von einem neuen besonderen Gesichtspunkte aus zu einer allgemeinen Beobachtung kommt. Diese Verallgemeinerung vollzieht sich beim Idioten erst mit der Länge der Zeit, nur nach häufigen Erfahrungen; hat sie sich aber einmal festgesetzt, dann ist sie auch richtig. Der Imbecille dagegen macht voreilige Verallgemeinerungen. Da er noch schneller, als der Idiot, die Ähnlichkeiten der Objekte herausfindet, so zieht er gewöhnlich einen noch viel irrtümlicheren Schluſs. Es genügt ihm eine einzige Erfahrung, um den Schluſs zu ziehen, daſs er immer so handeln müsse. Deshalb begeht er so leicht in dem besten Glauben die gröſsten Dummheiten. Dies ist ein auffallender Charakterzug von ihm, der ihm das Selbstvertrauen und den Dünkel verleiht, die man so häufig bei ihm findet. Man muſs sich darum sehr hüten, den Imbecillen eine Initiative zu überlassen, die sehr selten von Erfolg gekrönt ist.

Die Fähigkeit der Verallgemeinerung besteht ganz deutlich bei den Tieren. Die Zuneigung oder Abneigung, die sie gegen gewisse Personen haben, beweisen, daſs sie eine allgemeine Vorstellung von deren Wesen, Manieren etc. haben. Beim idiotisch Blödsinnigen existiert die Verallgemeinerung selbst in dieser unbestimmten Form nicht. Beim bildungsfähigen Idioten besteht sie wohl, H . . . . ein Idiot in Bicêtre, nennt z. B., wenn er eine Frau sieht, die keine Wärterinnenhaube trägt, dieselbe Karoline, (der Name seiner Mutter).

MAX MÜLLER und TAINE nehmen an, daſs es keine allgemeinen Begriffe ohne Worte gebe. Das würde gegen jene Fähigkeit bei den Tieren sprechen, ist jedoch auch für den Menschen unrichtig, denn das Kind zeigt die Fähigkeit, zu verallgemeinern schon, bevor es sprechen kann. Ferner ist das Verallgemeinern keine besondere Fähigkeit für sich; es giebt keine scharf abgegrenzten Felder bei der menschlichen Intelligenz; alles ist mehr oder weniger eng miteinander verknüpft. PÉREZ[1] sagt richtig: „Die Sprache schreitet mit dem Begriff und durch den Begriff fort". Endlich ist die Verallgemeinerung für das Kind nur ein mehr oder weniger ausgedehntes Vergleichen. Deshalb generalisieren die Idioten und Imbecillen so leicht und zugleich so falsch.

LOCKE, CONDILLAC und viele andere leiten die abstrakten Begriffe nur von der Sprache her und leugnen sie daher bei den kleinen Kindern. PEREZ nimmt dagegen an, daſs die Kinder der Abstraktion fähig sind, und daſs die Sprache besonders dazu dient, die sogenannten abstrakten Begriffe zu bestimmen, zu umgrenzen und zu fixieren, nicht aber, sie zu erzeugen. Wenn wirklich die abstrakten Begriffe für jede Intelligenz unerläſslich sind, so muſs man annehmen, daſs sie auch bei unseren Individuen, wenn auch noch so schwach, vorhanden sind.

Bei den tiefstehenden, unheilbaren Idioten ist nichts davon zu beobachten. „In den schweren Fällen", sagt GRIESINGER, „werden aus den sinnlichen Eindrücken nur sehr wenige Vorstellungen gebildet; diese sind so flüchtig und oberflächlich, daſs sie alsbald wieder schwinden, und an ihnen gehen die Abstraktions-Prozesse beinahe gar nicht von statten, so daſs es bei ihnen als vereinzelten und als ganz- oder halbsinnlichen Vorstellungen bleibt".

Bei den bildungsfähigen Idioten aber sind, auch wenn sie nicht sprechen können, sicher die abstrakten Begriffe vorhanden, die ohne Zweifel sehr unbestimmter Art sind. Doch handelt es sich hier nicht um den Gradunterschied. Wir wollen einige abstrakten Begriffe durchgehen.

Der Begriff der Zahl ist einer der wichtigsten; er ist bei den Tieren, wie bei der Elster, dem Maultier, ganz deutlich vor-

---

[1] PÉREZ, loc. cit.

handen; ebenso bei den Idioten. Wenn man z. B. einem bildungsfähigen, taubstummen Idioten, Dev . . . ., in Bicêtre die Kieselsteine,
die er in der Hand hat, wegnimmt und ihm einen nur kleinen
Teil wiedergiebt, so sieht er Einen sofort grofs an; dann läfst er
den Kopf hängen und geht, Einen schief anblickend, mit betrübter
Miene ab. Zweifellos fühlt er sich in seiner Persönlichkeit verletzt; er hat das unbestimmte Gefühl, dafs er bestohlen sei.
Macht man dasselbe Experiment mit einem tiefstehenden Idioten,
so verläuft es resultatlos; er sieht gleichgültig zu.

Erst mit sechs oder sieben Jahren kann ein normales Kind
bis zehn zählen und gegen das zehnte Jahr bis einhundert,
abgesehen natürlich von dem auswendig gelernten Hersagen
der Zahlen.

Rechnen lernen die Idioten sehr schwer, die unheilbaren gar
nicht. Die intellektuell höher stehenden Idioten können es darin
kaum so weit bringen, wie Kinder von zehn Jahren, und wenn
man sie mitten im Zählen stört, indem man sie einige Zahlen
überspringen läfst, so können sie nicht mehr fortfahren. —
Séguin rät, das Abstrakte beim Rechenunterrichte möglichst weg-
zulassen. Hier beginnt man auch, wie beim Lesen, mit dem
konkreten Begriffe, und ein Idiot, der nicht bis zehn zählen kann,
lernt es, indem er an seinen Fingern oder mit Kugeln rechnet.
Das gilt nicht nur für das Zählen, sondern auch für die einfachsten
Operationen, die Addition und Subtraktion, die er auf der Tafel
oder gar im Kopfe nicht auszuführen vermöchte.

Ziemlich leicht bringt man ihnen die Addition bei.
Schwieriger ist es, ihnen die Subtraktion verständlich zu machen.
Manche lernen es gar nicht, obgleich sie ziemlich gut entwickelt
sind, so z. B. der myxomatöse Idiot Gr . . . ., den wir schon
erwähnt haben, welcher lesen und auch leidlich schreiben kann.
Obwohl er nun nicht subtrahieren kann, so weifs er doch sehr
genau, was er ausgiebt und wieviel Geld der Wärter noch in
den Händen hat. Offenbar aber rechnet er mit der konkreten
Form der Geldstücke.

Multiplizieren wird nicht begriffen. Sie bringen es dazu
nur, wenn sie ein Gedächtnis besitzen. Dividieren können sie in
der überwiegenden Mehrzahl der Fälle gar nicht. Rechenaufgaben
verstehen weder Idioten noch Imbecille; sie wissen nicht zu

unterscheiden, wo sie die eine oder die andere Rechnungsart
anwenden sollen.

Bei den Imbecillen beobachtet man betreffs des Rechnens
etwas Analoges, wie für das Gedächtnis. Manche rechnen bis
zu mehreren Hundert, und zwar wissen sie $2 + 2$, $4 + 2$, $6 + 2$
u. s. w., u. s. w. oder $2 + 2$, $4 + 4$, $8 + 8$ u. s. w. Aber wie
viel $4 + 3$ ist, wissen sie nicht mehr. — Das Gedächtnis ist
bei ihnen allein thätig; und vergeblich wird man sich an ihre
Überlegung wenden. Sie sagen auswendig gelernte Zahlenreihen
her, ohne jedoch einen Begriff von der abstrakten Zahl zu haben.
Öfters auch wird dieser abstrakte Begriff durch einen konkreten
ersetzt. Sie zählen z. B. an ihren Fingern; da sie aber dabei
nicht über zehn kommen können, so nehmen sie die eine Hand
für die größeren der ihnen zum Addieren aufgegebenen Zahlen
und zählen die kleinere Zahl an den Fingern der anderen Hand.
Wenn sie z. B. $15 + 4$ addieren sollen, so legen sie die eine
Hand hin und sagen 15, an den Fingern der anderen Hand
zählen sie dann 16, 17, 18, 19. Sollen sie zu zehn eine größere
Zahl zuzählen, so kommen sie in große Verlegenheit und sind
meist nicht im stande dazu. Man kann dreist behaupten, daß
das Rechnen und die Zahlen als Abstraktionen von ihnen nicht
verstanden werden, und von den Idioten noch weniger.

In dem Kapitel über die Instinkte bemerkte ich bei den
besonderen Fähigkeiten mancher Idioten, daß sie zuweilen besondere Befähigung fürs Rechnen zeigten. BELHOMME führt das
Beispiel eines 48jährigen Idioten an, der ganz genau angeben
konnte, auf welchen Tag irgend ein ihm bezeichnetes Datum fiel,
im übrigen aber nicht wußte, in welchem Jahre er lebte. Solche
automatische Fertigkeiten haben mit dem Rechnen, wie wir es
betrachten, nichts zu thun.

Die Idioten haben, wie die Kinder, kaum einen Begriff von
der verflossenen Zeit und noch weniger von der kommenden.
Ohne Lebenszweck, gleichgültig gegen Das, wozu man sie verwendet, ein nur sehr unvollkommenes Gedächtnis aufweisend,
wissen sie kaum anzugeben, in welcher Jahreszeit man ist,
welcher Monat, oft sogar nicht einmal, welcher Tag es ist. Sie
gleichen in dieser Beziehung den Blödsinnigen und manchen
Stuporösen, für welche die Sinneseindrücke und die Ereignisse

auf einander folgen, ohne daſs sie sich über das zeitliche Verhältnis derselben zu einander klar werden. Haben sie aber ein
Verständnis für die Gegenwart; geben sie sich Rechenschaft
über die Zeit, die sie zu einer Arbeit gebrauchen? Sie sind
darin wie die Tiere, die aus gewissen Empfindungen erkennen, daſs
der Zeitpunkt für die Befriedigung eines Bedürfnisses gekommen
ist, z. B. zum Essen. Dies kann nicht als abstrakte Idee im
eigentlichen Sinne des Wortes betrachtet werden. Denn nicht
etwa, weil sie die verflossene Zeit schätzen können, erraten sie,
welche Stunde es ist, sondern vielmehr infolge des sich einstellenden
Bedürfnisses nach irgend etwas. Der Begriff der Zeit ist
übrigens aus sozialen Faktoren zusammengesetzt, zudem ein in
der Psychologie noch so wenig bekannter und eine so feine
Analyse erfordernder Punkt, daſs auch aus den Erscheinungen
bei den Idioten keine wertvollen Aufschlüsse zu gewinnen sind.
— Die Begriffe von Ewigkeit und Unendlichkeit gehen ihnen
vollständig ab.

Die bildungsfähigen Idioten beurteilen Entfernungen sehr
schlecht und schätzen die Gröſse der Objekte sehr mangelhaft.
Sie kommen den Kindern darin gleich, nur mit dem Unterschiede,
daſs sie im Verhältnis zu ihrem Alter weit weniger fortgeschritten
sind und zum Teil sogar niemals die Begriffe von absoluter Gröſse
und noch weniger von der Unermeſslichkeit erlangen.

Bei dieser Gelegenheit will ich noch wenige Worte über
die Zwangsvorstellungen sagen. Ribot[1] stellt drei Kategorien
auf: 1) einfache Zwangsvorstellungen, die im Bewuſstsein ver-
harren und sich nur durch belanglose Handlungen äuſsern. —
2) Zwangsvorstellungen, die von Gemütsbewegungen, von Schrecken
und Angst begleitet sind (Agoraphobie, Zweifelsucht). —
3) Zwangsvorstellungen, die sich in impulsiver Art durch Gewalt-
handlungen äuſsern (Diebstahl, Mord, Selbstmord). — Er meint
daſs kein qualitativer, sondern nur ein gradueller Unterschied
zwischen ihnen und der Aufmerksamkeit besteht.

Die Zwangsidee setzt voraus — und es ist das eine der
gewöhnlichsten Erscheinungen der Degenerescenz — eine beträchtliche Willensschwäche, d. h. eine Schwäche des Reaktions-

---

[1] Ribot, *Psychologie de l'attention.*

vermögens. Es ist keine Gegenvorstellung vorhanden, die jene zurückdrängen kann. Das Ankämpfen dagegen ist unmöglich oder fruchtlos. Daher der Angstzustand des Kranken, der sich seiner Machtlosigkeit bewußt ist. Beim Idioten sind die Vorstellungen so schwache und beim Imbecillen so unbeständige, daß Zwangsvorstellungen sehr selten sind. Ich habe sie nie bei Idioten beobachtet. Es kommen wohl impulsive Handlungen vor, aber nicht infolge von Zwangsvorstellungen. Beim Imbecillen, bei dem man auch gefährliche Triebe zum Diebstahl, zum Mord, zur Brandstiftung sieht, ist die bewußte oder mit Angst einhergehende Zwangsvorstellung kaum zu beobachten. Sie haben höchstens festsitzende Ideen, wie die von Fluchtversuchen, zu deren Ausführung sei es von Hause, sei es aus der Anstalt, sie die strengste Aufsicht zu hintergehen wissen. Diese Fluchtversuche können sich in zwei Formen äußern. Entweder gehen sie ohne Zweck und Überlegung vor sich; viele Idioten und Imbecillen laufen fort, wenn sie eine Thür aufstehen sehen; aus diesem Grunde müssen sie bei der zu Hause schwer durchzuführenden Überwachung oft in der Anstalt untergebracht werden. Oder aber es sind richtige, berechnete, vorher geplante Entweichungen, für die sie alle ihnen möglichen Vorsichtsmaßregeln treffen, und die sie zu dem Zwecke unternehmen, um der Überwachung und der Gewalt zu entgehen und ihren schlechten Neigungen freien Lauf lassen zu können. So häufig die ersteren bei den Idioten sind, ebenso häufig sind die letzteren bei den Imbecillen.

Nachdem einmal eine gewisse Anzahl von Begriffen, konkreten und abstrakten, erworben ist, müssen sie untereinander verknüpft werden, um zur Überlegung und Urteilsbildung zu führen. Die Ideenassoziation vollzieht sich auf dreierlei Art: durch die Ähnlichkeit, durch den Kontrast und die Kontiguität der Vorstellungen. Wie ist es nun vorzugsweise beim Idioten?

Selbst bei dem idiotisch Blödsinnigen kann eine Assoziation seiner so wenigen Vorstellungen stattfinden. Am meisten ist bei ihm, wie wir sahen, der Nahrungstrieb und die durch seine Befriedigung hervorgerufene Lust ausgeprägt. Beim Anblick der Nahrung wird er unruhig und erscheint vergnügt. Der Anblick der Speisen ist demnach bei ihm mit der angenehmen Empfindung von der

Stillung des Hungers assoziiert und erweckt bei ihm die Vorstellung des Essens. Dies sind allerdings grobe Assoziationen, mehr von Gefühlen, als von Ideen; man darf jedoch nicht vergessen, daſs man es mit vorzugsweise sensitiven Geschöpfen zu thun hat. Bei den Idioten ist dies fast die einzige Ideenassoziation, die vorkommt. Sie besteht auch bei dem weniger tief stehenden Idioten; er hebt das Brot überall auf, wo er es findet, selbst aus dem Kehricht, und der Anblick desselben ruft das Bedürfnis zu essen hervor. Ebenso kommt ihm, wenn er seine Notdurft zu verrichten hat, die Vorstellung des Abtrittes, und er geht dahin, oder aber der Anblick desselben ruft bei ihm das Bedürfnis wach. Damit sind wir aber von den Assoziationen abstrakter Ideen noch weit entfernt. Immer wieder sind es nur die Sinneswahrnehmungen und das Bedürfnis, welche die Vorstellung hervorrufen. Sie vermitteln auch die Assoziation der Vorstellung von der Zeit. — Wie bei den Tieren kommt die Zeit des Essens zuerst zum Bewuſstsein. Aber es scheint sich damit zu verhalten, wie wir es schon bei dem Begriff von der Zeit angedeutet haben, daſs nämlich die Idioten einfach nur merken, wann es Zeit ist, ein Bedürfnis zu befriedigen, aber nicht ein eigentliches Verständnis von der Zeit haben, die verflossen ist. In der Anstalt sind sie alle an der Thür des Speisesaales zu finden, wenn die Essenszeit naht.

Am meisten Eindruck auf den Idioten macht, wie wir sahen, die gröbere Ähnlichkeit in Farbe und Form. Bei ihm vollziehen sich auch die Ideenassoziationen hauptsächlich durch die Ähnlichkeit, seltener durch die Kontiguität und nie durch den Kontrast der Vorstellungen; das Letztere ist auch bei den normalen Kindern seltener.

Sie assoziieren z. B. die Vorstellung von gleichlautenden Klängen, wie die kleinen Kinder, deren Vorliebe für diese analogen Klänge sich zuerst durch widersinniges Wiederholen und später durch die Lust an Musik und Reim offenbart. Ein bildungsfähiger Idiot in Bicêtre stöſst einen gutturalen Laut aus, den er in gleichen Zwischenräumen wiederholt; er regelt sogar seinen Gang nach dem Takte. Sobald er irgend einen Ton, ein musikalisches Geräusch hört, so läuft er darauf zu, verzieht keine Miene und blickt starr vor sich hin. Will man ihn fortbringen, so zuckt er die Schultern und strampelt mit den Beinen. Ein

anderer wiegt, wenn er die Trompete hört, seinen Körper taktmäfsig nach der Musik von vorn nach hinten. Cale ... hört
mit Vorliebe Verse von Victor Hugo, die er aber nicht verstehen
kann. J ... hört gern mit Betonung vorlesen.

„Die Ideenassoziation", sagt Pérez[1], „hält unser ganzes
geistiges Leben zusammen, indem sie ein natürliches Band um
alle die verschiedenen Vorgänge schlingt, aus denen es sich
zusammensetzt, und auf ihr beruhen die Gewohnheit, die Urteilsbildung, der Charakter, die Moralität des Kindes."

Griesinger schreibt dem Mangel an Ideenassoziation bei den
Idioten ihre Gleichgültigkeit und Interesselosigkeit zu. „In den
mehr und mehr leichteren idiotischen Zuständen können immer
mehr Vorstellungen gebildet und zu einfachen Urteilen und
Schlüssen kombiniert werden. Aber es fehlt doch gerade an den
raschen, unwillkürlichen Verschmelzungen der Vorstellungen,
welche die Abstraktionsprozesse leicht, nicht zu einem mühsamen
Thun, das erst auf dem Wege vielfacher Wiederholung eingezwängt
werden mufs, machen; es fehlt an der Lebendigkeit der geistigen
Reaktion, welche vielmehr zu ihrer Anregung starker Eindrücke
bedarf; daher Gleichgültigkeit, Mangel an Interesse für das Verhalten der objektiven Welt, überwiegendes Stehenbleiben bei den
sinnlichen Eindrücken, äufserst beschränkte Spontaneïtät."

Die Ideenassoziation bezweckt nicht nur die Erweckung einer
analogen oder entgegengesetzten Vorstellung im Geiste, sondern
auch und vor allem die Bildung einer Erwägung, deren Ergebnis
schliefslich ein Urteil, sei es ein allgemeines oder ein besonderes
sein wird. Im Urteilen liegt das Endziel der Intelligenz, und
wenn die durch die Assoziation sich erhebenden Vorstellungen
schliefslich nicht dazu führen, so würde nur eine Reihe besonderer,
unter einander verbundener Vorstellungen der anderen folgen,
ohne das daraus ein allgemeiner Begriff entstände, der die Quelle
für Schlussfolgerungen, neue, zahlreichere Assoziationen und die
Grundlage unserer Kenntnisse darstellt.

Aber das Urteil ist nicht immer das Ergebnis einer Überlegung. Damit eine Überlegung stattfinde, mufs sich der offen-
baren Gewifsheit ein Hindernis entgegenstellen. Wenn andern-

---

[1] Pérez, loc. cit. — [2] Griesinger, loc. cit.

falls die Gewifsheit eine absolute ist oder scheint, so entsteht in
einfacher Weise ein richtiges oder irriges Urteil. Das direkte
Urteil ist kurz gesagt nur die Äufserung des im Geiste durch das
betrachtete Object hervorgerufenen Eindrucks.

Die Richtigkeit, Schnelligkeit, Sicherheit sind alle in gleichem
Mafse Eigenschaften des Urteils. Diese resultieren aus der
Stärke der Aufmerksamkeit; durch sie werden alle Eigentümlich-
keiten des Objekts in Betracht gezogen, auf die sich das Urteil
gründen soll. Die Schnelligkeit des Urteils hängt ab von der
Lebendigkeit des im Gehirn erzeugten Eindrucks, und seine
Sicherheit von der Klarheit und Bestimmtheit dieses Eindrucks.
Beim Idioten nun sind die Aufmerksamkeit, die Klarheit und
Bestimmtheit des Eindrucks besonders schwach, wie wir wissen;
man wird sich also über eine sehr mangelhafte Urteilsbildung
bei ihnen nicht wundern dürfen.

Zunächst bilden die Idioten gewöhnlich recht falsche Urteile.
Wegen ihrer schwer zu fesselnden Aufmerksamkeit, die sich nicht
zugleich auf mehrere Eigenschaften eines Objekts erstrecken kann,
werden sie nur den auffallendsten Eigenschaften Beachtung schenken.
Die einfachste Art des Urteils ist weiter nichts wie ein Unterscheiden von Wahrnehmungen und dann ein Verknüpfen von
Bildern, denen man Glauben schenkt. Da sie nur sehr einfacher
Assoziationen fähig sind, so entstehen durchaus falsche Urteile.
Alle Sinnestäuschungen, die nur Täuschungen des Geistes sind
— die sie aber nicht korrigieren können —, geben Veranlassung zu
falschen Urteilen. Ferner machen die Eigenschaften der Dinge,
die das Urteil bestimmen sollten, nur sehr geringen Eindruck auf
sie. Um von ihnen ein Urteil zu erhalten, mufs man zuvor ihre
Aufmerksamkeit fesseln — daher die beträchtliche Verlangsamung
des Urteilens.

Mit der Sicherheit im Urteil ist es nicht viel besser. Sie
sind so gleichgültig gegen Das, wonach man sie fragt, wenn sie
nicht etwa ein augenscheinliches Interesse daran haben, dafs der
geringste Zweifel, den man äufsert, ihre Überzeugung umstöfst.

Wie die Kinder bescheiden sie sich im allgemeinen bei dem
ersten Urteil, wofern sie nicht durch ihre Aufmerksamkeit dahin
gebracht werden, dasselbe durch neue Urteile umzuändern. „Einen
sehr grofsen Fortschritt macht das Kind“, sagt PÉREZ, „wenn es

mit Bewußtsein seine ersten Urteile zu prüfen und zu verbessern vermag, indem es sie durch neue, mit Hülfe der Aufmerksamkeit gebildete, als unzureichend erkennt." Doch läßt sich dieser Fortschritt bei den Idioten und Imbecillen kaum konstatieren, und zwar deswegen nicht, weil er, abgesehen von den Bildern und zahlreichen Ideenassoziationen, die Übung der willkürlichen Aufmerksamkeit voraussetzt, die bei den Imbecillen sehr schwach und bei den Idioten so zu sagen gar nicht vorhanden ist.

Was noch auf einen Fortschritt im Urteilen schließen läßt, ist die Klarheit und Bestimmtheit der Sprache. Sie bleibt bei jenen stets sehr mangelhaft, sowie auch ihr Denken wenig klar und bestimmt ist.

Manche sind sehr hartnäckig in ihren Urteilen; man darf aber diese Hartnäckigkeit nicht mit der Festigkeit verwechseln. In dieser Hinsicht ist oft ein alberner Eigensinn zu beobachten. Es gehört übrigens zur Eigentümlichkeit beschränkter Köpfe, die nur wenig Erinnerungsbilder und wenig verschiedenartige Assoziationen haben, daß sie auf ihren Versicherungen mit grosser Hartnäckigkeit und großem Eifer bestehen; doch ist zu bemerken, daß man, um auf einer Versicherung hartnäckig zu bestehen, eine ziemliche Menge von Vorstellungen besitzen muß, während zugleich eine genügende Menge von Assoziationen fehlt, um aus ihnen die einzig richtige auszuwählen. Die Idioten, die zu wenig Vorstellungen haben, sind im allgemeinen auch wenig eigensinnig, während es die Imbecillen bei weitem häufiger sind. DAGONET übertreibt wohl, wenn er sagt, daß die Imbecillen kein Urteil oder nur ein irriges besäßen, und ihre Urteile niemals ihr geistiges Eigentum wären. Sie verhalten sich in dieser Beziehung wie alle unselbständigen Menschen; Urteile, die man vor ihnen fällt, prägen sich dem Geiste ein und bleiben latent. Eines Tages dann geben sie sie von sich, und man ist oft überrascht, sie aus ihrem Munde zu hören. In Wahrheit hat ihr Geist sie nicht gebildet; und sicherlich sind die meisten, wenn auch nicht alle Urteile, die sie vorbringen, mehr oder weniger eingegebene.

Besonders charakteristisch für die Imbecillen ist die Selbsttäuschung betreffs ihrer intellektuellen Fähigkeiten. Diese Einbildung führt zu einem oft übermäßigem Dünkel, namentlich

wenn man ihm nachgiebt und thut, als ob man sie lobte oder
ihnen glaubte. Lobt man beispielsweise ihr Urteil, das sich als
leidlich erwies, so brüsten sie sich gleich, und einmal losgelassen,
bringen sie bald aus freien Stücken die gröfsten Dummheiten
vor. Um von ihnen ein gesundes oder nur annähernd gesundes
Urteil zu erhalten, mufs man das Fehlerhafte in ihren Schlüssen
beständig richtig stellen. Aber, wie dem auch sei, man erhält
von ihnen nur sehr einfache Urteile, d. h. kurz gesagt, nur den
Ausdruck ihrer Wahrnehmungen.

Neben dem eigensinnigen Festhalten an einem irrigen Urteil,
mufs man auch die impulsive Art ihres Handelns hervorheben, die
durch ihre Unwissenheit und Unfähigkeit, ihr Urteil richtig zu
stellen oder auch nur daran zu zweifeln bedingt wird. Wie bei den
Kindern ist der Zweifel, der das Handeln zurückhält, nur selten
ihre Sache. Der erste Eindruck ist bestimmend für ihr Urteil,
das durch keine Gegenvorstellung beeinflufst wird; dem Urteil
folgt die Handlung ohne Überlegung wie ein Reflex. Und dies
um so mehr, je weniger entwickelt die Intelligenz ist und je
mehr das Automatische in den Handlungen hervortritt; in höherem
Grade gilt dies von den Idioten als von den Imbecillen.

Was nun das Überlegen im eigentlichen Sinne, in der Form
des logischen Schliefsens, betrifft, so sind sie nicht im stande,
einen Schlufs zu ziehen, selbst nicht die vorgeschritteneren Imbecillen.
„Schliefsen", sagt Iacotot, „heifst das, was man weifs, zu dem in
Beziehung setzen, was man sieht." Nach Binet [1] ist das geistige
Grundelement das Erinnerungsbild. Das Schliefsen ist ein
Organisieren von Erinnerungsbildern, bestimmt durch die
Eigenschaften der einzelnen Bilder; und es genügt zu ihrer
Organisierung, dafs die Bilder gegenwärtig sind. Der Schlufs folgt
dann mit der Notwendigkeit eines Reflexes. Diese Auffassung
vom Mechanismus des Schliefsens entspricht ganz und gar dem,
was wir bei den Idioten und Imbecillen beobachten. „Der
Schlufs, fährt Binet fort, besteht, wie die Perzeption, in der
Anwendung einer in der Erinnerung auftauchenden Thatsache
auf die Kenntnis einer neuen und läuft auf die Generalisation
dieser Eigenschaften hinaus." Endlich hebt er in bemerkens-

---

[1] Binet, *Psychologie du raisonnement.*

werter Weise die Beziehungen zwischen der äufseren Wahrnehmung und dem Schlusse hervor, die in folgenden drei gemeinsamen Merkmalen bestehen: 1) werden sie mittelbar und indirekt
gebildet; 2) erfordern sie die Vermittelung von bereits vorher
gekannten Wahrheiten (Erinnerungen aus der Erfahrung, Prämissen);
3) setzen sie die Erkennung einer Ähnlichkeit zwischen dem aufgestellten Satz und der früheren Wahrheit voraus, auf die er sich
stützt. Die Zusammenstellung dieser Merkmale zeigt, dafs die
Wahrnehmung der logischen Schlufsfolgerung vergleichbar ist.
Während der Schlufs, der aus Wahrnehmungen gebildet wird,
auf Sinnesausdrücke zurückzuführen ist, leitet sich der logische
Schluss aus Wahrnehmungen her. Da diese wieder aus Sinneseindrücken und Erinnerungsbildern zusammengesetzt sind, so
ist ersichtlich, dafs jeder Schlufs am Ende die Perzeption zur
Grundlage hat.

Wir haben nun gesehen, wie ungenügend und unrichtig von
unseren Kranken perzipiert wird. Man weifs heutzutage, dafs
die Sinnestäuschungen nicht im Sinnesapparat, sondern im Per-
zeptionsapparat ihren Ursprung haben. Wenn die Wahrnehmungen
daher, wenn überhaupt, in einem schlecht entwickelten oder krankhaft veränderten Zentrum aufgenommen werden, so lassen sie
falsche oder ungenaue Bilder zurück. Da nach dem Gesetze der
Assoziation die ähnlichen oder nahezu gleichen Bilder sich gegenseitig hervorrufen müssen, so werden aus diesen falschen oder
ungenauen Bildern nur schwache und unrichtige Assoziationen
gebildet werden. Auch hier wieder tritt der Unterschied zwischen
Idioten und Imbecillen hervor, auf den wir fort und fort aufmerksam gemacht haben: Schwäche bei den ersteren, Perversität
bei den letzteren. Bei den Idioten, wo die Erinnerungsbilder
sehr schwache sind, ist der aus den Wahrnehmungen gebildete
Schlufs selbst ein schwacher, manchmal vollzieht er sich gar
nicht, wenigstens nach der Handlung zu urteilen, die er hervorruft, oft das einzige Mittel, wie man ihn überhaupt erkennen
kann. Beim Imbecillen dagegen ist eine gröfsere Anzahl von
Erinnerungsbildern vorhanden, die jedoch meist durch ein schlecht
funktionierendes Zentrum gefälscht sind. Die Assoziationen
werden oft aus sich nahe berührenden Vorstellungen gebildet, und
dadurch wird der Schlufs weit eher ein falscher sein, da die beiden

Sinneseindrücke, welche die beiden nahestehenden Bilder erzeugten,
keine Verbindung untereinander haben können, und sie das Individuum nichtsdestoweniger reproduziert aus Mangel an anderen,
vernünftigen Assoziationen. Was daher in ihren Ideen auffällt,
ist das Unzusammenhängende und Unerwartete ihrer Beobachtungen,
das man sich manchmal erklären kann, wenn man zufällig die
Sinneseindrücke kennt, durch die jene entstanden sind. Der Idiot
dagegen bildet Assoziationen auf einfachere Weise nach der
Ähnlichkeit; die nacheinander folgenden Sinneseindrücke haben
wie beim Imbecillen keine Verbindung unter sich, weil er vor
allem infolge seiner mangelhaften Aufmerksamkeit und seines
schlechten Gedächtnisses nur dem gegenwärtigen Augenblick lebt.

Die einzige Schlußbildung, die bei ihnen vorkommt, ist der
Schluß aus Wahrnehmungen. Logisches Schließen kommt bei
Idioten nicht vor und ist bei Imbecillen kaum angedeutet.
Es ist dies auch leicht begreiflich; denn zu dieser Schlußbildung
bedarf es zahlreicher Erinnerungsbilder und untereinander kom-
binierter Wahrnehmungen; da diese Kombinationen bei jenen nur
sehr mangelhaft gebildet werden, so ergiebt sich ganz von selbst,
daß der Schluß ein falscher sein und mehr die Form eines
Sophisma als eines Syllogismus annehmen wird.

Der Unterschied zwischen Idioten und Imbecillen tritt besonders in den Delirien hervor, die bei ihnen vorkommen. Bei
den Idioten außerordentlich selten und nur ausnahmsweise sich
findend, zeigt sich das Delir ausschließlich triebartig, ohne inneres
oder äußeres Motiv. Ein Mikrocephale J . . . in Bicêtre z. B.
schmiert sich, wenn er seine Anfälle bekommt, mit Kohle voll,
macht sich ein rotes Tuch um den Kopf und tanzt und singt:
„Ich bin ein Preusse." Andere legen Feuer an oder zerstören;
es ist besonders ein „Delirium der Handlungen," das sie
zeigen.

Bei den Imbecillen beobachtet man auch maniakalische
Erregungszustände, Trieb zum Mord, zur Brandstiftung und zum
Zerstören. Der Mordtrieb ist vielleicht der häufigste und macht
sie zu noch viel gefährlicheren Geschöpfen als die Idioten. Sie
tragen gern gefährliche Werkzeuge bei sich, scharfe Eisenstücke
in Form von Messerklingen. Sie gefallen sich im Ausstofsen
von Drohungen; von der Neigung zur Grausamkeit bei Idioten

und Imbecillen haben wir schon im Kapitel von den Trieben
gesprochen.

Aber sie zeigen noch eine besondere Art von Delir, ein
„Delirium der Vorstellungen". Dasselbe kann sich beim Umgang
mit einem Geisteskranken durch dessen Einwirkung auf sie entwickeln. Sie bieten dann das Bild eines délire à deux. Wenn
den zuletzt erwähnten Fall J ... zwei Imbecille B ... und
S ... sehen, so bewundern sie ihn und fangen an ihn nachzuahmen. — Wenn sich jedoch ein selbständiges Delirium aus-
bildet, so ist es niemals ein systematisiertes, scheinbar logisches.
Die Zusammenhangslosigkeit, die Widersinnigkeit, die Veränderlichkeit der deliranten Ideen erinnert manchmal an die der Paralytiker, mit denen man sie zuweilen sogar verwechseln könnte;
zumal die Gröfsenideen, die sie äufsern, noch mehr zu dieser
Ähnlichkeit beitragen.

Die vierte Äufserung der Intelligenz ist die Produktion der
Vorstellungen d. h. die neue Kombination in der Verknüpfung
der Wahrnehmungen. Die Einbildungskraft kann die Sinneseindrücke und Vorstellungen in einer neuen Anordnung reproduzieren. Sie setzt demnach ziemlich viele Wahrnehmungen
voraus, um verschiedenartige und neue Assoziationen bilden zu
können, andere wie die gewöhnlichen, durch Unterricht und Beispiel entstandenen. Die sensitive und reproduzierende Einbildungskraft trifft man am häufigsten; die im Bereiche der Vorstellungen
schöpferische Einbildungskraft zeigen namentlich die Imbecillen.

Wir wissen, dafs bei den Idioten die Sinne besonders entwickelt sind. Durch die Erziehung der Sinne bringt man ihnen
ihre Kenntnisse viel mehr bei als durch die Sprache. Diese
bezweckt, neue Verbindungen zwischen den Erinnerungsbildern
im Geiste anzuregen. Wir sahen nun bei der Sprache, dafs die
Idioten sie sehr wenig verstehen und viel weniger der Unterweisung durch das Wort, als der durch die Sinne zugänglich sind.
Daher ist die reproduzierende und schöpferische Einbildungskraft
bei ihnen sehr verkümmert. Wegen dieses Mangels zeigen sie
auch kaum irgend welche künstlerische Fähigkeiten; sie können
nur nachbilden, nachahmen; sie ind unfähig ohne Vermittelung
der Sinne etwas zu produzieren. Mit einem Worte, sie haben
eine rezeptive und keine produktive Intelligenz.

Sehr schwer, wenn nicht unmöglich, ist es, zu prüfen, ob sie für gewisse Sinne eine gröfsere Einbildungskraft besitzen als für andere. Indessen kann man von den Blinden, die mit bestimmten Arbeiten beschäftigt sind, annehmen, dafs sie von dem, was sie durch das Gefühl wahrnehmen, eine richtige Vorstellung haben.

Schöpferische Einbildungskraft besitzen sie so zu sagen gar nicht, sicher nicht die tiefstehenden. Sie sind z. B. unfähig, eine Geschichte zu erzählen, eine selbst grobe Zeichnung zu entwerfen. Dieser Mangel an Einbildungskraft ist meiner Meinung nach einer der gewichtigsten Gründe, weshalb die Idioten im allgemeinen wenig lügen. Sie können es allerdings thun und begehen oft Irrtümer aus Schwäche des Gedächtnisses, der Aufmerksamkeit und des Verständnisses. Seltener bringen sie Lügen vor, die eine gewisse Erfindungskraft erfordern, wie z. B. dafs sie, um zu täuschen, irgend etwas anders erzählen, wie es sich zugetragen hat.

Manche Idioten lieben das Wunderbare und erdichten selbst phantastische Märchen. Aber wenn man auch zuweilen diese Neigung für das Phantastische, das die Einbildungskraft anregt, beobachtet, so ist es doch selten, und noch viel seltener erfinden sie etwas. Wie bereits erwähnt, glaubt der Idiot alles, weil er die Möglichkeit und die Unmöglichkeit des Erzählten nicht unterscheiden kann. Die Ammenmärchen erscheinen ihm daher nicht unwahrscheinlich, und er hat sie vielleicht deswegen noch gern, weil sie weniger Aufmerksamkeit und weniger Urteil von ihm erfordern als wirkliche Dinge. Dasselbe sieht man bei kleinen Kindern. Es ist also möglich, dafs sie in diesem Falle nur sehr wenig Einbildungskraft brauchen. Es interessiert sie, weil es nicht schwer zu begreifen ist, weil man sich einfacher Ausdrücke bedient, einfache Vergleiche anwendet und ihnen sehr übertriebene Dinge bietet, die sie sich eben wegen dieser Vergröfserung vorstellen können. Erst nach langer Zeit kann man, selbst bei den sorgfältig erzogenen Idioten, und nur bei einem kleinen Teil von ihnen die Fähigkeit beobachten, sich einfache Erzählungen vorzustellen.

Bei den Imbecillen findet sich im Gegensatz zu den Idioten meist eine ungezügelte Einbildungskraft. Man kann dies schon ihrer Vorliebe für ungeheuerliche Vergleiche entnehmen, die beweisen, dafs sie oft ganz verschiedene Vorstellungen miteinander

verbinden, zwischen denen nur eine ganz entfernte Beziehung
besteht. Diese Neigung ist manchmal in ganz ungewöhnlichem
Grade bei ihnen ausgesprochen und giebt ihnen einen falschen
Anstrich von geistiger Fähigkeit. Andererseits wissen wir, wie
lügenhaft sie sind; sie sind es mehr oder weniger alle. Aber sie
leugnen nicht allein rundweg ab, wessen man sie beschuldigt, sie
erfinden auch eine ganz andere Geschichte. Manche entstellen
nicht nur die Thatsachen, sondern erfinden noch Einzelnes dazu
oder eine ganz neue Geschichte. Sie thun das nicht allein, um
sich zu rechtfertigen oder einen ihrer Kameraden anzuklagen,
sondern selbst dann, wenn es ihnen zum Nachteil gereicht.
So rühmen sie sich ihrer schlechten Streiche, um sich interessant
zu machen und die Bewunderung ihrer Kameraden zu erregen.
Ihre Neigung, die komische Seite der Personen noch mehr als
bei Sachen herauszufinden, veranlaßt sie, mit diesen ihren Spott
zu treiben, und zwar nicht bloß durch Zulegen von Beinamen.
Sie setzen von Zeit zu Zeit auf ihren Abteilungen Lieder in
Umlauf, manchmal ganz witzige, aber stets boshafte, um ihre
Lehrer und Ärzte lächerlich zu machen.

Während des Schlafes ist die Einbildungskraft beim normalen
Menschen am thätigsten und zügellosesten. Die Idioten träumen,
wie es scheint, kaum, aber die Imbecillen erzählen oft die
phantastischen Träumereien, die sie gehabt haben. Es ist darüber
bei diesen Individuen, die sehr wenig im stande sind, sich zu
beobachten und Rechenschaft über ihre Empfindungen zu geben,
nichts Genaues festzustellen, und wir wollen uns hierbei nicht
aufhalten.

Endlich kann, wenn die Einbildungskraft sehr erregt ist, ein
wirkliches Delir die Folge sein. Die Idioten delirieren, wie schon
erwähnt, selten. Bei den Imbecillen jedoch findet sich neben
dem motorischen Delirium, das sich gewöhnlich durch Aufregung
äußert, noch ein Vorstellungsdelir, das ihre zügellose Einbildungskraft verrät. Sie halten sich für hohe Persönlichkeiten, Entdecker
u. s. w., und ihre Vorstellungen verlaufen zuweilen mit solcher
Schnelligkeit, daß eine hochgradige Inkohärenz und Ungereimtheit
entsteht. Dies beweist zum wenigsten, daß die Einbildungskraft
bei ihnen im normalen Zustande ziemlich stark entwickelt ist, um
so für Augenblicke eine krankhafte Steigerung zu erleiden.

Für alles, was praktisch, nützlich und gut ist, fehlt die Einbildungskraft. Sie wissen nicht sich zu benehmen, um eine Schwierigkeit zu überwinden, die sich ihnen bei der gewöhnlichen Arbeit entgegenstellt; sie ersinnen aber z. B. alle Arten von List, um die ihrer Entweichung entgegenstehenden Hindernisse zu beseitigen. Auch hier wieder sehen wir, daß sie, wie immer, die wenigen Fähigkeiten, die sie besitzen, zu einem schlechten Zwecke verwenden. Man kann auch von ihnen sagen, was oft von Verbrechern und Gaunern gesagt wird: Schade, daß sie ihre Intelligenz nicht in den Dienst einer besseren Sache stellen! Man muß aber gestehen, daß ihnen die gute Sache nicht so geglückt wäre, wie die schlechte, weshalb es notwendig ist, vor allen Degenerierten auf der Hut zu sein, welches auch der Grad ihrer Degenereszenz wäre. Die Einbildungskraft der Imbecillen richtet sich nie auf Das, was vielleicht ihren Nebenmenschen nützlich sein könnte, auf die Vervollkommnung in der Arbeit, den Fortschritt in ihrer Moralität; sie richtet sich stets auf die Mittel zur Befriedigung ihres Ehrgeizes, ihrer Eitelkeit, ihrer Bedürfnisse und ihrer schlechten Triebe.

Neuntes Kapitel.

Der Wille, das Selbstgefühl und die Verantwortlichkeit.

Der Wille beim normalen Menschen. — Zustand des Willens bei den Idioten nach der Auffassung der Autoren. — Willkürliche Bewegungen. — Hemmungserscheinungen. — Willkürliche Aufmerksamkeit. — Triebfedern des Wollens, physische, intellektuelle, moralische. — Wahl und Entschließung. — Beeinflußbarkeit. — Bewußtsein. — Selbstgefühl. — Moralische und rechtliche Verantwortlichkeit. — Dispositionsfähigkeit. — Psychologische Entwickelung. —

SÉGUIN betrachtet die Schwäche des Willens als den Hauptfaktor in der Idiotie. Es scheint, wenn man sein Buch liest, als ob er diese Verkümmerung des Willens als die Ursache der Idiotie

selbst ansähe und die Veränderungen der psychischen Leistungen
anderer Art nur als deren Folge, als ob die Schwäche des Willens
einigermaßen unabhängig bestände. Ich versuchte schon im
Kapitel über die Klassifikation, zu zeigen, wie unrichtig dieser
Standpunkt sei und daß man den Willen nicht unabhängig von
der Gehirnthätigkeit im allgemeinen als etwas Besonderes auffassen
dürfe, daß es nicht gestattet sei, einen vollkommenen Willen in
einem unvollkommen entwickelten Gehirn oder vollständiges
Fehlen des Willens, wie es für den Idioten gilt, bei einem
normalen Gehirn anzunehmen.

Der Wille hat keinen besonderen Sitz in den nervösen
Zentren, und noch nie hat man eine genau umschriebene Läsion
beobachtet, die den Verlust des Willens nach sich zog, Wenn
andererseits das Gehirn in einer mehr oder weniger großen Ausdehnung affiziert ist, so macht sich diese Affektion stets in seiner
gesamten Thätigkeit geltend. Wenn es in seiner ganzen Ausdehnung betroffen ist, wie es bei der Idiotie meist der Fall ist,
dann müssen begreiflicherweise die intellektuellen Fähigkeiten alle
mehr oder weniger gestört sein.

Man sieht heutzutage in dem Willen nicht mehr einen
einfachen Bewußtseinszustand, der aus der mehr oder weniger
verwickelten Verbindung einer Gruppe von Zuständen hervorgeht,
bewußten, halbbewußten oder unbewußten (rein physiologischen),
die alle vereint sich in eine Handlung oder eine Hemmung um-
setzen. Die Verbindung wird hauptsächlich durch den Charakter
bestimmt, der nichts als der psychische Ausdruck eines individuellen
Organismus ist. Der Vorgang, durch welchen diese Verbindung
sich vollzieht und befestigt, ist die Wahl, die auf einer in der
Natur gelegenen Anziehung beruht (RIBOT[1]).

Bei dieser Theorie vom Willen handelt es sich nur um eine
sehr komplizierte Form des Reflexgesetzes, in der sich zwischen
die Zeit des Reizes und die der Bewegung ein psychischer
Hauptfaktor einschiebt, der Willensakt, welcher anzeigt, daß die
erste Periode zu Ende ist und die zweite beginnt (RIBOT). Der
Willensakt, d. h. eine von Handlungen gefolgte Wahl, besteht
als Vorgang für sich. Bestimmte Bedingungen sind nötig, damit

---

[1] RIBOT, *Maladies de la volonté.*

er sich vollzieht. Die Gesamtheit dieser notwendigen und hinreichenden Bedingungen kann als Wille bezeichnet werden. In
Bezug auf die Willensakte ist er die Ursache, obgleich er selbst
eine Summe von Vorgängen, eine Resultante darstellt, die mit
ihren Elementen wechselt (RIBOT). Diese einleitenden Bemerkungen
über die normale Psychologie sind zur Untersuchung der Erscheinungen bei den Idioten nötig. GRIESINGER und mit ihm
RIBOT, der sich damit begnügt, jenen zu zitieren, sind wenig in
diesen Gegenstand eingedrungen. Was sie darüber sagen, ist
Folgendes:

„Die Bestrebungen und Willensbewegungen der tiefstehenden
Idioten“, sagt GRIESINGER, „werden hauptsächlich durch die
Triebe, vor allem durch das Nahrungsbedürfnis in Bewegung
gesetzt; das meiste hat hier den Charakter kaum halbbewußter
Reflexaktionen; gewisse, stehend gewordene, einfache Vorstellungen,
z. B. die Lust, mit Papierstreifchen zu spielen u. dgl., können
auch noch erregend auf die Bestrebungen wirken. Daß es sich
beim Thun dieser Idioten nicht um freie Wahl, nicht einmal
um ein wirkliches Wollen handelt, versteht sich; es existiert ja
kein oder kaum ein Ich und noch bei manchen, nicht mehr der
alleruntersten Stufe Angehörigen fragt man sich oft: will denn
überhaupt etwas in ihnen? und wer oder was kann denn hier
wollen? — Für viele Idioten der untersten Klassen ist das Essen
das Einzige, was ihre Seele zu bewegen scheint; die Allerniedrigsten äußern diese Bewegung nur durch Unruhe, grunzende
Töne u. dgl. Die um ein weniges Besseren können schon Lippen
und Hände darnach bewegen oder weinen, bis man ihnen etwas
giebt; sie „wollen“ gefüttert sein.“

In den leichteren Fällen ist Haltlosigkeit und Stumpfheit des
Gemüts und Schwäche des Willens der Hauptcharakterzug.
Betrachten wir diese Individuen ein wenig näher.

Der Wille in der einfachsten Form äußert sich durch Bewegungen, die auf die Befriedigung der natürlichen Bedürfnisse,
der Begierden und Wünsche hinzielen. Das Individuum muß
demnach Bewußtsein von diesen Bedürfnissen haben und eine
Empfindung verspüren, wie z. B. den Hunger. Das zur Selbsterhaltung des Individuums unerläßliche Nahrungsbedürfnis ist das
Grundbedürfnis, das auch dann fortbesteht, wenn alle anderen

geschwunden sind, und die Intelligenz aufgehoben ist. Wir fanden
indessen auch dieses Bedürfnis bei den tiefstehenden Idioten beträchtlich geschwächt, wenn nicht ganz geschwunden. Bei ihnen
ist keine Spur einer willkürlichen Bewegung zu konstatieren,
selbst nicht dergestalt, daß sie z. B. die Hand mehr oder weniger
zweckentsprechend nach der ihnen vorgesetzten Nahrung aus-
strecken. Ihre Bewegungen sind reine Reflexbewegungen, die
man auch bei einem dekapitierten Frosche erhalten kann. Der
Idiot dieser Stufe ist ein rein spinales Wesen, wie auch das
neugeborene Kind.

Auf einer höheren Stufe haben sie Bewußtsein vom Hunger
und verstehen, daß ihn die Nahrung stillt. Die automatischen
Bewegungen, mit denen sie gewöhnlich behaftet sind, hören auf,
sobald sie das Essen sehen; und sie suchen durch mehr oder
weniger koordinierte Bewegungen, desselben habhaft zu werden.
Es ist das die erste Andeutung von willkürlicher Bewegung, aber
auch die einzige. Bei diesen Geschöpfen, wo die willkürlichen
Bewegungen auf ein Minimum beschränkt sind, erreichen die
automatischen in der Form verschiedenartiger „Tics" ihr
Maximum.

Auf einer noch höheren Stufe äußert sich der Wille durch
mehr zusammengesetzte Bewegungen, die jedoch zu sekundär
automatischen werden können. So z. B. der Gang; derselbe
erfordert, bevor er, wie beim normalen Individuum, fast zum
Reflex wird, zu seiner Erlernung einen gewissen Kraftaufwand,
dessen viele Idioten nicht fähig sind, oder es wenigstens erst sehr
viel später werden. In der Mehrzahl der Fälle ist ein beträchtlich
verspäteter Eintritt des Gehens zu beobachten, das erst mit drei,
vier, fünf Jahren und noch später anfängt.

Eine andere sehr charakteristische Äußerung des Willens
ist der Einfluß desselben auf die Sphinkteren, eine Hemmungs-
erscheinung. Die Fähigkeit, die Exkremente zurückzuhalten,
kommt bei den Idioten erst später nach der Fähigkeit zum
Gehen, und wenn sie verloren geht, so schwindet sie auch vor
der Gehfähigkeit genau nach dem Gesetze der Rückbildung.
Dieser Mangel an Einfluß auf die Sphinkteren ist oft unheilbar
und beweist alsdann, daß das Individuum bildungsunfähig ist.
Gelingt es jedoch, ihn durch geeignete Mittel zu bessern, so kann

man auch hoffen, durch hinreichende Entwickelung der Aufmerksamkeit und des Willens die Bildungsfähigkeit zu erreichen.

Die höchste Willensthätigkeit liegt in der willkürlichen Aufmerksamkeit. Da wir diese schon früher ausführlich genug behandelt haben, so brauchen wir hier nicht nochmals darauf zurückzukommen. Aus dem Gesagten geht indes so viel hervor, daß der Wille bei den Idioten schwach ist. Außer der Entwickelung des Willens im allgemeinen haben wir noch verschiedene andere Punkte zu betrachten: die physischen, intellektuellen und moralischen Motive, welche die Willensakte bestimmen, die Art, wie Wahl und Bestimmung zu stande kommen. Ferner werden wir die Beeinflußbarkeit, das Selbstbewußtsein und Selbstgefühl und schließlich die Verantwortlichkeit der Idioten vom moralischen und rechtlichen Standpunkte aus zu besprechen haben.

Wenn wir den Willensakt als eine zum Bewußtsein kommende Reaktion auf einen Gehirnreiz betrachten, so können wir mit Rücksicht auf Das, was wir von der Aufmerksamkeit wissen, voraussehen, wie es sich mit dem Willen verhalten wird. — Wir sahen, wie die Aufmerksamkeit beim Idioten zuerst durch die zur Befriedigung seiner physischen Bedürfnisse dienenden Dinge angeregt wird, der Bedürfnisse, die bei manchen vorzugsweise oder ganz allein empfunden werden, dann durch die Gefühle und Gemütsbewegungen und endlich durch rein intellektuelle Vorgänge. Dasselbe gilt für die Willensakte. Was beim Kinde am lebhaftesten Bewegungen auslöst, sind der Wunsch, d. h. das Bedürfnis, sodann die Lust und der Schmerz, d. h. die Gefühle und endlich erst die intellektuellen Erscheinungen.

Diese Reihenfolge, die wir bei dieser psychologischen Entwickelung des Idioten beobachten, ist die gleiche, wie beim normalen Kinde und verhält sich im allgemeinen, wie im besondern für die verschiedenen psychischen Äußerungen in ähnlicher Weise. Der Unterschied besteht nur darin, daß die Entwickelung keine vollständige ist, sondern auf einer mehr weniger hohen Stufe stehen bleibt.

Bei den tiefstehenden Idioten ist keine Spur eines Willensaktes vorhanden. Die natürlichsten Bedürfnisse, die ersten Triebe der menschlichen Natur scheinen nicht zu existieren. Das

Nahrungsbedürfnis erscheint zuerst, wie beim kleinen Kinde, ist aber beim Idioten manchmal das einzige das ganze Leben hindurch. Es ist das einzige Motiv für seine Handlungen, und diese sind überdies aufserordentlich einfache. Denn während dieses Bedürfnis den normalen Menschen dazu drängt, seinen Platz zu verlassen und sich seine Nahrung durch Mittel zu verschaffen, die mit der sozialen und individuellen Entwickelung immer kompliziertere werden, ruft es beim Idioten nur eine Greifbewegung hervor, oft sogar blofs einen einfachen Schrei, der das von ihm empfundene Bedürfnis anzeigt, und zwar nur beim Anblick der Nahrung. Kein anderes Motiv kommt bei ihm zur Wirkung. Die Gemüts-bewegungen, Furcht oder Freude, haben keinen entscheidenden Einflufs. Damit diese affektiven Motive wirken können, mufs die Aufmerksamkeit vorhanden sein, denn mit ihr entwickeln sich Gedächtnis und Ideen-Assoziation. Dann erst kann man sie zu Handlungen veranlassen unter dem Einflufs einer gebietenden Geste, einer Drohung oder auch einer Zärtlichkeit, die aber nicht durch Worte ausgedrückt werden, da sie die nicht verstehen würden, sondern durch die Stimme, die auch von den normalen Kindern verstanden wird, lange bevor sie das einfachste Wort begreifen.

Der hemmende Einflufs des Willens entwickelt sich später als der zur Handlung anregende, ganz wie bei den normalen Kindern, aber er kann auch niemals zur Entwickelung kommen. Daraus ergiebt sich, dafs die Triebhandlung die häufigste Form der Thätigkeit bei den Idioten und selbst bei den Imbecillen ist. Übrigens besteht ein sehr bedeutender Unterschied zwischen beiden. Da bei dem Idioten der zur Auslösung einer Bewegung notwendige Reiz immer sehr stark sein mufs, so bedarf es oft des hemmenden Einflusses nicht. Er kann nur in Kraft treten, wenn der Reiz stark genug ist, um eine Handlung auszulösen. Beim Idioten ist es nicht die hemmende Wirkung, welche die Handlung aufhält, sondern der Mangel an einem hinreichenden treibenden Einflusse. Die beiden Wirkungen stehen also nicht im Gleichgewicht; die eine ist ungenügend, die andere fehlt. Dieser Satz gilt nicht für den Imbecillen. Bei ihm besteht ein lebhafter, innerer Trieb und eine schnelle Reaktion, die allerdings oft infolge der an ihm bereits hervorgehobenen, fehlerhaften Assoziation eine abnorme ist. Der hemmende Einflufs ist ein nur sehr schwacher. Aber

wenn der Reiz genügt, um eine Handlung hervorzurufen, so
erfolgt diese in der Form eines wahren Reflexes, ohne dafs etwas
sie hemmen könnte.

Wir sprechen hier nicht von den unbewufsten Trieben, welche
die Idioten unmotiviert zum Zerstören, zur Brandstiftung und
zum Morde führen, ohne dafs sie begreifen, was sie thun, sondern
vielmehr von den bewufsten Trieben, die sie nicht bemeistern
können. Bei den Imbecillen trifft man diese letzteren ziemlich
oft. Sie begehen verbrecherische Handlungen, um eine Neigung
zu befriedigen, bei deren Befriedigung sie eben Lust empfinden.
Obwohl beide, der Idiot wie der Imbecille, darum gefährliche
Individuen sind, so sind sie es doch nicht in gleichem Mafse,
und wir werden noch Gelegenheit haben, vom gerichtlich-medi-
zinischen Standpunkte aus auf diesen Hauptunterschied zurückzukommen. Auf die Imbecillen lässt sich der Ausspruch RIBOTS
anwenden: „Das intellektuelle Anpassungsvermögen ist sehr
schwach, wenigstens sehr unbeständig; die Vernunftsgründe sind
nicht stark genug, um anzutreiben oder zu hemmen; die
niederen Triebe gewinnen in allem die Oberhand, wo die Triebe
höherer Ordnung verloren gehen. Der Wille, d. h. die Vernunfts-
thätigkeit schwindet, und das Individuum verfällt wieder der
Herrschaft der Instinkte."

Die Gefühle, durch welche Willensakte hervorgerufen
werden können, sind bei den Idioten und Imbecillen verschieden.
Bei den Ersteren wird man viel mehr durch Zärtlichkeit und
Vertrauen erreichen, das man ihnen einflöfst, als durch jedes
andere Mittel. So viel man durch solches Vorgehen erlangen
kann, so schwer kann unter Umständen ihre Leitung und Er-
ziehung werden, wenn man sie grob behandeln wollte. Die
Mehrzahl der Imbecillen dagegen kann man durch Androhung von
Gewalt, durch Einschüchterung und Furcht zum Arbeiten bringen.
Läfst man in der Disziplin nach, so machen sich Roheit und
Zuchtlosigkeit wieder bemerkbar.

Ganz ebenso steht es mit einem anderen Motiv, der Eigenliebe. Beim Idioten ist sie sehr wenig entwickelt, beim Imbecillen
dagegen sehr; indem man sie anregt, kann man den letzteren zu
Dingen veranlassen, die er sonst nie gethan haben würde.
Aufserdem ist zu bemerken, dafs man viel mehr durchsetzt, indem

man diese Neigung begünstigt, als indem man sie zurückhält. Jede Befriedigung einer Neigung ruft übrigens eher eine Handlung hervor als ihre Unterdrückung.

Die aus den affektiven Gefühlen, der Anhänglichkeit an die Eltern, der Liebe, der Freundschaft entspringenden Motive sind gleichfalls bei den beiden Klassen von Individuen verschieden. Bei den Idioten sind die affektiven Gefühle, wenn sie sich zeigen, viel ausgesprochener als bei den Imbecillen. Die Idioten haben mehr Verständnis für die Mühe, welche sie Denen, die sich mit ihnen beschäftigen, verursachen, als die Imbecillen. Diese können wohl für den Augenblick gerührt werden, aber sie vergessen sehr schnell, daß sie Kummer verursacht haben, sei es, daß sie kein Bewußtsein davon haben, sei es, daß es ihnen, obwohl sie sich dessen bewusst werden, gleichgültig ist.

Die mangelhafte geschlechtliche Entwickelung bringt es mit sich, daß die meisten Idioten keinen Geschlechtstrieb zeigen noch Handlungen begehen, die damit zusammenhängen. Beim Imbecillen dagegen sind die geschlechtlichen Funktionen oft sehr entwickelt; der Geschlechtstrieb ist sehr stark, aber pervers und stürmisch. Diese Klasse von Individuen macht sich darum auch am meisten der scheußlichen Verbrechen und Angriffe schuldig, die mit unerhörtem Cynismus, mit einer grenzenlosen Raffiniertheit, Roheit und Grausamkeit ausgeführt werden, Notzüchtigungen mit Verstümmelung des Opfers, besonders an kleinen Kindern, an alten Frauen und Leichen verübt. In dieser Beziehung ist der Imbecille ein viel gefährlicheres Geschöpf als der Idiot.

Es sind schließlich noch die intellektuellen Motive zu betrachten, d. h. die Einflüsse eines Urteils oder Schlusses auf die Handlungen. Wir sahen, wie sehr das Vermögen, einen Schluß zu ziehen, bei den Idioten verkümmert ist, und wie falsche Schlüsse die Imbecillen ziehen. Der Idiot kann demnach nur sehr einfachen Schlüssen folgen. Meist muß man noch für ihn diese Schlüsse ziehen, denn er ist dazu nicht im stande, wofern es sich nicht überhaupt hier mehr um ein einfaches Urteil, als um einen Schluß handelt. — Da die Schlüsse des Imbecillen oft falsche sind, so können auch die daraus entspringenden Handlungen, wie die Schlußfolgerung nur verkehrte sein. Sie handeln übrigens meist nicht nach Schlüssen, sondern nur nach Urteilen. Wir sahen,

wie schnell sich bei ihnen der Reiz in eine Bewegung umsetzte.
Sie urteilen ohne Überlegung nach dem ersten Eindruck, der
sie trifft, mag er der Grundeigenschaft des betrachteten Gegenstandes entsprechen oder nicht. Die Handlung folgt unmittelbar
dem Urteil, denn nichts hält ihm das Gegengewicht; so sehr
drängt es sich als absolut richtig dem Geiste auf.

Dies führt uns zu der Art und Weise, wie bei den Idioten
Wahl und Bestimmung von statten gehen. „Wollen heißt
wählen, um zu handeln,“ drückt sich RIBOT aus. Es können
drei Fälle eintreten: entweder fehlt der Impuls, und es besteht
kein Bestreben, zu handeln (Abulie); oder der zu schnelle und
zu starke Impuls hindert die Wahl; endlich giebt es Fälle, wo
der Wille nur sehr wankend, unbeständig und ohne Wirkung ist.
Diese drei Fälle, welche Schwächezustände des Willens darstellen,
trifft man bei allen Idioten und Imbecillen.

Bei den Idioten findet sich vorzugsweise der erste Fall,
manchmal der zweite; bei den Imbecillen oft der zweite und
hauptsächlich der dritte. Doch das sind nur allgemeine Züge;
in der Praxis hat man Gelegenheit, weitere Einzelheiten zu
beobachten. Lassen wir die ersten Fälle beiseite, in denen der
Idiot für jeden Reiz unempfänglich, gegen alles gleichgültig nicht
zu wollen weiß oder vermag, und betrachten wir namentlich die
Art und Weise, wie er wählt und sich entscheidet, wofern er dazu
überhaupt im stande ist. Hält man dem Idioten zwei Gegenstände
vor, die ihm Freude machen, so sieht man oft, wie er in der
Wahl dieser beiden sehr lange zögert. Er geht von dem einen
Gegenstand zum anderen, ohne sich entschließen zu können.
Häufig ist es schwer, ihm begreiflich zu machen, daß er nur
einen Gegenstand von zweien wählen darf. Er will sie beide
zusammen nehmen und wird oft bös, wenn man ihm Das vor-
enthält, worauf er nicht seine Hand gelegt hatte: er trifft somit
keine Wahl und zwar oft nur deshalb nicht, weil er nicht zu
wählen versteht. Dieses Zögern bei der Entscheidung zwischen zwei
Objekten zeigt sich auch bei der Wahl seiner Vorstellungen.
Darum entscheidet er sich auch am schnellsten, wenn er nicht zu
wählen hat, ein Zeichen für seine Willensschwäche. Seine Unthätig-
keit, seine Gleichgültigkeit dürften zum großen Teil schuld tragen
an diesem Zustande der Unentschlossenheit, worin er sich befindet.

Wenn der Imbecille die Wahl hat zwischen zwei begehrenswerten Objekten, so zögert er kaum. Hält man ihm beide zu gleicher Zeit vor, so scheint er aufs Geratewohl zuzugreifen, oder weil ihm das eine mehr in die Augen sticht, ohne die wirklichen und künftigen Vorteile zu beachten, die er davon haben kann. Oft entschliefst er sich, nachdem er schon das eine gewählt hat, für das andere und schwankt mehrere Male zwischen beiden hin und her. Wenn man ihm die Gegenstände nacheinander vorhält, so wählt er sofort den ersten; dann, wenn der zweite kommt, lässt er gleich den ersten wieder ausser acht. Er folgt stets dem augenblicklichen Eindrucke; oft jedoch kann man durch ein Wort seine Entscheidung umwerfen, und fast jedes Mal wird er seine Wahl hinterher bedauern. Während der Idiot sich nur schwer entscheiden kann, aber an seinem Entschlusse festhält, nachdem er ihn einmal aus diesem oder jenem Grunde so gefafst hat, schwankt der Imbecille beständig, verläfst die eine Vorstellung, um einer anderen nachzugehen, auf die erste wieder zurückzukommen und so fort, ohne bestimmte Richtung. Ich habe ein einfaches und bestimmtes Beispiel gewählt, das sich auf die Wahl zwischen zwei Gegenständen bezieht; wie wird es erst sein, wenn das Individuum zwischen mehreren Vorstellungen, zwischen mehreren Motiven entscheiden soll! Jene Unentschiedenheit seines Geistes erklärt die ihm eigentümliche Unbeständigkeit.

Der Imbecille ist aufserdem sehr leicht zu beeinflussen. Heutzutage, wo man sich mit Recht eingehend mit der Frage von der Suggestion bei normalem Zustande beschäftigt, hat es auch ein gewisses Interesse, sich ihre Bedeutung bei den Imbecillen anzusehen. In zwei Fällen ist sie nur in geringem Grade anwendbar, und zwar bei zu grofser Willensschwäche oder bei zu grofser Willensstärke. Ist der Wille dagegen unbeständig und schwankend, dann ist begreiflicherweise der Einfluſs ein grofser. So wirkt sie bei Frauen viel stärker, als bei Männern, bei nervösen Leuten stärker, als bei gesunden, bei Kindern mehr, als bei Erwachsenen.

Beim Idioten, wo der Wille immer sehr schwach ist und sich die Wirkung auf das motorische Gebiet so schwer geltend macht, ist die Zugänglichkeit für die Suggestion sehr schwach und so zu sagen gar nicht vorhanden. Die suggerierte Handlung prägt sich

ebensowenig ein, wie die spontane, und sogar noch weniger, als sie,
denn man bringt nur ein einziges Motiv zur Anwendung, während
stets mehrere im Geiste zusammenwirken, um einen Willensakt
hervorzurufen, so schwach und so ungleich an Stärke sie auch sein
mögen. Es ist ganz natürlich, daſs ein einfacher, kurzdauernder
Eindruck schwer in einem so mangelhaft entwickelten Gehirne,
wie es das des Idioten ist, haftet und nicht wirksam gegen alte
Eindrücke und Strebungen ankämpfen kann, die bei den Idioten,
wie wir sahen, mit groſser Zähigkeit festgehalten werden. Ihre
Gleichgültigkeit im Handeln ist eine Ursache mehr dafür, daſs
sie sich nicht beeinflussen lassen.

Ganz anders die Imbecillen! Sie zeigen eine auſserordentlich
groſse Zugänglichkeit für die Suggestion, die aber stets von nur
kurzer Dauer ist. Wenn sie einen schlechten Streich ausführen, so
ist es meist in Gesellschaft anderer Kameraden, und sie begehen so
sehr oft strafbare Handluungen infolge der einfachen Suggestion eines
von ihnen oder infolge irgend eines an sich unbedeutenden Anlasses.
Wenn wir hinzufügen, daſs sich diese Suggestion besonders in
der Richtung ihrer natürlichen Neigungen und Triebe erstreckt,
und wenn wir ferner daran erinnern, daſs die Imbecillen im
allgemeinen einen durchaus antisozialen Charakter haben, so verstehen wir, wie bedenklich diese Leichtigkeit, sie psychisch zu
beeinflussen, bei ihnen ist, und wie sehr man damit vom gerichtlich-
medizinischen Standpunkte aus rechnen muſs. — Wir kommen
noch darauf zurück.

Wenn die Suggestion bei ihnen möglich ist, so beweist dies,
daſs die ihnen suggerierten Vorstellungen ebenso mächtig das
Handeln beeinflussen, wie die in ihrem Gehirn schon vorhandenen;
oder, besser gesagt, daſs diese letzteren sehr wenig festsitzen und
infolgedessen ihre Wirkung keine stärkere ist, als die eines
neuen Eindruckes. Auſserdem beweist es, daſs Das, was die
Handlung hervorruft, ein einziges Motiv, eine einzige Vorstellung
ıst; denn wenn andernfalls das Motiv, das sie zur entgegengesetzten
Handlung bestimmte, frühere, feste Assoziationen erweckte, so
würden offenbar alle diese Vorstellungen, so schwach sie auch
einzeln sein möchten, zusammen über eine neue suggerierte Vorstellung den Sieg davontragen. Die Zugänglichkeit dieser Kranken
für Suggestion zeigt also, wie wenig fest alte Eindrücke haften, wie

wenig intensiv sie sind, und wie schwach die Ideen-Assoziationen. Darum ist auch das Hemmungsvermögen aufs höchste entwickelt. Die geringste, neue und etwas lebhafte Anregung verwischt die Neigung, die man ihnen nach langer Zeit und mit grofser Mühe beigebracht hatte.

Vergleicht man ihre Zugänglichkeit für die Suggestion mit der bei Hysterischen, so fällt eine grofse Übereinstimmung auf. Bei den Letzteren kommt die Suggestion durch andere auf zweierlei Art zu stande: entweder weil diese ebenso willensschwach sind, als jene, oder weil sie grofse Willensstärke besitzen. In der That werden jene durch Personen beeinflufst, die Sklaven ihrer Launen sind und ihnen ihre Ideen durch das Beispiel beibringen, oder aber durch Personen, die ihnen energisch befehlen, was sie thun sollen. Zwischen diesen beiden Extremen giebt es keinen Mittelweg. Ebenso ist es mit den Imbecillen. Die geringsten verkehrten Handlungen oder Vorstellungen, die sie wahrnehmen, veranlassen sie, sie nachzuahmen und ihnen zu folgen, oder aber, sie müssen, was indes seltener ist, Furcht vor ihrem Lehrer oder unbegrenztes Vertrauen zu ihm haben, ehe sie sich leiten lassen.

Die Imbecillen unterliegen sehr leicht der psychischen Infektion. DESPINE [1] führt die Nachahmung auf vier Ursachen zurück: 1) den Nachahmungstrieb, der um so mehr entwickelt ist, je jünger das Individuum und je beschränkter seine Intelligenz ist; 2) das Gebot des Interesses; 3) die psychische Infektion; 4) die nervöse Infektion. — Wir haben es hier nur mit der dritten Ursache zu thun, wenn wir uns die Leichtigkeit erklären wollen, mit der die Imbecillen die Handlungen, die sie sehen, nachahmen.

„Das Prinzip der Nachahmung", sagt ESQUIROL, „ist zweifellos eines der wichtigsten wegen der daraus entstehenden schweren Folgen." Sie folgen in der That diesem Naturgesetz, was DESPINE folgendermafsen ausdrückt: Jede Äufserung der seelischen Triebe, Gefühle und Leidenschaften irgend welcher Art ruft gleiche Gefühle und Leidenschaften und infolge dessen gleiche Wünsche bei den Individuen hervor, die im stande sind, diese instinktiven

---

[1] DESPINE, De l'imitation considérée au point de vue des différents principes, qui la déterminent. *Annales méd.-psych.* 1871.

Elemente bis zu einem gewissen Grade zu empfinden. Und das ist
es, was man heutzutage Suggestion nennt.

Die Beobachtungen über das Bewußstsein und das Selbstgefühl
können sich nur von unseren Kenntnissen über das Funktionieren
der ganzen übrigen Intelligenz herleiten, indem das Bewußstsein
eine über den psychischen Vorgängen stehende Erscheinung ist
und nicht einen Teil derselben ausmacht, und indem das Selbstgefühl erst aus der Anordnung und Verbindung der psychischen
Vorgänge hervorgeht.

Es ist schon sehr schwer, diese Erscheinungen beim normalen
Individuum zu analysieren, das über sein Empfinden und Denken
Rechenschaft abgeben und andere beobachten kann, und man muß
zu dem Zwecke zuerst die Elemente studieren, aus denen sie sich
zusammensetzen und die Anomalien, die sie zeigen können, um
ihre charakteristischen Merkmale zu untersuchen. Umsomehr werden
wir uns bei den in Frage stehenden Individuen damit begnügen
müssen, Folgerungen aus dem zu ziehen, was wir bereits an ihnen
kennen gelernt haben. In welchem Grade haben nun die Idioten
von ihren Handlungen und ihrer Persönlichkeit Bewußstsein;
welcher Teil kommt dem Bewußsten und dem Unbewußsten zu;
und was überwiegt von beiden? Das sind alles Fragen, die sehr
schwierig zu lösen sind!

Bei den tiefblödsinnigen Idioten, die rein automatische Wesen
sind, kommt wahrscheinlich keine Handlung wirklich zum
Bewußstsein. Wenn wir andererseits die schwachen Organgefühle,
die sie haben, berücksichtigen, so werden wir uns fragen müssen, ob
sie nichts zeigen, was dem Gefühl von der eigenen Existenz, der
eigenen Persönlichkeit analog ist. Die willkürlichen Selbstverstümmelungen, die sie sich beibringen, lassen wohl darauf
schließen, daß sie ein nur sehr unbestimmtes Bewußstsein von
ihrer eigenen Persönlichkeit haben.

Bei den höherstehenden, bildungsfähigen Idioten können
wir den Zustand ihres Bewußstseins auch noch sehr wenig
beurteilen; denn wegen des Mangels der Sprache können wir
nicht erkennen, ob sie sich über Das, was sie empfinden und
wollen, selbst Rechenschaft geben. — Wir finden bei ihnen noch
einen großen Teil von Automatismus, der das Bewußstsein aus-
schließt oder es nur in sehr schwachem Grade hervortreten läßt.

Das Fehlen des Begriffes von der Zeit, der Mangel an Gedächtnis zeigen deutlich, daſs sich das Leben für sie mehr aus einer Reihe von aufeinander folgenden Momenten zusammensetzt, die sehr wenig verbunden sind oder deren Zusammenhang sie kaum ver- stehen, als aus einer Verkettung von Umständen, die durch bestimmte Merkmale gekennzeichnet sind. Unter diesen Ver- hältnissen muſs das Selbstgefühl, das zur unerläſslichen Bedingung das Gefühl des inneren Zusammenhanges in unserer Existenz hat, notgedrungen sehr verkümmert sein.

Damit ein psychischer Vorgang zum Bewuſstsein kommt, damit er unter dem Einflusse eines äuſseren oder inneren Reizes entsteht, muſs dieser Reiz von einer bestimmten Gröſse und Dauer sein. Beim Idioten nun verläuft der psychische Vorgang, eine Reflex-Erregung, sehr langsam wegen der geringen Gröſse des Reizes, oder besser gesagt, wegen des zu groſsen Widerstandes im Gehirn. Daraus ergiebt sich, daſs der gröſste Teil der psychischen Vorgänge wahrscheinlich nicht zum Bewuſstsein kommt, wofern nicht ein starker Eindruck sehr lange Zeit hindurch hervorgerufen wird. Wenn sie von Bewuſstsein begleitet werden, so kann dieses in allen Fällen nur ein sehr schwaches sein.

Wie die Selbstverstümmelungen oder die Unempfindlichkeit, die sich bei Organ-Erkrankungen oder Operationen zeigt, zu der Frage hinführen, ob sich die Idioten darüber Rechenschaft geben, daſs sie sich von der Aufsenwelt unterscheiden, und ob die Sinneswahrnehmungen in ihnen oder aufserhalb von ihnen begründet sind, so erweist sich noch eine andere Erscheinung als eine Krankheit der Persönlichkeit, nämlich der Stupor, worin manche nicht etwa anhaltend wegen vollständigen Fehlens von Intelligenz und Vorstellungen, sondern vielmehr zeitweilig versunken sind. Wir haben schon früher darauf aufmerksam gemacht und sprachen von Winterschlaf haltenden Idioten.

Bewuſstsein und Selbstgefühl sind innig verbunden, und man könnte sich das Ich-Bewuſstsein ohne das Bewuſstsein für die damit einhergehenden Handlungen nicht vorstellen. Beim tief- stehenden Idioten fehlen sie, beim bildungsfähigen Idioten sind sie zwar schwach, aber doch vorhanden und nehmen mit der Entwickelung des Gehirnes und der Intelligenz im allgemeinen zu.

Je höher das Individuum steht, desto mehr treten Bewufstsein und Selbstgefühl hervor. So schliefsen das willkürliche Gedächtnis und die willkürliche Aufmerksamkeit in ihrer Entwickelung das Bewufstsein von den psychischen Vorgängen und den Begriff des eigenen Ichs in sich ein. Bei den Imbecillen finden wir daher auch viel weniger Automatismus in ihren Handlungen und auch andererseits ein deutlich ausgesprochenes Selbstgefühl. Wir sahen jedoch, dafs bei ihnen wegen der Schwäche der Ideen-Assoziationen der psychische Reflex-Vorgang manchmal so stürmisch verläuft, dafs die Handlung eine impulsive wird und wegen des zu schnellen Ablaufs nicht zum Bewufstsein kommt!

Dies zeigt uns, wie oft bei ihnen, wo die Triebhandlungen so häufig sind, das Bewufstsein fehlt. Bei anderen findet man ein nur sehr schwaches Bewufstsein von ihrem psychischen Leben. Sie können nicht genau sagen, welches Gefühl sie in dem betreffendem Augenblicke zu einer Handlung veranlafst. Sie wissen nur dann zu antworten, wenn man sie etwas fragt, woran sie gerade denken, und oft genug denken sie an nichts, richten auf nichts ihre Aufmerksamkeit. Sie gehen hin und her und blicken starr ins Leere, anstatt sich mit irgend etwas zu beschäftigen, oder sie arbeiten maschinenmäfsig, ohne den Zweck der Arbeit zu verstehen.

Aber für das Selbstbewufstsein brauchen nicht durchaus alle psychischen Vorgänge zum Bewufstsein zu kommen; es genügt, dafs es bei einer bestimmten Zahl der Fall ist oder werden kann, wenn das Individuum seine Aufmerksamkeit darauf richtet; ferner mufs der Reiz ein hinreichend starker sein. Es läfst sich dies bei den Imbecillen beobachten, bei denen dasselbe in gewissen Fällen, wenn auch das Bewufstsein oft getrübt ist, mit einem vollkommenen Selbstgefühl deutlich zu Tage tritt. Sie haben sogar manchmal eine sehr hohe Meinung von sich, und wenn sie delirieren, so zeigen sie oft Gröfsenideen, die auf ein abnormes und einigermafsen gesteigertes Selbstgefuhl hinweisen.

Nach dieser kurzen, aber nur wenig ergiebigen Betrachtung über den Zustand des Bewufstseins und Selbstgefühls kommen wir zu der besser zu behandelnden Frage nach der Verantwortlichkeit, die mit dem Bewufstsein von den Handlungen und dem Selbstbewufstsein innig verbunden ist.

Vorher wollen wir jedoch einen Blick auf den Charakter des Idioten und Imbecillen im allgemeinen werfen. Im Verlaufe dieser Studie habe ich mich bemüht, auf den Unterschied hinzuweisen, der zwischen den beiden Klassen von Individuen besteht, und zwar nicht nur in psychologischer Hinsicht, sondern auch in sozialer Hinsicht. Ich glaubte, den Idioten einigermaßen rehabilitieren zu können und dem Imbecillen gegenüber mich ernster aussprechen zu müssen. Nicht mein Gefühl hat mich dazu bestimmt, sondern vielmehr das Studium der Thatsachen und das sachgemäße Urteil Derer, die beständig mitten unter beiden leben. Fragt man diese Letzteren nach ihrer Ansicht über die beiden Klassen von Individuen, so braucht man sich nur ihren Gesichtsausdruck anzusehen, um sogleich die Richtigkeit des von uns aufgestellten Unterschiedes bestätigt zu finden.

Der Idiot ist vor allem ein zum Handeln und Denken unfähiges Geschöpf; er ist ein u n v o l l k o m m e n entwickeltes Individuum. Der Imbecille dagegen ist ein a b n o r m, ungleichmäßig entwickeltes Individuum, das die Fähigkeiten besitzt, zu handeln und zu denken; diese aber sind notgedrungen meist abnorm, wie das Gehirn, das sie hervorbringt. Der Idiot kann dauernd eine gewisse Gutmütigkeit zeigen; der Imbecille ist Egoist, oft boshaft, selbst gegen Die, welche es gut mit ihm meinen. Beim Idioten erreicht man mehr durch Milde, beim Imbecillen mehr durch Furcht. Jener ist schüchtern, dieser anmaßend; jener arbeitsam, dieser ein verstockter Faulenzer; jener ist gutmütig, dieser bösartig. Bei jenem ist das Urteil schwach, bei diesem falsch; bei jenem der Wille schwach, bei diesem unbeständig. Der Idiot ist für die Suggestion kaum, der Imbecille sehr zugänglich.

Aus diesem kurzen, allgemein gefaßten Vergleiche der beiden Klassen — es giebt freilich zahlreiche Ausnahmen —, geht hervor, daß die Idioten viel weniger schädlich sind, als die Imbecillen, und daß die letzteren ganz ebenso unbrauchbar sind, wie die ersteren. Die Idioten sind extrasozial, die Imbecillen antisozial.

Von diesem Grundgedanken ausgehend, müssen wir jetzt nach dem Maß der Verantwortlichkeit fragen, welches man ihnen zugestehen muß. Bei einer objektiven und wissenschaftlichen Auffassung wird es klar, wie sehr die menschliche Verantwortlichkeit nur ein Wort ist. Der Organismus, den man von seinen Eltern ererbt, wird durch die Gesetze dieser Erblichkeit und die Bedingungen, unter die er dann gestellt wird, bestimmt. Eins nur ist wichtig, nämlich die Zugänglichkeit für den Einfluſs der Erziehung; und da diese nicht sowohl von dem Individuum selbst, als vielmehr von seiner Umgebung abhängt, so muſs das Gehirn für diese empfänglich sein, um eine Hemmung für gewisse Neigungen zur Geltung zu bringen. Die menschliche Freiheit existiert somit eigentlich nicht, und infolgedessen kann man auch nicht von einer Verantwortlichkeit sprechen. „Unsere Illusion des freien Willens", sagt SPINOZA, „ist nur die Unkenntnis der Motive, die uns zum Handeln veranlassen". Wenn wir uns dieser Theorie schon für den vollkommen entwickelten Menschen anschlieſsen, so wird dies umsomehr der Fall sein für Individuen, deren Gehirn so schwach konstituiert, so abnorm in seiner Entwickelung und seinen Funktionen ist, wie das der Idioten und Imbecillen.

Wenn wir die Verantwortlichkeit vom sozialen Gesichtspunkte aus betrachten, so sehen wir, daſs sie einfach in der mehr oder weniger groſsen Fähigkeit besteht, sich in seinen Handlungen oder Empfindungen durch Furcht vor Strafe oder durch den Reiz der Genüsse beeinflussen zu lassen. Aber daraus, daſs man die menschliche Verantwortlichkeit in spiritualistischem Sinne nicht gelten läſst, folgt durchaus noch nicht, daſs man die Notwendigkeit der Zurechtweisung oder Strafe und Belohnung leugnet. Damit wird höchstens die Grundlage für die Moral verschoben. Anstatt ein Individuum zu strafen, weil es sich des begangenen Unrechts mehr oder weniger bewuſst ist, straft man es im Verhältnis zu dem angerichteten Schaden dergestalt, daſs man bei ihm die Vorstellung von der Gröſse der Strafe mit der von dem begangenen Vergehen verbindet. Anstatt von Verantwortlichkeit oder Unverantwortlichkeit zu sprechen, spricht man nur von nützlichen, untauglichen oder schädlichen Individuen. Die nützlichen muſs man anspornen, die unfähigen schützen, die schädlichen meiden und unschädlich machen. Die Aufgabe der Gesellschaft muſs es vor allem sein, sich selbst zu schützen und nicht ihre Kräfte auf Geschöpfe zu verwenden, die ihr nicht nur nichts nützen, sondern ihr bloſs hinderlich sind und Schaden zufügen. Das ist der praktische Standpunkt, der über kurz oder lang dazu führen wird, die übertriebene Sentimentalität fahren zu lassen, womit man am Ende unseres Jahrhunderts so grofsen Mifsbrauch treibt, wo sich die Degenerierten in allen Formen so erschreckend mehren und für ihren Unterhalt einen so grofsen Aufwand von Kräften erfordern, wo es fast vorteilhafter ist, unfähig, zuchtlos und ein Trunkenbold zu sein, als ein geistig gesunder Arbeiter. Je weniger ein Mensch taugt, desto sicherer kann er sein, Brot und Unterkommen in einer Anstalt für den Rest seines Lebens zu finden, während der intelligente Arbeiter, der sein ganzes Leben für seine Familie gearbeitet hat, nie sicher ist, es auch nur annähernd so gut zu haben.

Nach Dem, was wir von den Idioten und Imbecillen kennen gelernt haben, gehören die ersteren zur Kategorie der Unfähigen, Schwachen, die wir beschützen, d. h. in unsere Pflege nehmen müssen, die letzteren gröfstenteils zur Kategorie der schädlichen Individuen. Den Idioten mufs man die Mittel zum Leben verschaffen, da sie sich diese nicht selbst erwerben können. Sie sind in gewisser Beziehung wirkliche Kranke, die ebenso unterstützt werden müssen, wie die mit chronischen Krankheiten Behafteten.

Die Imbecillen mufs man als schädliche und gefährliche Geschöpfe unschädlich machen; das versteht sich von selbst. Aber da sie im allgemeinen eine gesunde Konstitution haben und daher arbeitsfähig sind und bis zu einem gewissen Grade die Kosten ersetzen können, die der Gesellschaft, um sich vor ihnen zu schützen, verursacht werden, so mufs man mit allen Mitteln auf sie einzuwirken suchen, um ihre schlechten Neigungen zu hemmen und die wenigen wertvollen, die sie noch etwa zeigen, zur Entwickelung zu bringen. Ihre Erziehung wird also eine andere sein müssen, wie die der Idioten. Bei Diesen mufs man entwickeln, bei Jenen verbessern.

Aufser der moralischen Verantwortlichkeit ist noch die rechtliche zu betrachten. Leider besteht sie ebensowenig für Idioten und Imbecille, wie für Geisteskranke. Würde man sie annehmen, so würden sich sicherlich viele Verbrechen gegen die Person und das Eigentum vermeiden lassen, die von allen den Individuen begangen werden, bei denen der Mangel an moralischer Verantwortlichkeit wahrhaftig keine Garantie und noch weniger einen Ausgleich für den der Gesellschaft zugefügten Schaden bietet.

Die Familien würden für die öffentliche Sicherheit mehr Sorge tragen, wenn sie wüfsten, dafs sie den angerichteten Schaden zu ersetzen hätten, sobald ein Mitglied der Familie durch mangelhafte Überwachung die Schuld trägt. So aber weifs man, dafs nach vollführter That die Unzurechnungsfähigkeit ausgesprochen wird, und man von dem lästigen Individuum ohne weitere Verpflichtung befreit wird, und zwar noch durch die Belastung der Gesellschaft. So hat diese einen doppelten Schaden: erst durch das Unheil, das der Kranke angerichtet, und dann durch die Sorge um seinen Unterhalt, der um so länger dauern und um so kostspieliger sein wird, je grösser das Vergehen gewesen ist. Für Geisteskranke freilich ist es bekannt, was man aber nicht einmal überall zugeben will, dafs aus ihrer Arbeit ein gewisser Nutzen als Entschädigung für ihren Unterhalt gewonnen wird.

Was die Idioten betrifft, so ist man nur selten gezwungen, sie wegen Verbrechen oder Vergehen zu internieren. Im allgemeinen suchen sich die Familien ihrer zuerst zu entledigen, weil sie nichts leisten, und zwar nicht erst dann, wenn sie gefährlich sind, sondern schon, wenn sie nur unbequem und lästig sind. Bei den Imbecillen ist es anders. Viele werden in Anstalten gebracht infolge von Brandstiftung, Diebstahl, Schlägereien oder weniger schweren Schandthaten, über die sich die Nachbarn beschweren. Eine grofse Anzahl wird interniert, weil die Familien, nachdem sie lange gehofft hatten, sie zu irgend etwas gebrauchen zu können, und nun endlich einsehen, dafs sich die für sie verwandte Mühe nicht lohnt, und es viel einfacher und vorteilhafter finden, sie der öffentlichen Pflege ihres Bezirkes zu übergeben. Sind sie einmal in der Anstalt, so mufs man die Arbeit, die man von ihnen verlangt, rechtfertigen, indem man sie als Erziehungs- und Heilmittel hinstellt. Denn das Publikum würde nicht verfehlen, sich unter dem Vorwande, dafs es doch Kranke seien, von denen man keine Arbeit verlangen dürfe, zu beschweren, wenn die Armen-Verwaltung sich durch die Arbeit für die ihnen zu teil werdende Pflege entschädigen wollte. Ich stehe nicht an, noch weiter zu gehen und zu sagen, dafs viele dieser Imbecillen viel besser in Besserungsanstalten als in Krankenanstalten untergebracht wären. Aber unsere falsch angebrachte Sentimentalität will es nun einmal so.

Hierin liegt aber nicht der einzige Übelstand dieser irrigen
Auffassung von der Unterstützung dieser Degenerierten. Die einmal
in Anstalten untergebrachten Idioten kommen kaum wieder heraus,
da ihre Familien, denen die Pflege in früheren Jahren schon zu
schwer war, sich später nicht darum bemühen, sie zurückzunehmen,
nachdem mit dem Alter die Pflege nur noch schwerer geworden ist.
Die Imbecillen dagegen werden oft zurückgenommen, wenn man
eben einige Dienste von ihnen zu haben glaubt. Aber ohne Zucht
und strenge Leitung vergessen sie sehr schnell, was man ihnen mit
vieler Mühe beigebracht hat, um einem bald wieder von neuem
noch größere Last zu machen. Haben sie wieder irgend einen
schlechten Streich ausgeführt, so ist für sie der Durchgang durch
die Anstalt ein Zeugnis für ihre Unzurechnungsfähigkeit und
Straflosigkeit, und man bringt sie wieder in eine Anstalt. Läßt
man sie noch tiefer in ihren früheren Schwächezustand zurück-
fallen, so übergiebt man sie ebenfalls der Anstaltspflege. In dem
einen, wie in dem anderen Falle kehren sie zurück, ohne im stande
zu sein, Arbeiten, die sie früher konnten, zu verrichten, und sie
treten jetzt in die Abteilungen für Erwachsene ein, bei denen
die Einrichtungen zum Arbeiten weniger zweckmäßig sind und wo
alles, was man früher für sie gethan hat, rein verloren ist. In
solch' unangenehmer Lage befindet man sich täglich dieser
Klasse von Individuen gegenüber. Es genügt, auf den Übelstand
hinzuweisen, und es gehört nicht hierher, nach den Mitteln zu
forschen, um ihn wenigstens zum Teil zu heben. Der Fehler liegt
überall an der Verwaltung, den Gesetzen, den Behörden und auch
an den Ärzten. Weniger Schuld haben die Familien, die dumm
genug wären, wenn sie die ihnen in so wohlwollender Weise
gebotenen Vorteile nicht benutzen wollten. Sie finden ja den
Staat mehr und mehr geneigt, das Geld für alle Minderwertigen
der Gesellschaft aufzubringen, selbstverständlich zum Schaden für
die Unglücklichen, die sich bis an ihr Lebensende plagen und nur
das eine Unrecht begehen, nicht degeneriert genug zu sein, um
das Mitleid unserer Gesellschaft zu erregen, die durch ihre Be-
sorgtheit den Anschein erweckt, als ob sie sich zu dieser Entschädigung für die Entartung verpflichtet fühlte, und die sich
ihr gegenüber immer willfährig zeigt, ohne den geringsten Widerstand entgegenzusetzen.

Die Frage nach der Dispositionsfähigkeit der Idioten und Imbecillen wollen wir nur nebenbei berühren. Was die Ersteren angeht, so spricht ihr körperlicher und geistiger Zustand zu deutlich, als dafs man im Zweifel sein könnte, ob sie im stande sind, sich und ihren Angelegenheiten selbständig vorzustehen, ihre körperlichen und politischen Rechte auszuüben, als Zeugen oder Geschworene vor Gericht zu erscheinen. Ebenso ist es mit den Imbecillen niederen Grades, nicht aber mit den auf einer höheren Stufe stehenden, die in der Gesellschaft leben können und die offenbar im Besitze aller ihrer Rechte sind, so lange sie nicht entmündigt sind oder einen gerichtlichen Beirat haben. Es ist nicht unsere Aufgabe, hier die daraus möglicherweise entstehenden Folgen auseinanderzusetzen; es genüge, auf diesen einen Punkt hingewiesen zu haben.

Zum Schlusse noch einige Worte über die psychologische Entwickelung unserer Individuen. Wir haben sie in der That zu einer Zeit betrachtet, wo sie so zu sagen auf der Höhe der Entwickelung stehen. So behandelten wir die unheilbaren, die bildungsfähigen Idioten und die Imbecillen zur Zeit der beendeten Erziehung, wenn ich so sagen darf, denn eigentlich dauert diese ja das ganze Leben hindurch fort. Indessen bei den Einen und den Anderen kommt ein Zeitpunkt, und zwar um so früher, je schwächer die Intelligenz ist, wo die Erziehung keine Ausbeute mehr machen kann, in dem kein Fortschritt mehr möglich ist, und die ganze Hoffnung nur in der Erhaltung der gewonnenen Erfolge besteht. Dieser Höhepunkt der Entwickelung ist sehr wechselnd, je nach den Verschiedenheiten der psychischen Funktionen. Der Stillstand kann in dem einen Punkt eintreten, ohne sich auf den anderen zu erstrecken. In dieser Beziehung beobachtet man denselben Gang wie bei der Entwickelung. Die Entwickelung der Sinne beansprucht die längste Zeit, dann kommen die Gefühle, und schliefslich die Intelligenz. Bei den Imbecillen ist die Reihenfolge dieselbe, aber die Entwickelungsdauer ist länger, die Zeiten zwischen dem Stillstand der einzelnen Funktionen kürzer. Bei den Idioten z. B. kann man sehen, dafs die Fortschritte in der Intelligenz mit dem sechsten oder siebenten Jahre aufhören, die in der Entwickelung der Gefühle und Sinne erst mit dem achtzehnten oder zwanzigsten Jahre. Bei den Imbecillen steht die Entwickelung der Sinne, der Gefühle und der Intelligenz fast zu derselben Zeit still. Dieser Stillstand tritt hauptsächlich zur Zeit der Pubertät ein.

Bald bleiben die Fähigkeiten, ohne abzunehmen, auf ihrer Entwickelung stehen, bald machen sie Rückschritte, sobald die Fortschritte aufhören. Beim Idioten und Imbecillen ist der Gang der psychologischen Rückbildung derselbe, wie beim normalen Individuum, das blödsinnig wird: fortschreitende Schwäche des Willens, dann der Intelligenz, der Gefühle und schließlich der Sinneswahrnehmungen. Aber die Rückbildung zeigt sich beim Idioten und Imbecillen nicht ganz in derselben Weise. Beim Idioten können lange Zeit hindurch die gewonnenen Resultate bestehen bleiben, und die Rückbildung tritt nicht unmittelbar nach dem Stillstand der Entwickelung ein. Wenn der Verfall sich bemerkbar macht, so vollzieht er sich im allgemeinen sehr schnell und zugleich in körperlicher und geistiger Beziehung. Es ist mit dem Idioten wie mit einem erschöpften Organismus, der, nachdem er die geringen Kräfte, deren er fähig war, ausgegeben hat, verfällt und stirbt. Alles schwindet zur selben Zeit manchmal in einem Zeitraum von sechs Monaten bis zu ein oder zwei Jahren.

Beim Imbecillen erfolgt die Periode des Rückschrittes langsamer. In Anbetracht der Ungleichmäßigkeit seiner Fähigkeiten vollzieht er sich öfter teilweise. Wenn man eine Fähigkeit zu pflegen aufhört, schwindet sie sehr schnell. Darum nehmen auch die erworbenen Kenntnisse rein intellektueller Art, wie Schreiben und Lesen, im allgemeinen sehr rasch ab, und zwar viel schneller als beim Idioten, dessen Gehirn sie besser festhält. Früher oder später jedoch tritt auch der Verfall beim Imbecillen ein, und zwar ist er fortschreitender und gewöhnlich langsamer, wie beim Idioten, da sein Organismus kräftiger und widerstandsfähiger ist. Wegen der sehr großen Ungleichmäßigkeit ihrer geistigen Entwickelung bleiben manchmal trügerische Reste ihrer Intelligenz übrig, aber es ist dies viel seltener bei ihnen, als bei den Idioten zu beobachten.

Taf. I. Schriftprobe eines Idioten; zeigt die Neigung, immer auf dasselbe Zeichen zurückzukommen, indem durch Offenlassen des Bogens aus den Buchstaben ein c gemacht wird.

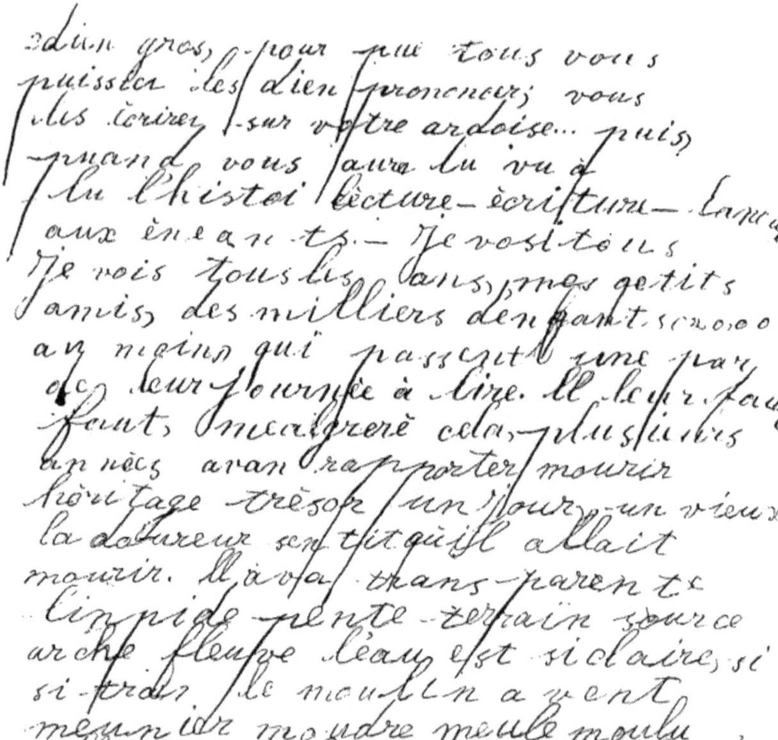
dun gros, pour pu tous vous
puissiez les bien prononcer; vous
les écrirez sur votre ardoise… puis
quand vous aura lu vu à
lu l'histoi lecture-écriture-langu
aux enfants.– Je vois tous
Je vois tous les ans, mes petits
amis, des milliers d'enfant. 50.000
au moins qui passent une par
de leur journée à lire. Il leur faut
ifaut, malgrère cela, plusieurs
années avan rapporter mourir
hontage trésor un jour, un vieux
la laboureur sentit qu'il allait
mourir. Il avoit trans-parent
limpide pente terrain source
arche fleuve l'eau est si claire, si
si-trans le moulin à vent
meunier moudre meule moulu
colline aile farine grain quel joli
vieil joli moulin à vent, là haut
sur la colline! voilà le vent qui
souquerou d'autres maisons quand

Taf. II. Schriftprobe eines Mikrocephalen; der Mangel an Aufmerksamkeit drückt sich in der fehlerhaften Reihenfolge, in der Wiederholung derselben Worte und Buchstaben aus.

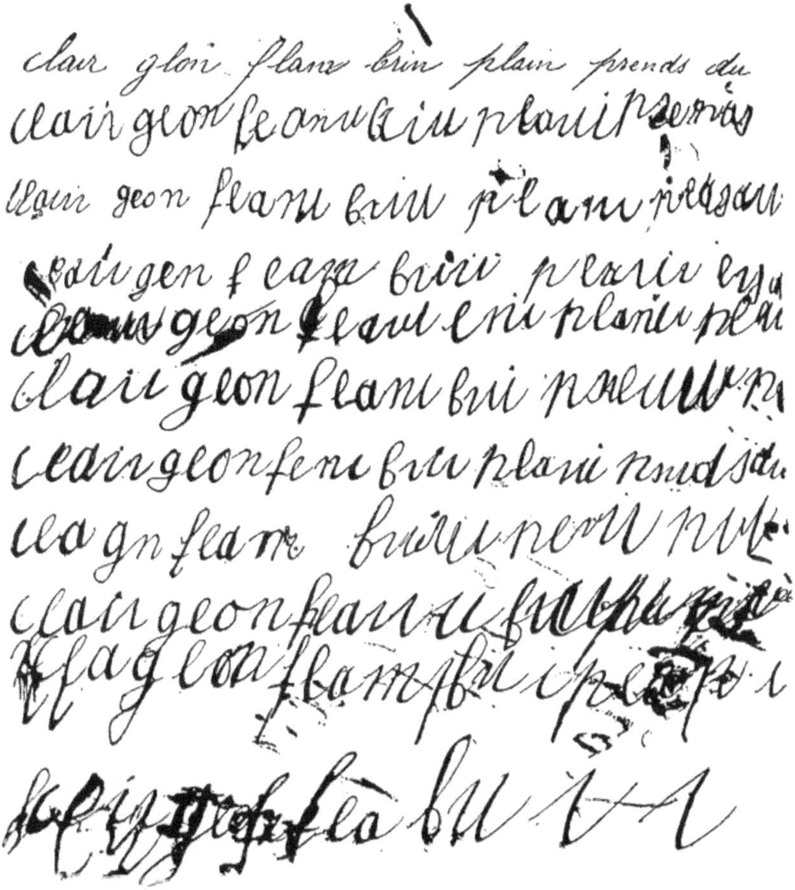

Taf. III. Schriftprobe eines Idioten, der seit vier Jahren schreiben kann, seit zwei Jahren aber keine Fortschritte mehr gemacht hat.

mardi 25 janvier 1885

ré récompense a la générosité. un vieillard riche et vertueux fit venir un jour ses trois enfants et promit une récompense à celui d'entre eux qui, au bout de l'année, aurait fait la plus belle action. les trois fils se séparèrent. au temps marqué, ils se réunirent au près de leur père, tous contents, car tous ils avaient fait du bien. chacun comptait avoir la récompense promise. le premier commença : « mon père, le hasard m'a fait rencontrer un é

j'aure chève ma tâche. La biche se cathe.
La vache fera une chute. La chatte a déchiré le châle de Suzanne

Samedi 24 janvier 10 1885
un étranger qui se trouvait dans une situation singulière et difficile : il me confia toute sa fortune. il n'avait de moi aucun écrit qui constatât ce dépôt, je pouvais, en la gardant, me trouver bien riche;

Taf. IV. Schriftprobe des Imbecillen Bout.

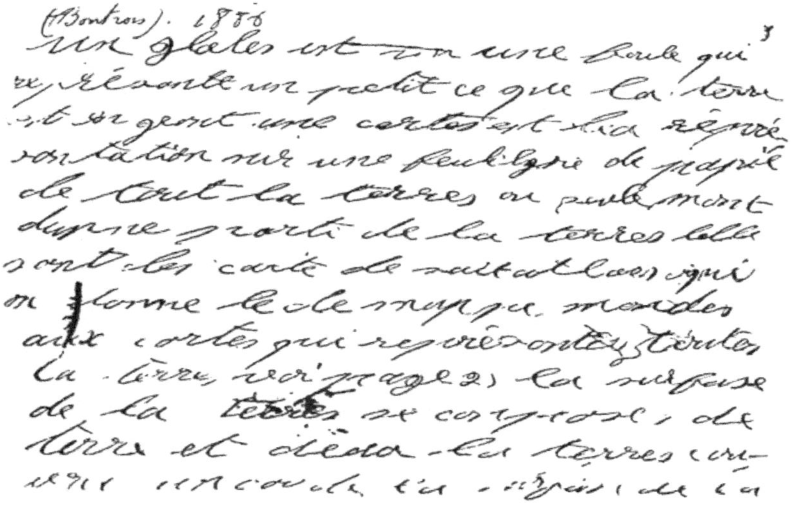

Taf. V. Schriftprobe desselben Imbecillen ein Jahr später; zeigt die Veränderung und Verschlechterung der Schrift.

cependant je ne l'ai pas fait, et j'ai
tout remis fidèlement. — tu as fait, mon fils, ce que tu devais faire, répondit le vieillard ; la probité est pour nous un devoir ; cependant je te félicite de ta conduite dans cette et cependant je ne
l'ai pas fait, et j'ai tout remis fidèlement. — tu as fait, mon fils, ce que tu
devais faire, répondit le vieillard ; la
probité est pour nous un devoir ; cependant je te félicite de ta conduite dan-
s cette : mo tnces ncs ncses nesesm nesesesess
esescsesesm esen cses cseseseseseses csesescseses ess
nesces es eseseseses cses eseseses csesesesesescsesese
nesesesescseseseses esescsi sesesesesex mes
neseses eses eseceses csesesexs nese le se-
cond dit à son tour : « un jour, je vis un enfant qui, étant tombé dans un étang, allait infailliblement se noyer, je me je-
tai après lui et le ramenai. » et le père en-
fin, le troisième parla en ces termes : « je
ai trouvé mon ennemi mortel qui, après s'être
égaré la nuit, la nuit, s'était endormi

Taf. VI. Schriftprobe eines Imbecillen; zeigt, wie er während des Abschreibens automatisch
dieselbe Silbe wiederholt.

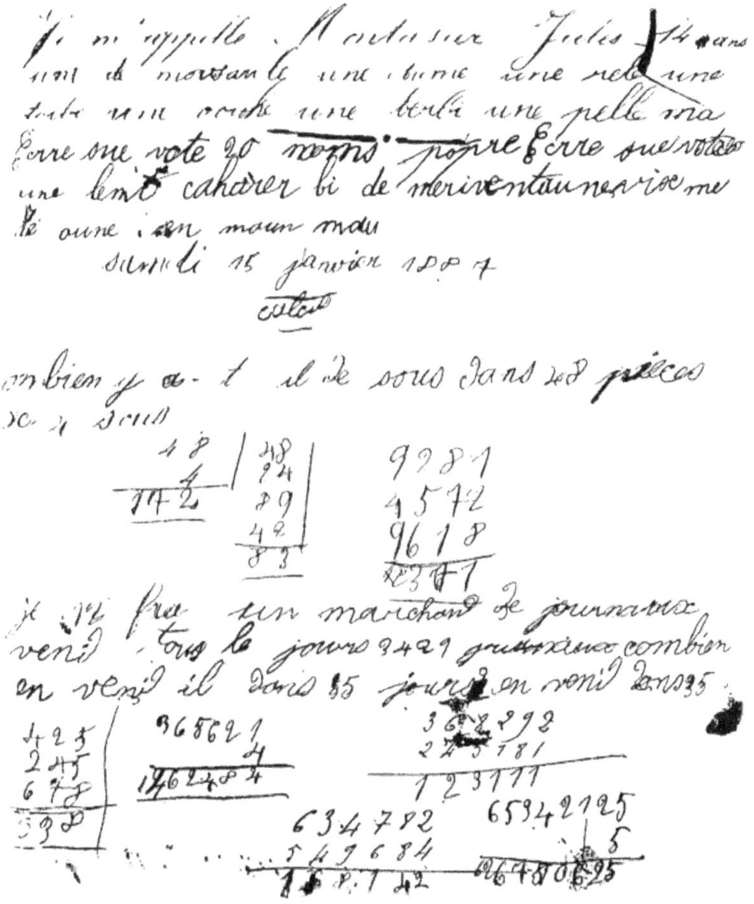

Je m'appelle Montaiser Jules 14 ans
une de morsanle une bume une [illegible] une
[illegible] une roche une [illegible] une pelle ma
Erre sue vote 20 [illegible] popre Erre sue votre
une lent cahdrer bi de merivantaunesvise me
le oune [illegible] maun mdu
samedi 15 janvier 1807
calcul
combien y a-t-il de sous dans 208 pièces de 4 sous

48 × 4 = 172 | 48 94 89 42 83 | 9981 4572 9618 42371

je me fra un marchand de journaux
veni tous le jours 3421 journaux combien
en veni il dans 35 jours il en veni dans 35

425 245 678 338 | 365621 × 4 = 1462484 | 362292 − 245181 = 123111
634782 − 549684 = 168142 | 6594225 × 5 = 32480625

Taf. VII. Schriftprobe eines Imbecillen; zeigt die Ungleichmäfsigkeit und Asymmetrie der Schrift.

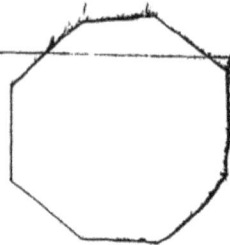

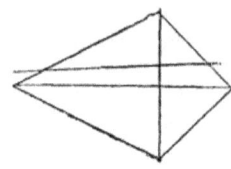

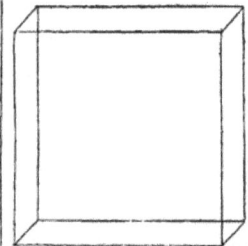

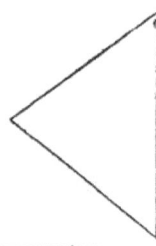

1ère Division

Jeudi 2 octobre 1902

1ère Objet d'Astronomie

2ème Division

Samedi 22 novembre 1902

Le fer

Le fer est un métal dur et solide. On le trouve dans la terre...

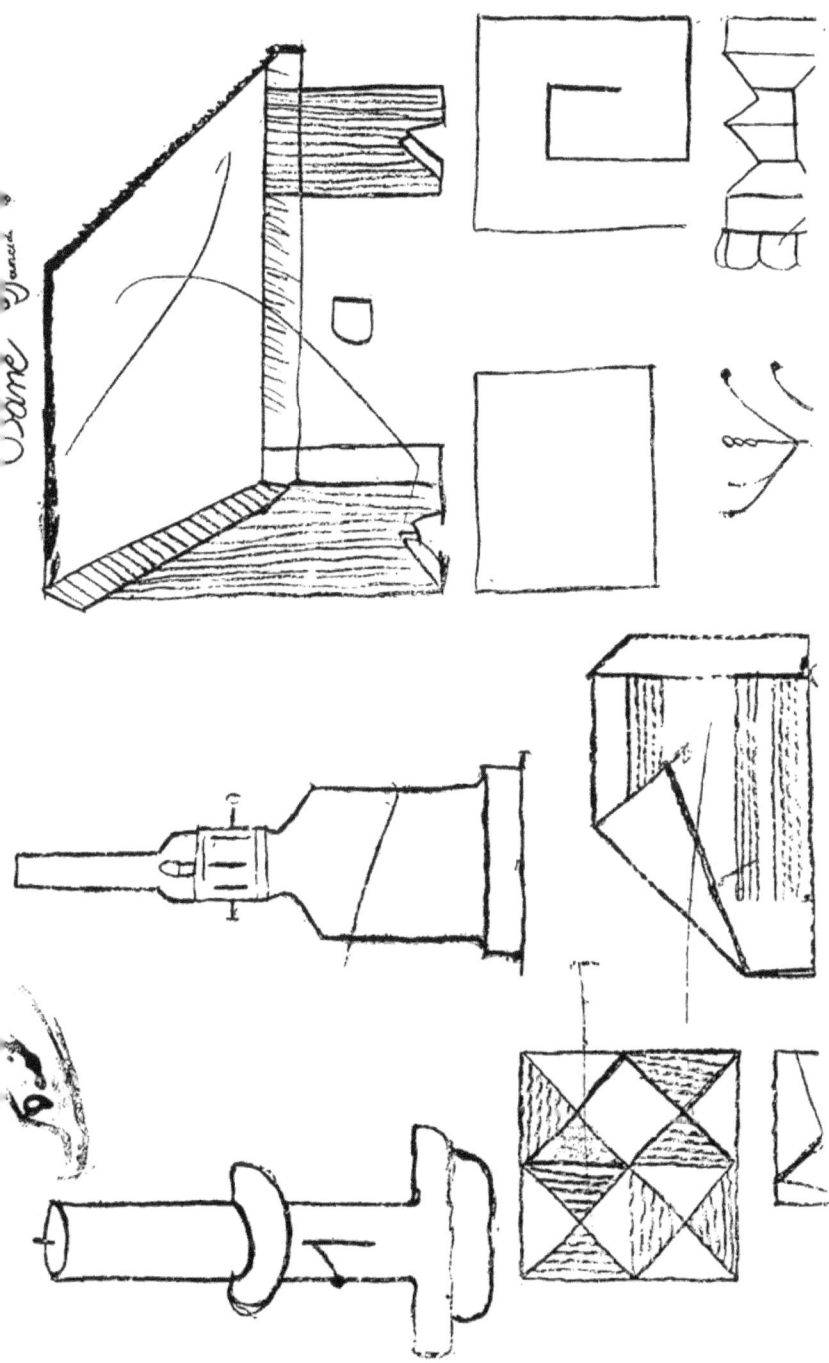

Taf. IX. Zeichnungen nach Vorlage von einem auf der Höhe der Entwickelung stehenden Idioten.

Taf X. Zeichnung eines Imbecillen nach Vorlage.

Taf. XI. 1. Zeichnung eines Imbecillen aus dem Gedächtnis, soll den Löwen von Belfort vorstellen.
2. Zeichnung eines Imbecillen aus dem Gedächtnis; stellt einen Heizer auf einer Loco-
motive dar (die Zeichnung ist auf den Kopf gestellt).

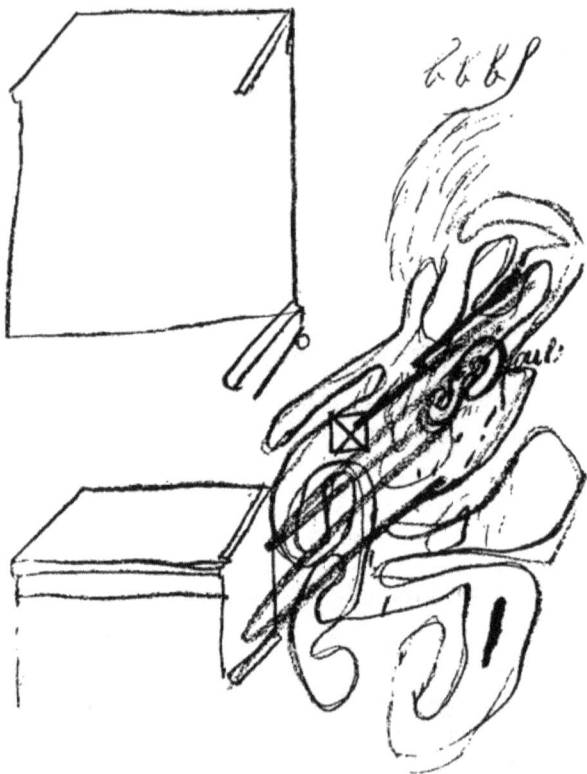

Taf. XII.   Zeichnung eines Imbecillen nach der Phantasie.